C·H·Beck
PAPERBACK

Die Deutschen und der Nationalsozialismus

Sybille Steinbacher
«Dass ihr mich gefunden habt»
Hitlers Weg an die Macht

Dietmar Süß
«Ein Volk, ein Reich, ein Führer»
Die deutsche Gesellschaft im Dritten Reich

Markus Roth
«Ihr wißt, wollt es aber nicht wissen!»
Verfolgung, Terror und Widerstand im Dritten Reich

Moritz Föllmer
«Ein Leben wie im Traum»
Kulturgeschichte des Dritten Reiches

Tim Schanetzky
«Kanonen statt Butter»
Wirtschafts- und Konsumgeschichte des Dritten Reiches

Birthe Kundrus
«Dieser Krieg ist der große Rassenkrieg»
Krieg und Holocaust in Europa

Norbert Frei
«Es gibt keine Nazis in Deutschland»
Die Nachgeschichte des Dritten Reiches

Dietmar Süß

«Ein Volk, ein Reich, ein Führer»

Die deutsche Gesellschaft im Dritten Reich

C.H.Beck

Mit 4 Abbildungen

Originalausgabe

Gesamtherstellung: Druckerei C.H.Beck, Nördlingen
Umschlagentwurf: Geviert, Grafik & Topografie
Umschlagabbildung: Österreich – April 1938: Hitler-Anhänger
auf einer Wahlkampfveranstaltung in Graz,
Foto: Hugo Jaeger/The LIFE Picture Collection/Getty Images
ISBN 978 3 406 67903 2
Printed in Germany

www.beck.de

Inhalt

«Ein Volk, ein Reich, ein Führer»

Was ist eigentlich ein Nationalsozialist? Und woran konnte man ihn erkennen: am Hitlergruß, am NSDAP-Mitgliedsbuch, an den aufgerissenen Augen und der Ekstase, wenn der «Führer» sprach? Schon die Zeitgenossen des Dritten Reiches trieb diese Frage um. Im englischen Exil warnte der Publizist Sebastian Haffner indes vor leichten Antworten. Einen Nazi könne man keineswegs daran erkennen, dass er in der Partei sei oder «er eine Hakenkreuzfahne aus seinem Fenster hängt. Heute tut das jeder in Deutschland.»[1] Die «wirklichen Nazis» waren aus Haffners Sicht eine «menschliche und kulturelle Kuriosität»,[2] eine «psychologische Spezies», die sich vor allem an ihrer aktiven Bereitschaft zur Misshandlung und Verfolgung der Juden erkennen lasse, jene Deutschen also, die «dieser allgemeinen und permanenten sadistischen Orgie vorbehaltlos»[3] zustimmten und dabei mitmachten.

Lange hat nach 1945 die Vorstellung dominiert, Nationalsozialisten seien vor allem die «asozialen» Schläger der SA und die enge Führungsclique um Hitler gewesen: Joseph Goebbels, Heinrich Himmler, Hermann Göring, Reinhard Heydrich. Die Nationalsozialisten – das waren, wenn sie überhaupt Gesichter und Namen hatten, KZ-Kommandanten, kleinere oder größere Sadisten, die das personifizierte Böse verkörperten, gleichzeitig aber kaum etwas mit dem deutschen Bürgertum, den Akademikern und Angestellten zu tun hatten. Erst langsam hat sich das Bild um all diejenigen erweitert, die das Räderwerk der Vernichtung durch ihre bürokratischen Kenntnisse und ihre wissenschaftliche Expertise aktiv unterstützten oder zumindest dessen Ziele – ob partiell oder vollumfänglich – teilten. Die scharfe Grenzziehung zwischen *den* Nationalsozialisten und *den* Deutschen hat sich als trügerisch, oftmals als apologetisch erwiesen. Tatsächlich gab es fließende Übergänge: Anpassung und Distanz, Zwang und Begeisterung, Hoffnung und Furcht schlossen sich nicht aus, sondern waren vielfach gleichzeitig anzutreffen.

Die Nationalsozialisten waren lange nur Teil eines breiten antidemokratischen Stromes gewesen. Viele bürgerlich Konservative verachteten sie wegen ihrer rüpelhaften Umgangsformen und ihrer Politik der Straße. Gleichwohl überwog das Gefühl, dass jemand dem linken Spuk der Weimarer Republik, den kommunistischen «Umtrieben» und demokratischen Experimenten, ein Ende machen müsse. Diese Kreise mochten mit manchen Entscheidungen und zwielichtigen Figuren der NSDAP unzufrieden sein oder traten ihnen gar offen entgegen. Doch die Hoffnung auf eindeutige Lösungen, die die Demokratie nicht zu bieten vermochte, ließ sie über manchen hässlichen Makel der NS-Bewegung hinwegsehen. Der Nationalsozialismus war keineswegs über die Deutschen hereingebrochen, sondern fand Unterstützung in allen sozialen Gruppen: bei Arbeitern und Bauern, kleinen Angestellten und Beamten, Studenten und Wissenschaftlern, Pastoren, Offizieren, adeligen Großgrundbesitzern und Unternehmern. Es waren vor allem die jüngeren Männer, die 1933 ihre Stunde gekommen sahen; Männer, die sich in den 1920er Jahren noch in den paramilitärischen Kreisen getummelt oder sich in der völkischen Jugend- und Studentenbewegung engagiert hatten. Diese Zwanzig- bis Vierzigjährigen waren es, die sich für das Dritte Reich begeisterten, besonders radikal in ihren Utopien waren und mit der «Machtergreifung» oft große Karrieresprünge machten. Der Nationalsozialismus war für sie Chance zum sozialen Aufstieg, die Möglichkeit, endlich großflächig den «Volkskörper» zu sanieren und die Konflikte der 1930er Jahre mit autoritären und modernen Instrumenten zu befrieden.

Als im März 1938 die Kampagnen für den «Anschluss Österreichs» an das Deutsche Reich auf Hochtouren liefen, wehte über den Plätzen und Märkten immer wieder ein Spruchband: «Ein Volk, ein Reich, ein Führer». Der Dreiklang gab der Sehnsucht nach nationaler Größe einen besonderen Klang. Er erinnerte an das wilhelminische «Ein Volk, ein Kaiser, ein Reich» und verknüpfte die historische Mission nationaler Erweckung aus der Zeit der Befreiungskriege mit dem Anspruch der Nationalsozialisten, die «Schande» von 1918 zu revidieren. Vergangenheit, Gegenwart und Zukunft deutscher Geschichte verbanden sich – statt mit dem Kaiser nun mit dem «Führer» im Zentrum. Das machte den Slogan so populär.

Die Nationalsozialisten verstanden es, aus dem nationalistischen Ideenpool der deutschen Gesellschaft eine explosive Mischung zu kreieren, die vielen vieles versprach – und ein Maximum an rassistischer Gewalt und territorialer Expansion denkbar machte. Doch was hieß das für die deutsche Gesellschaft? Wie eng verflochten waren privates Glück und kollektive Verbrechen? Brach der Nationalsozialismus alte, verkrustete Strukturen auf? Welche Rolle spielten neue Großorganisationen wie die NSDAP für den sozialen Aufstieg? Wie erlebten Junge und Alte, Männer und Frauen, Katholiken und Protestanten, Arbeiter und Bürgerliche das Dritte Reich? Welche Anforderungen, welche Entbehrungen mutete das Regime ihnen zu? Und wie wirkte sich der Krieg auf die unterschiedlichen gesellschaftlichen Gruppen aus? Rassismus und Gewalt, Partizipation und Leistungsideologie: Davon handelt dieses Buch.

Wenn von der völkischen Gemeinschaft die Rede war, ging es keineswegs darum, die soziale Ungleichheit zu beseitigen. Im Gegenteil: Dem Führerstaat war nichts fremder als die Vorstellung, alle Menschen gleich zu behandeln. Insofern bedeutete das Jahr 1933 tatsächlich eine Revolution, nämlich eine Revolution der Beziehungen zwischen Bürger und Staat, in dem individuelle Rechte nun an die rassische Herkunft gekoppelt waren. Zur Volksgemeinschaft[4] gehörte, wer «deutschen Blutes» war. Vermeintlich wissenschaftliche Kategorien sozialdarwinistischer Auslese bestimmten über die Zugehörigkeit zur Nation und galten als neue Messlatte, um an den Wohltaten des Regimes teilzuhaben – oder systematisch ausgegrenzt zu werden. Der Rassismus zog die inneren und äußeren Grenzlinien neu – und je länger das Regime an der Macht blieb, desto radikaler wurden seine Vorstöße. Das Egalitätsversprechen einer rassisch homogenen Gemeinschaft und der sich ständig erweiternde Kampf gegen «Gemeinschaftsfremde», gegen politische Gegner, «Minderwertige» und Juden gehörten nun zu den Wesensmerkmalen der deutschen Gesellschaft. Die Geschichte der Jahre zwischen 1933 und 1945 ist deshalb vor allem geprägt durch rassistische Ungleichheit, die durch den Staat als neues Strukturprinzip der deutschen Gesellschaft etabliert wurde.

Martin Broszat hat schon vor über 30 Jahren die Wirkungsmacht der Volksgemeinschafts-Parole betont und auf den «Modernitäts- und Mobilisationsappeal» der NS-Bewegung aufmerksam gemacht,[5] der versprach, alte soziale Gegensätze aufzulösen und eine bürgerlich-meritokratische, nationale Massengesellschaft zu schaffen. Sehnsucht nach mehr sozialer Harmonie gab es keineswegs nur in Deutschland, und sie war keineswegs spezifisch für faschistische Diktaturen. Doch anders als beispielsweise der im Krieg entstehende britische Wohlfahrtsstaat oder der amerikanische New Deal gründete sich das nationalsozialistische Zukunftsversprechen auf Rassismus und Gewalt. Gewalt war Teil der politischen Kultur, in der der Nationalsozialismus entstanden war; Gewalt prägte das politische Selbstverständnis, die männlichen Rituale der Bewegung und die Dynamik, mit der die Nationalsozialisten die Weimarer Republik angriffen und schließlich zerstörten. Gewalt war eine zentrale Säule der neuen politischen Ordnung seit 1933, und es gehörte zu den Wesensmerkmalen der NS-Herrschaft, staatliche und parteiamtliche Gewalt immer weiter zu entgrenzen. Das war nicht nur ein abstrakter Prozess, sondern individuell spürbar und öffentlich in der Lebenswelt sichtbar. Der Kampf um Orte und Räume spielte in der Diktatur eine wichtige Rolle: die Herrschaft über die Plätze, Straßen und Umzüge; der Versuch, die Gerichtssäle im Geist der Volksgemeinschaft umzugestalten; die neuen Lager, in denen Volksgenossinnen und Volksgenossen geschult, die «Gemeinschaftsfremden» gefoltert und ermordet wurden. Den Betrieben schenkte das Regime stets besondere Aufmerksamkeit, schienen doch hier das Unruhepotential und die Gefahr eines neuen «1918» am größten. Die Betriebe waren aber auch der Ort, an dem die Voraussetzungen für den hemmungslosen Zugriff auf die Arbeitskraft der Beschäftigten und damit für den künftigen Krieg geschaffen wurden. In der rassistischen Arbeitsgesellschaft des Dritten Reiches drehte sich alles um Produktivität und Leistung. Auch hier knüpfte der NS-Staat an vorhandene bürgerlich-moderne Werthaltungen an – und gab ihnen doch eine sehr spezifische, radikale Stoßrichtung. Arbeit und Vollbeschäftigung spielten für die Legitimation des Dritten Reiches eine zentrale Rolle – und damit auch die Chancen, die die neuen Organisationen boten: NSDAP und Deutsche Arbeitsfront (DAF), Nationalsozialistische Volkswohlfahrt (NSV) und Hitler-Jugend (HJ) offerierten mit ihrem Millionenheer an Freiwilligen und hauptamtlichen Funktionären neue Arbeitsplätze und Möglichkeiten zum sozialen Aufstieg.

Für die aus den freien Berufen verdrängten Juden und politisch unliebsamen Beamten fanden sich rasch «arische» Bewerber. Die Germanisierungspolitik in den besetzten Gebieten wiederum eröffnete nach 1939 manchem «Reichsdeutschen» die Möglichkeit zum Aufstieg als neuer «Herrenmensch» über die slawischen «Untermenschen». Der Osten war eine (bis weit ins 19. Jahrhundert reichende) Metapher für die imperiale Sehnsucht nach Platz für das «Volk ohne Raum» und dann seit 1939 Aufmarschgebiet der Wehrmacht, Schlachtfeld, Ausbeutungsobjekt – und Vernichtungsstätte der europäischen Juden. Die Parole «Ein Volk, ein Reich, ein Führer» deutet dies an: Die deutsche Gesellschaft umfasste mehr als das «Altreich» in den Grenzen bis 1937. Mit dem «Anschluss» von 1938 war zudem auch Österreich Teil der nationalsozialistischen Gesellschaft, geprägt von österreichischen NS-Funktionären und konservativ-klerikalen Eliten, die sich für Hitler und das neue «Großdeutsche Reich» engagierten und keineswegs Opfer der Deutschen waren.

Der Nationalsozialismus zerstörte systematisch Parteien und Gewerkschaften; er löste Vereine und Verbände, die traditionellen Sphären zivilgesellschaftlicher Zusammenkünfte, auf und zwang sie in das neue Organisationsgeflecht der NSDAP. Die Verluste für die deutschen Juden und für die alte Arbeiterbewegung waren immens, und das galt nicht nur für ihre materielle Basis, sondern vor allem für ihre lebensweltliche Verankerung, für ihre Lesezirkel, Sportvereine und Wandergruppen. Die Zerschlagung ihrer Netzwerke und der gleichzeitige Versuch, durch neue nationalsozialistische Organisationen «braune» Varianten einer Zivilgesellschaft zu etablieren, bedeutete eine tiefe historische Zäsur; gleichzeitig schuf die Neuformierung einer neuen Gesellschaftsordnung aber auch neue Energien und Handlungsmöglichkeiten für all jene, die sich zum Dritten Reich bekannten; Energien und Handlungsspielräume der Volksgenossinnen und Volksgenossen, die den Führerstaat bis zum Schluss prägen sollten.

Soziale Beziehungen standen im Dritten Reich im Zeichen permanenter Mobilisierung und Anspannung, die bis in den privaten Lebensraum hineinreichten. «Privatleute gibt es nicht mehr im nationalsozialistischen Deutschland. Privatmann ist man nur noch, wenn man schläft. Sobald du in den Alltag, in das tägliche Leben hineintrittst, bist du ein Soldat Adolf Hitlers», verkündete Robert Ley, der Leiter der Deutschen Arbeitsfront.[6] Das Private konnte Rückzugsraum sein, gleichzeitig unterstand es dem dauernden Anspruch, das eigene Verhalten neu auszurichten und bisherige Grenzen zwischen privatem und öffentlichem Leben einzureißen. Der Nationalsozialismus forderte eine permanente Entscheidung, sich angemessen und im Sinne der Volksgemeinschaft zu verhalten.

Dieser Prozess der Veralltäglichung der NS-Diktatur hatte seine eigene Geschwindigkeit und seine spezifische Gewalt. Der etwas sperrige, von Max Weber eingeführte Begriff der Veralltäglichung[7] verweist auf dieses zentrale Moment: die Phase, in der sich der Ausnahmezustand institutionalisierte und die charismatische Bindung zwischen «Führer» und Gefolgschaft in eine (relativ) stabilere Herrschaftsform mündete. Diese Bindung hat ihre eigene Geschichte, nicht nur vor, sondern auch nach 1933, und sie war keineswegs statisch. Hitlers Charisma war nicht einfach da. Es brauchte dafür unterschiedliche Glaubens- und Gesinnungsgemeinschaften, Organisationen wie die NSDAP, die sich mit einem eigenen Handlungsauftrag versehen glaubten, und noch einmal zusätzlich verschworene Kampfgemeinschaften wie die SS, für die die Treue zum «Führer» eine ganz spezifische Qualität besaß. Der Blick auf die unterschiedlichen und widersprüchlichen Formen und Etappen der Veralltäglichung charismatischer Herrschaft öffnet den Raum für beides: für die Struktur- und Erfahrungsgeschichte des Dritten Reiches und für die Möglichkeit, subjektive Erwartungen, nationalsozialistische Gestaltungsansprüche und bürokratische Rückkopplungen miteinander in Beziehung zu setzen.[8]

Gerade weil das Schlagwort von der Volksgemeinschaft so unterschiedliche Interpretationen zuließ und sowohl Katholiken als auch Protestanten, Sozialdemokraten und völkische Rechte es im Munde führten, entstand hier ein geradezu magischer Begriff, der die Lösung sozialer, ethnischer und politischer Konflikte versprach und mit darüber entschied, was moralisch als richtig und falsch galt. Wie sich der individuelle Erfahrungsraum veränderte, wie sehr das Private politisch wurde und der nationalsozialistische Herrschaftsanspruch in die eigenen vier Wände hineinregierte, das Verhältnis von Männern und Frauen, Eltern und ihren Kindern bestimmte, auch davon erzählt dieses Buch – Lebensgeschichten wie die von Luise Solmitz und ihrer Familie, die am Anfang dieser Gesellschafts- und Alltagsgeschichte des Dritten Reiches steht.

I.

Terror und Begeisterung

Was ist eigentlich ein Nationalsozialist?

«Heil Hitler, Heil Hitlermann», schrie der kleine Hamburger Junge an diesem 6. Februar 1933, einem Montag, während Nationalsozialisten und feldgraue Stahlhelm-Soldaten im Fackelschein an ihm vorbeimarschierten. Luise Solmitz, eine Lehrerin, hatte sich schon eine halbe Stunde früher am Straßenrand eingefunden, um dem Moment «nationaler Erhebung» beizuwohnen. Der Wettergott hatte mitgespielt, es war trocken und windstill. Dann rauschten die Braunhemden wie «Wellen im Meer» an ihr vorbei. Ein «prachtvoller Anblick» sei dies gewesen, notierte sie in ihr Tagebuch, all die «phantastischen Baretts, Stiefel u. Stulpen im zuckenden Licht der Fackeln, die Schläger, die Fahnen». Ein Moment für die Ewigkeit: «Wir waren wie berauscht vor Begeisterung, geblendet vom Licht der Fackeln gerade vor unsern Gesichtern u. immer in ihrem Dunst, wie in einer süßen Wolke von Weihrauch. Und vor uns Männer, Männer, Männer, braun, bunt, grau, braun, eine Flut.»[1]

Noch regierte in Hamburg ein sozialdemokratischer Bürgermeister, noch kämpften in den Arbeitervierteln Sozialdemokraten und Kommunisten gegen die immer selbstbewusster auftrumpfende SA. Und doch erlebte Luise Solmitz bereits die ersten

Tage der neuen, seit dem 30. Januar amtierenden Regierung Adolf Hitler als betörenden Glücksrausch. Auf einmal schien alles möglich. Endlich sprach einer wieder eine klare Sprache gegen allzu freche ausländische Stimmen, endlich fand Deutschland mit Hitler wieder zu sich selbst, endlich wurde die ersehnte Revision von «Versailles» angepackt. Hitler – das war für Luise Solmitz der «Heiland» in «einer bösen, traurigen deutschen Welt»,[2] ein Retter und Erlöser, «ein reiner, guter Mensch», der nur nicht von roten Mörderhänden niedergestreckt werden dürfe. Wohl allen, die sich als Teil dieser «mitreißenden, gewaltigen Volksbewegung» fühlen durften und mit in die Parole einstimmen konnten – «Ein Volk, ein Reich, ein Führer»!

Luise, geboren 1889, war keine Nationalsozialistin der ersten Stunde. Sie stammte aus einer konservativ-bürgerlichen Kaufmannsfamilie und war mit dem Maschinenbauingenieur und Berufssoldaten Friedrich Solmitz verheiratet. Ihr Bruder Werner engagierte sich während der Weimarer Republik für die linksliberale DDP, mit der auch Luise anfangs sympathisierte. Das Engagement aber blieb ein kurzes Intermezzo – ihr politisches Herz schlug schwarz-weiß-rot. So lebte das Hamburger Paar nicht reich, aber doch auskömmlich, auch nach der Pensionierung von Friedrich Solmitz, der als Major ein Ruhegehalt bezog und freiberuflich für Industrie und städtische Unternehmen arbeitete. Privat bewegte sich die Familie Solmitz in soldatischen und völkischen Zirkeln. Schon 1930 hatte Luise das erste Mal NSDAP gewählt, war dann aber wieder zur DNVP zurückgekehrt. Nun fühlte sie sich mitgerissen von Hitlers Aufruf, von diesem «geniale[n] Mensch[en]»,[3] dessen Programm ganz das ihre war: «Deutschland!»[4]

Gefühle spielten dabei eine besondere Rolle: die betörende Atmosphäre der trommelnden Sammlungsbewegung, das gemeinsame Radiohören und Warten auf Hitlers Stimme, die Vergemeinschaftung mit den vielen Gleichgesinnten, die neuen stolzen Uniformen mit Hakenkreuzbinden und der Hitlergruß.

Als Hitler am 3. März 1933 Hamburg besuchte, war auch Luise mit ihrem Mann auf den Beinen.[5] Eine neue Zeit schien angebrochen. Unterwegs «voll vaterländischen Schwunges», empfand sie es beinahe als Beleidigung, wenn jemand sie mit «Guten Tag» und nicht mit «Heil Hitler» begrüßte. Den «Führer» zu sehen, das hieß vor allem: Massen an Menschen, die sich in den Straßen drängten: «In der Grindelallee aber begegneten uns die Mecklenburger Polizisten, mit Standarte, doch verhüllt, weil sie wohl erst vorm ‹Führer› entfaltet werden sollte; klingendes Spiel, die Offiziere mit blanker Waffe, die Armbinde trug jeder, die Hände hoben sich zum Hitlergruß. Wir alle standen, wie die Erwachenden. Es war wie 1914, jeder hätte jedem um den Hals fallen mögen im Zeichen Hitlers. Trunkenheit ohne Wein.» Doch damit nicht genug. Luise Solmitz ging, so empfand sie es jedenfalls, nicht in der Masse unter. Im Gegenteil: Sie war selbstbewusst und trug in einem außerordentlichen Moment selbst zur nationalen Erhebung bei: «Ich war so rastlos, die Begeisterung saß mir so im Blut, daß ich mit Fredy durch die waschküchenwarmen Straßen schlenderte, über deren Pflaster noch immer kniehoch der weiße Nebel kroch – da rückten die sechs Mannschaftswagen der Mecklenburger ab! [...] so wagte ich es jetzt: ‹Heil Hitler› zu rufen, u[nd], siehe da, begeisterter Jubel aus allen Wagen, Hände hoben sich, Lieder setzten ein, die paar Leute in der Dunkelheit hinter uns riefen mit, Polizei u. Volk waren eins in Hitler.»

Der Nationalsozialismus forderte ein offenes Bekenntnis. Streng urteilte Luise über alle, die im Frühling 1933 noch zögerten oder gar an Hitler zweifelten; schlimmer nur waren all diejenigen, die abseitsgestanden hatten und sich nun im Sog des Erfolgs in die nationalsozialistische Bewegung einschlichen – solche Trittbrettfahrer und «Märzgefallenen» wie ihr eigener Bruder Werner. Er hatte seit 1929 als Journalist für die Presseabteilung der Reichsregierung gearbeitet und war trotz seiner politischen Vergangenheit in Goebbels' Propagandaministerium weiterbeschäftigt worden – ein Skandal, wie Luise fand, den sie selbst, trotz einer gewissen Scham, der NSDAP-Auslandsabteilung zur Kenntnis brachte. Einen solchen «Gesinnungslump»[6] könne sie nicht mittragen, das würde schließlich Hitler hintergehen. Bitter notierte sie: «Geltung, u. Entgelt für Zersetzung ist die Losung. Wie konnte Goebbels sich so täuschen lassen.» Nur der Zufall wollte es, dass ihre Briefabschriften an die Partei folgenlos blieben und Werner nichts von der Denunziation seiner Schwester erfuhr.

Gegenüber dem Schicksal der politischen Linken war sie wenig zimperlich. Die alten Demokraten waren für sie nur noch Lachnummern und die Kommunisten Feinde, die kein besonderes Mitleid verdienten. Die Gewalt der Straße schien für sie einzig von den «Roten» inszeniert – die Nationalsozialisten und SA-Trupps waren in ihren Augen unschuldige Opfer, die sich allenfalls gegen die feigen Übergriffe zur Wehr setzten. Deutschland jedenfalls erlebte in ihren Augen gerade eine «Revolution, ein[en] Staatsstreich von rechts» – und sie und ihr Mann empfanden «eine Riesenfreude», als sie am 8. März auf dem Rückweg von einem Besuch am Rathaus vorbeikamen und aus dem «widerlichen» Platz der Republik über Nacht der «Adolf-Hitler-Platz» geworden war.[7]

War Luise Solmitz eine überzeugte Nationalsozialistin?[8] Die Antwort scheint auf den ersten Blick klar: Glaube an den «Erlöser» Hitler, nationalistischer Chauvinismus, Kampf gegen die «Schmach von Versailles» und die Verachtung der Demokratie. All das findet sich bei Luise Solmitz und vielen Deutschen in diesen Momenten des Jahres 1933. Doch schon die Geschichte ihres Bruders macht deutlich, dass die Mitarbeit für das Regime sehr unterschiedlich motiviert sein konnte. Im Frühjahr 1933 gab es auch ganz andere Stimmen, solche, die das neue Kabinett allenfalls als Übergangsphänomen betrachteten und keineswegs glauben wollten, dass eine neue Zeitrechnung begonnen habe. Und es gab die vielen Kommunisten und Sozialdemokraten, die im neuen Regime vor allem einen, wie Kurt Schumacher es während einer hitzigen Redeschlacht im Reichstag 1932 nannte, «dauernden Appell an den inneren Schweinehund im Menschen»[9] sahen.

Auch Luise Solmitz' Lebensgeschichte ist weniger eindeutig, als man dies auf den ersten Blick vermuten könnte. So groß ihre Begeisterung für den «Führer», so verhalten, ja erschrocken war ihre Reaktion auf die antijüdischen April-Pogrome, als SA und NSDAP zum Boykott jüdischer Geschäfte aufriefen und diejenigen bedrohten, die weiterhin bei ihren jüdischen Händlern einkaufen wollten. Ja, sie sei von ihrem Vater antisemitisch erzogen und stehe dazu noch heute, und sie könne gar nicht glauben, dass sie einmal mit den Juden mitfühlen würde, aber, so ihr Selbstgespräch: «Ich hasse, hasse Ungerechtigkeit.»[10] Die Übergriffe seien ein «bitterböser Aprilscherz», der noch lange fortwirken werde, die meisten Menschen könnten innerlich diesen Übergriffen nicht zustimmen. «Man schämte sich vor jedem bekleisterten Geschäft u. vor jedem Juden [...].» Wie man mit den Juden umgehen solle, spielte in ihren privaten Gesprächen eine zentrale Rolle, und sie hatte es sich nicht nehmen lassen, trotz ihrer grundsätzlichen Unterstützung der antijüdischen Politik bei ihrem alten jüdischen Kaufmann demonstrativ einzukaufen. Und doch: Um die «für den Augenblick» verschwundenen «Unterweltserscheinungen aus Ostgalizien» schien es ihr im gleichen Atemzug nicht schade zu sein.[11] An der Verdrängung jüdischer Lehrer hatte sie jedenfalls nichts auszusetzen.[12] Vorbehalte gegenüber offener Gewalt, gleichzeitig Zustimmung zur Ausdehnung antisemitischer Gesetzgebung – das musste im April 1933 kein Widerspruch sein.

Ende Mai 1933 erschütterte die Familie Solmitz indes ein kleines Schreiben, das ihre Tochter Gisela aus der Schule mitgebracht hatte und das eines der lange gehüteten Familiengeheimnisse zu lüften drohte. Die Eltern sollten auf einem Formular angeben, ob sie «arischer» Abstammung waren – eine Frage, die dem Mädchen keinerlei Kopfzerbrechen machte, war sie doch eine, wie das ihre Mutter notiert hatte, «Judenhasserin».[13] Anders dagegen ihr Vater: Friedrich war, was Luise wusste, aber niemals ausgesprochen hatte, das Kind jüdischer Eltern. Als Frontkämpfer des Ersten Weltkrieges war er bisher von den wachsenden Repressionen ausgenommen gewesen. Nun aber zwang ihn das Schreiben der Schule zu einem Bekenntnis wider Willen – und zu einer existentiellen Krise: Ein Offizier mit jüdischen Wurzeln, geprägt vom Selbsthass auf die eigene Biografie; seine antisemitisch-nationalistische Frau, die sich ganz auf der Seite des Regimes sah und selbst in den Sog antijüdischer Politik geraten sollte; eine Tochter, die jetzt mit wachsender Stigmatisierung zu rechnen hatte, obwohl sie noch wenige Wochen zuvor davon überzeugt gewesen war, sich niemals in einen Juden verlieben zu können. Das Ehepaar Solmitz war verzweifelt, zumal sich Friedrich nach einigem Nachdenken entschlossen hatte, als Soldat die Wahrheit sagen zu müssen. Erschütternd fand Luise die Folgen nicht nur für sie, sondern auch für ihre Tochter: «Ein Kind, so deutsch erzogen in Denken, Schrift, Fremdwortvermeidung, so voll Anstand u. Ehrlichkeit, so voll von Vertrauen u. Fröhlichkeit, – so von Glauben u. Begeisterung für Hitler u. das wird plötzlich ausgestoßen aus einer Gemeinschaft in der es sich gleichberechtigt glaubte, jedes Straßenkind ein Edelarier gegen es!»[14]

Für die Familie begann eine schwere Zeit, doch Luise war froh, dass sie sich mit ihrem Ehemann ausgesprochen hatte. Das Jahr 1933 hatte mit Euphorie begonnen und doch für die beiden deutschnationalen Patrioten alles verändert. Luise Solmitz verteidigte weiterhin – anders als ihr Mann – manches neue antijüdische Gesetz; gleichzeitig haderte sie mit ihrem Schicksal und der Biografie ihres Mannes. Hitler blieb ihr unumstößlicher Fixstern. Doch die ungetrübte Begeisterung ebbte angesichts der alltäglichen Begrenzungen langsam ab. An Silvester 1933 bemerkte sie: «1933 hat uns das Dritte Reich gebracht, mit ihm, für uns persönlich, eine harte Nuß zu knacken, – wir werden nie damit fertig werden: die Arierfrage.»[15]

Ein berauschendes, ein schwieriges Jahr lag hinter Luise Solmitz. Es hatte am 30. Januar mit der Ernennung Hitlers zum Reichskanzler begonnen, der umgeben war von demokratiefeindlichen Konservativen und Nationalisten. Sie gingen fest davon aus, den Chef des neuen Präsidialkabinetts am ausgestreckten Arm verhungern lassen zu können, um selbst bald das Kommando zu übernehmen. Am Abend marschierten siegestrunkene Nationalsozialisten in einem Fackelzug durch das Berliner Regierungsviertel, an der Spitze die Schläger der Berliner SA, begleitet von zahlreichen Schaulustigen und der freundlich gesinnten Polizei. Hitler und der greise Reichspräsident Paul von Hindenburg verfolgten den Aufzug in der Reichskanzlei; Hitler im Neubau, Hindenburg im alten Palais Radziwill. Ein Scheinwerfer der Polizei sorgte dafür, dass Hitlers Fenster trotz Dunkelheit erleuchtet war. Alle Welt konnte sehen, wessen Parade das Staatsoberhaupt der Weimarer Republik an diesem Abend abnahm. Während die deutschnationale Presse den Abend als «Huldigung von Hunderttausenden vor Hindenburg» feierte, notierte Joseph Goebbels, Hitlers oberster Trommler und Propagandachef, in sein Tagebuch: «Es ist soweit. Wir sitzen in der Wilhelmstraße. Hitler ist Reichskanzler. Wie ein Märchen.»[16]

Wer an diesem 30. Januar und den folgenden Tagen die Zeitung aufschlug, konnte nicht nur auf der Titelseite erkennen, was die Regierungszeit Hitlers bedeuten würde: Überall im Reich berichteten die Blätter in ihren Lokalteilen von gewalttätigen Zusammenstößen, Verhaftungswellen, antisemitischen Ausschreitungen und nächtlichen Überfällen. Mancherorts regten sich Widerstand und Protest; Kommunisten und Sozialdemokraten gingen in Düsseldorf, Hamburg und Halle, in Mannheim, München und Magdeburg auf die Straße, klebten nachts Plakate, bemalten Häuserwände und Brückenpfeiler mit Parolen oder durchtrennten, wie in Stuttgart, das Kabel für die Rundfunkübertragung der in der Stadthalle stattfindenden Großkundgebung mit Adolf Hitler. Diese «Kabel-Attentäter» vom 15. Februar 1933 erhielten wegen «Telegraphenbetriebsgefährdung» Haftstrafen von bis zu zwei Jahren.

Die Kraft für einen Generalstreik brachte die Linke allerdings nur in der beschaulichen kleinen württembergischen Kleinstadt Mössingen auf, in der am 31. Januar immerhin 800 bis 1000 Arbeiterinnen und Arbeiter gegen Hitler auf die Straße gingen und ihre Betriebe stilllegten. Am Fuße der schwäbischen Alb wähnte sich die Arbeiterklasse in diesem Moment als Teil einer historischen Bewegung – und merkte erst spät, dass der Streikaufruf im Rest des Reiches weitgehend verpufft war. Eine Staffel der Reutlinger Bereitschaftspolizei löste den mutigen Protest gegen Hitler auf; 80 Streikende wurden noch im selben Jahr wegen Landfriedensbruchs und Hochverrats zu Haftstrafen zwischen drei Monaten und viereinhalb Jahren verurteilt. Oft waren es die eigenen Nachbarn gewesen, die der Polizei die entscheidenden Hinweise gegeben hatten.

Manch einer innerhalb der Gewerkschaften wollte oder konnte zu diesem Zeitpunkt nicht glauben, dass die Regierung Hitler von Dauer, ja stark genug sei, die Weimarer Demokratie tatsächlich aus den Angeln zu heben. Hitler galt als kurze Episode in der Umklammerung durch die Kräfte der reaktionären Bourgeoisie. Umso mehr setzte die republiktreue Arbeiterbewegung auf einen strikten Legalitätskurs, verkannte aber dabei, wie weit die Erosion der demokratischen Ordnung schon vorangeschritten war. In der historischen Rückschau mag das naiv wirken. Verständlich wird es nur vor der Erfahrung der jahrelangen Feindschaft von Kommunisten und der politischen Rechten gegen die Republik. Die Wunden, die sich die Arbeiterparteien in den Weimarer Jahren gegenseitig zugefügt hatten, waren tief, die Vorwürfe hemmungslos: Sozialdemokraten galten als «Arbeiterverräter», die Kommunisten wiederum als «rotlackierte Doppelausgabe der Nationalsozialisten» (Kurt Schumacher) – selbst in der äußersten Not blieb da wenig Platz für das notwendige gegenseitige Vertrauen, um gemeinsam Hitler zu stoppen.

In der Sprache der Nationalsozialisten war der 30. Januar 1933 zunächst der Tag der «Machtübernahme», der Augenblick, in dem Hitler und die Seinen die alte Ordnung überwunden und das Dritte Reich etabliert hatten. Dass dies mit der historischen Wirklichkeit nicht viel zu tun hatte, spielte keine Rolle. Denn der Begriff überging geflissentlich die zunächst keineswegs klare Herrschaftsverteilung zwischen Nationalsozialisten und alten Eliten und verdeckte die große Unterstützung, die Hitler, Göring und Goebbels auf ihrem Weg zur Macht durch die reaktionären Kreise um Reichspräsident Hindenburg erhalten hatten. Wenn später häufiger von «Machtergreifung» die Rede war, sollte damit das Entschlossene, das Zupackende der jungen NS-Bewegung suggeriert werden[17] – einer Partei, die bei den letzten freien Reichstagswahlen im November 1932 ihren Zenit überschritten zu haben schien. Bis dahin war die NSDAP, zunächst in den Ländern, dann auch im Reich, von Wahlerfolg zu Wahlerfolg geeilt und hatte mehr Wählerstimmen auf sich vereinen können, als es je eine andere Partei im Laufe der Weimarer Republik vermocht hatte. Ihre Wähler stammten, anders als man das lange vermutetet hatte, keineswegs überdurchschnittlich aus dem Kreis der gebeutelten Arbeitslosen; und auch die Jungwähler waren nicht für den Aufstieg der NSDAP zur Massenpartei verantwortlich. Die NSDAP vermochte es, Wähler aus unterschiedlichen sozialen Schichten anzuziehen, darunter auch viele Arbeiter. Unter den NSDAP-Wählern befanden sich – je nach Zeitpunkt und Region – etwa 30 bis 40 Prozent Arbeiter, wobei sich die NSDAP in den industriellen Zentren, dort, wo die Arbeiterbewegung besonders gut organisiert waren, deutlich schwerer tat.[18] Auch in den katholischen Regionen des Reiches, im Süden und Westen, blieben die Vorbehalte der Wählerinnen und Wähler lange massiv. Ganz immun gegenüber den Verheißungen der Nationalsozialisten blieben aber auch sie nicht.

Das galt noch weniger für die protestantisch-ländlichen Regionen wie Ostpreußen oder Mittelfranken, frühen nationalsozialistischen Hochburgen, an denen sich der Aufstieg der völkischen Rechten sehr genau ablesen lässt; dort wirkte die NSDAP als eine Art «Sammlungsbewegung des bürgerlich-protestantischen Lagers».[19] Ihr gelang es seit Ende der 1920er Jahre, das nationalistisch-protestantische Milieu, das bislang nationalliberal oder deutschnational gewählt hatte, aufzusaugen – ein Milieu, aus dem auch Luise Solmitz stammte. Schritt für Schritt etablierte sich die NSDAP als Sprachrohr antiliberaler, antisozialistischer, antiparlamentarischer Ressentiments und als Schutzpatronin des christlich-nationalistischen Deutschtums; sie knüpfte mit ihrer Sprache der Demokratiekritik und des Antikapitalismus an regionale und berufsständische Traditionen bürgerlich-konservativer Eliten an und eroberte so schon vor 1933 wichtige gesellschaftliche Räume: in den völkischen Kriegs- und Heimatverbänden ebenso wie in den Turn- und Sportvereinen, den Studentenverbindungen, Lehrerseminaren und Pfarrhaushalten. Gerade in diesen bürgerlichen Kreisen, die als lokale Honoratioren den Ton angaben, galt die NSDAP zunehmend als Option, die ein Ende der parlamentarischen «Schwatzbuden» versprach. Groß war deshalb auch hier die Hoffnung, dass das neue Kabinett der «nationalen Konzentration» endlich Erlösung bringen würde. Endlich, so konnte man hören, würde mit der ungeliebten Republik Schluss gemacht und die «Schmach von Versailles» getilgt werden.

Die «Verordnung des Reichspräsidenten zum Schutz von Volk und Staat»,[20] erlassen einen Tag nach dem Reichstagsbrand am 28. Februar 1933, machte aus der Republik schließlich ein Land im Ausnahmezustand. Ein Kommunist am Tatort genügte der neuen Hitler-Regierung als Beleg für die akute Gefahr eines vermeintlich drohenden Staatsstreichs von links. Die «Reichstagsbrandverordnung» schränkte persönliche Grundrechte weiter ein: Seine Meinung zu sagen galt nun als potentiell staatsgefährdend, die Unverletzbarkeit der Wohnung sowie das Brief- und Fernmeldegeheimnis waren aufgehoben, politische Gegner konnten in

«Schutzhaft» genommen werden – der Beginn einer weiteren großen Terrorwelle gegen die politische Linke. Zugleich ermöglichte die Verordnung der neuen Regierung es, massiven Druck auf die noch demokratisch regierten Länder auszuüben: Bei mangelnder Gefahrenabwehr sollten die Landesregierungen notfalls durch Reichskommissare ersetzt werden – die Vorstufe zur Gleichschaltung der Länder am 31. März 1933,[21] die die letzten demokratisch-föderalen Bastionen im Reich zertrümmerte. Das Instrument der Ausnahmezustandsverordnung war keine genuine Erfindung der Nationalsozialisten, und doch machten sie es sich besonders zunutze, indem sie mit ihm auf die zivilen und polizeilichen Behörden zugriffen, um die demokratischen Grundrechte zu suspendieren und die politische Opposition auf pseudolegalem Wege auszuschalten.

Es war die schier unglaubliche Geschwindigkeit, mit der sich die politischen Verhältnisse veränderten, die die Zeitgenossen überraschte, viele von ihnen euphorisierte, aber auch nicht wenige erschütterte. Die Fieberkurve des politischen Verfalls stieg von Tag zu Tag. In den Aufzeichnungen der Gegner des Nationalsozialismus war immer wieder von der Erschütterung zu lesen, in «solchen Zeiten» leben zu müssen; Zeiten, in denen – wie der jüdische Breslauer Lehrer, Sozialdemokrat und Historiker Willy Cohn in seinem Tagebuch notierte – die «braunen Horden»[22] sich wie Sieger benahmen und das Straßenbild beherrschten. Gegen die KPD gehe die Polizei nun «auch ganz anders vor als gegen die Nazis»,[23] und es seien wohl «trübe Zeiten, besonders für uns Juden».[24] Am 30. Januar hatte er das festgehalten und nur eine knappe Woche später berichtete er von einem Vorfall, der ihn aufs Neue schwer traf: Einer seiner früheren Schüler, Walter Steinfeld, war nach einer sozialdemokratischen Kundgebung von SA-Leuten in Breslau umgebracht worden. «Ja, wir leben in herrlichen Zeiten in diesem Hitlerdeutschland, und das ist erst der Anfang»,[25] bemerkte er bitter und wurde beinahe täglich Zeuge von weiteren Übergriffen. «Man geht jetzt ungern auf die

Straße, immer sieht man die verhaßten braunen Bürgerkriegssoldaten.»[26] Die Straßen und öffentlichen Räume, das waren die Orte, an denen sich die neuen Kräfteverhältnisse zuerst zeigten – und an denen aus der Weimarer Republik das Dritte Reich wurde.

Willy Cohn erlebte diese Wochen wie so viele Linke als Augenblicke sich überschlagender, kaum für möglich gehaltener Schreckensnachrichten. In der Schule tauchten seine Schüler in brauner Uniform auf, ehemalige Zöglinge und deren Eltern grüßten nicht mehr, es gab die ersten Nachrichten von Flüchtenden, die Straßen seiner Stadt waren für Sozialdemokraten und Juden nicht mehr sicher, und jeder spürte, dass bereits in diesem Moment das Recht nur noch ein fauliges Überbleibsel der Vergangenheit war. Die Verdächtigen, die nach der Ermordung seines Schülers Steinfeld festgenommen worden waren, konnten die Haftanstalt jedenfalls bald wieder verlassen. «Nirgends ist mehr Recht in Deutschland», empörte sich Cohn am 24. Februar.[27] Für Juden sei Deutschland kein sicherer Platz mehr, auch deshalb, weil die Regierenden den Volkszorn immer weiter anstachelten – und dieser sich anstacheln ließ: «Die Leidenschaften der Massen werden aufs äußerste aufgepeitscht. So wie im Mittelalter! Zum Teil schlimmer! Man möchte so gern an all das nicht denken, aber es geht nicht!»[28]

Zugleich machte sich die Verzweiflung über die Schwäche der Opposition, auch über den politischen Opportunismus derer breit, die nun, in den Monaten Februar und März 1933, mit den Nationalsozialisten schrien. Alle Gegenkräfte schienen, wie der Romanist Victor Klemperer verzweifelt festhielt, in diesen Märztagen des Jahres 1933 «wie vom Erdboden verschwunden».[29] Bei der Reichstagswahl vom 5. März, die tatsächlich die letzte Wahl vor Anbeginn des «Tausendjährigen Reiches» sein sollte, hatte er zusammen mit seiner Frau für die demokratischen Parteien und gegen Hitler gestimmt. Doch selbst die Niederlage von 1918 habe ihn nicht so sehr erschüttert wie der «jetzige Zustand».[30] Das Ergebnis der Reichstagswahlen war zwar viel weniger deutlich ausgefallen als von den Nationalsozialisten erhofft: 43,9 Prozent für die NSDAP, während Sozialdemokraten und Kommunisten gemeinsam trotz aller Repressionen auf 30,6 Prozent der Stimmen kamen – in Berlin sogar auf mehr als 50 Prozent. Doch das Ergebnis genügte den Nationalsozialisten, um alle tragenden Säulen des Rechtsstaates einzureißen und dies als Akt plebiszitärer Entscheidung zu feiern. Mit dem «Gesetz zur Behebung der Not von Volk und Reich»[31] vom 24. März war es der Regierung möglich, ohne Mitsprache des Parlamentes Gesetze zu erlassen; Gesetze, die von der Verfassung abweichen konnten, keiner weiteren parlamentarischen Kontrolle unterlagen und damit das Ende der demokratischen Ordnung besiegelten.

Wie sehr dies sein Leben als deutsch-jüdischer Patriot und Demokrat verändern würde, bemerkte Victor Klemperer aufgrund zweier Begegnungen, die er unter dem Datum vom 22. März festhielt: Bei einem befreundeten Dresdner Professor hatte das «brave» Dienstmädchen mit dem Hinweis gekündigt, ihr sei eine sichere Stelle angeboten worden, und der «Herr Professor werde doch wohl bald nicht mehr in der Lage sein, sich ein Mädchen zu halten».[32] Eine andere Bekannte berichtete von ihren Erfahrungen in einer Schule in Meißen, in der «alles vor dem Hakenkreuz kriecht, um seine Stellung zittert, sich gegenseitig beobachtet und mißtraut».[33] Erschreckt berichtete sie vom alltäglichen Grauen des nationalsozialistischen Siegeszugs, der damit begann, dass ein Hakenkreuz am Arm eine bis dahin ungekannte Autorität verlieh. Lehrer standen über Nacht vor der Frage, ob es ihnen erlaubt sei, Schüler zu maßregeln, die verbotenerweise auf dem Korridor sangen – nur eben keine Kinderlieder, sondern das «Horst-Wessel-Lied». Während Kollegen die Aufsicht führende Lehrerin drängten, das Treiben zu stoppen, rief sie dagegen verzweifelt: «‹Tun *Sie* das doch! Wenn ich *dies* Grölen verbiete, heißt es, ich sei gegen ein nationales Lied eingeschritten, und ich fliege!› Die Mädel grölten weiter.»[34] Noch ging es, wie Klemperer meinte, nicht ums nackte Überleben, wohl aber «um Brot und Freiheit» – und um eine innere Haltung zu den neuen Zumutungen und sich neu herausbildenden, sichtbaren und unsichtbaren Grenzlinien der Gesellschaft im Dritten Reich.

Trotz «Revolution» arbeiteten die Verwaltungen, funktionierte die Müllabfuhr und fuhren die Straßenbahnen, galten für die Amtsstuben die gleichen Öffnungs- und in den Betrieben die gleichen Arbeitszeiten. Alltag und Routine begleiteten die Zäsur der «Machtergreifung», zu der gehörte, dass sich ein erheblicher Teil der bürgerlich-nationalen Mehrheitsbevölkerung zumindest indifferent, wenn nicht gar zustimmend gegenüber der Gewaltexplosion des Umbruchs verhielt. Schließlich richtete sich die Gewalt primär gegen Sozialdemokraten und Kommunisten, und die Sprache des Antikommunismus und «Antimarxismus» fand Gehör – gerade in den konservativen Wohnzimmern und Pfarrhäusern, wo es sonst durchaus Vorbehalte gegenüber dem Nationalsozialismus gab.

Sich an die Gewalt gegen den politischen Feind zu gewöhnen gehörte wohl mit zu den wichtigsten Veränderungen, die die deutsche Gesellschaft in den 1930er Jahren erlebte. Sie trug mit dazu bei, dass die gewalttätigen Übergriffe im Februar und März 1933 bisweilen als angemessene Form der «Disziplinierung» oder als vielleicht harte, aber doch notwendige Form galten, wieder «Ordnung» zu schaffen. So war es beispielsweise möglich, dass Hans Ritter von Lex, führendes Mitglied der Bayerischen Volkspartei, deren katholische Parteimitglieder selbst Repressionen ausgesetzt waren, im März 1933 Reichskanzler Hitler versicherte, die BVP sei mit der «Niederringung des Marxismus einverstanden, aber in Formen, die dem christlichen Sittengesetz entsprechen». Da der Kommunismus «sich selbst außerhalb des Staates gestellt habe, [...] könne die Bayerische Volkspartei in weitest gehendem Maße mitgehen. Daß man das deutsche Volk auch unter Anwendung strengster Methoden von dieser Verseuchung befreie, sei gemeinsame Forderung aller vaterländisch gesinnten

Kreise. Bei der Sozialdemokratie handle es sich um eine Richtung des Marxismus, der gegenüber man weniger die physische Ausrottung als die geistige Überwindung anwenden solle.» Zur Erläuterung fügte er hinzu: «Es widerspreche nicht unserem christlichen Gewissen, wenn die politischen Machthaber beispielsweise 1000 Funktionäre der Sozialdemokratie in Schutzhaft nähmen unter menschenwürdiger Behandlung, um eine Gegenaktion in den Tagen der Umwälzung hintan zu halten. Man könne es auch damit vereinbaren, wenn nach der Erringung der staatlichen Gewalt durch die nationale Revolution gegen Gegenrevolutionäre in gesetzlichen Formen unter Einschaltung einer Gerichtsinstanz schärfstens vorgegangen werde. Nicht mehr könnte man es dagegen mit dem christlichen Gewissen vereinbaren, wenn etwa eine terroristische Entwicklung in der Form einsetzen würde, daß politische Gegner willkürlich gegriffen und an die Wand gestellt würden.»[35]

Die Prinzipien des Rechtsstaates galten in diesem Sinne nicht mehr für alle, sondern nur noch für die «vaterländischen» Teile der deutschen Gesellschaft und auch für sie nicht mehr voraussetzungslos. Antikommunismus war die gemeinsame Klammer zwischen Nationalsozialisten und Konservativen und schuf die Grundlage dafür, dass Christen sich nicht mehr darüber zu empören brauchten, wenn ihre kommunistischen Nachbarn von den SA-Truppen ermordet und die Täter später von den Gerichten freigesprochen wurden. Im Gegenteil: Die Anerkennung von Gewalt als legitimem Mittel zur Beseitigung des inneren politischen Feindes kannte zwar ihre Grenzen. Aber das Freund-Feind-Denken und die Bereitschaft, die Verletzung rechtsstaatlicher Prinzipien zur Bekämpfung eines fiktiven Notstandes zu stützen, waren im Frühjahr 1933 tief im Herzen des deutschen Bürgertums verankert.

Doch was war das nun eigentlich, dieses neue Dritte Reich? Über welchen Grad an Unterstützung verfügte es? Ähnlich wie manch deutscher Beobachter sahen auch ausländische Diplomaten die Regierung Hitler/Papen zunächst als ein Übergangsphänomen. Der US-amerikanische Generalkonsul George S. Messersmith drahtete am 3. Februar in die Heimat, die Hitler-Regierung sei nur eine Stufe auf dem Weg zu stabileren politischen Verhältnissen in Deutschland; eine politische Führung ohne lange Überlebensgarantie. Die Menschen seien müde, sie spürten, wie sich die Dinge verbesserten, und wollten keine politischen Experimente.[36] Zeitgleich verzeichneten die Berichte der internationalen Botschafter aber auch die Vielzahl der gewalttätigen Übergriffe und den alltäglichen Terror nationalsozialistischer Schlägertrupps, die das Straßenbild bestimmten und sich gegen die Opposition, gegen Juden und auch gegen Ausländer richteten. Und obwohl es immer kleiner werdende kommunistische und sozialistische Widerstandskreise gebe, so das Urteil eines US-Generalkonsuls in Stuttgart, unterstütze die überwiegende Mehrheit die neue faschistische Regierung. Die ausländischen Beobachter waren sich keineswegs sicher, wie weit der Rückhalt in diesen ersten Monaten reichte. Waren es die «Massen» selbst, die die Regierung vor sich hertrieb, oder das Charisma Hitlers, das die Deutschen bezauberte? Die Suche nach Stabilität und geordneten Verhältnissen, ein gottesfürchtiges, dienstbeflissenes und gegenüber den Nachbarn höfliches Auftreten ließ sich aus der Sicht der Diplomaten durchaus mit der Begeisterung für den Nationalsozialismus vereinbaren.

Das Verhalten der deutschen Bevölkerung blieb für die auswärtigen Beobachter unklar: Einerseits betonten US-Diplomaten im Frühjahr 1933, dass die Mehrheit der Deutschen den Nationalsozialismus wohl nicht unterstützen und das Regime keine allgemeine Zustimmung finde.[37] Im Mai 1933 berichtete dagegen Generalkonsul Hathaway aus München nach Washington, dass die meisten Deutschen geschlossen hinter Hitler stünden. Ein besseres Leben – das sei es, was sie von Hitler erwarteten, und deshalb würden sie ihm folgen. Im Sommer 1933 bemerkte Henri Jordan, der Leiter der französischen Kultureinrichtung Maison académique française, der Nationalsozialismus sei der Versuch, «ein autoritäres Regime mit dem Segen und der Zustimmung des Volkes auszustatten»[38] – eine ungewöhnliche Beobachtung, betonte sie doch einerseits den hohen Grad an Repression, der von Hitler und der NSDAP ausging. Andererseits schien offensichtlich, dass diese deutsche Bevölkerung in ihrer Mehrheit nicht einfach Opfer brutaler Schläger geworden war, sondern es einen – wenngleich nur schwer zu messenden – Grad an Zustimmung zur Politik nationaler Erlösung gab und man bereit und willens war, sich der Führung Hitlers zu unterwerfen.

Wohin diese Bewegung führte und wie sich das Verhältnis von Staat und Bürger, von Individuum und Gesellschaft, von innerer und äußerer Expansion und Vernichtungswillen veränderte, war zu diesem frühen Zeitpunkt, im Frühjahr 1933, noch nicht abzusehen. Und doch beschlich ausländische Beobachter wie George Messersmith eine böse Ahnung über den kriegerischen Charakter des neuen Deutschland. Manch einen aus dieser Nazi-Führungsclique hielt Messersmith schlichtweg für einen Psychopathen.[39] Am 9. Mai 1933 informierte er die Regierung in Washington über die aktuelle Situation in Deutschland. Hitler saß, wie Messersmith beobachtete, fest im Sattel, mit absoluter Kontrolle über die Reichsregierung und die Länder, die seit Ende März gleichgeschaltet und ihrer föderalen Autonomie beraubt worden waren. Es war der Tag vor den Bücherverbrennungen auf dem Hegel-Platz vor der Humboldt-Universität, als der Generalkonsul düster prophezeite, es gebe keinen Zweifel, dass dies die denkbar nationalistischste Regierung sei, die man sich vorstellen könne. Selbst wenn sie im Augenblick den Frieden zur Konsolidierung ihrer eigenen Machtposition benötige, so sei es doch wahrscheinlich, dass dieses «neue Deutschland» jeden nur denkbaren Versuch unternehmen werde, dem Rest der Welt seinen Willen aufzuzwingen.[40]

Revolutionen

Manch einer verbrachte die Tage der «Machtergreifung» aber auch unfreiwillig im Bett. Der 15-jährige Kölner Heinrich Böll litt an Grippe, und er erinnerte sich später, wie das «öffentliche Leben partiell gelähmt»[41] gewesen sei, weil es so viele Rheinländer mit Fieber erwischt hatte. Seine Mutter sei jedenfalls von Anfang an überzeugt gewesen: Hitler bedeute Krieg. Dagegen gab es innerfamiliären Widerspruch, denn allzu lange würde dieser Spuk nicht dauern, hieß es daheim. Bölls Mutter sollte recht behalten. Das lag auch daran, dass die NSDAP bereits unmittelbar vor und nach den Wahlen vom 5. März daranging, die etablierte Ordnung zu beseitigen. Die Nationalsozialisten besetzten – wie in Bölls rheinischer Heimat – Rathäuser, Partei- und Gewerkschaftszentralen, Zeitungsredaktionen und bespuckten, schlugen und vertrieben die Repräsentanten der Republik. Weitgehend ungehindert konnten sie ihren antirepublikanischen Rachedurst löschen. Denn viele der SA-Aktivisten mit ihren politischen Nahkampferfahrungen aus den letzten Jahren der Weimarer Republik sehnten sich nach einem Tag der Abrechnung – einem Tag, der nun gekommen war.

In der SA sammelten sich diejenigen, die sich besonders national-revolutionär, antisemitisch, frisch und männlich gebärdeten und Gewalt verherrlichten. Sie war indes weniger homogen als vielfach angenommen und zeichnete sich durch eine besonders hohe Fluktuation aus. Oftmals waren es Jungarbeiter und Gesellen, auch Schüler und Studenten, die bei der SA mitmachten. Im Jahr 1933 hatte sich ihr Charakter bereits verändert. Die ehemaligen Frontsoldaten und Freikorpskämpfer hatten in der neuen Massenorganisation ihre dominierende Rolle eingebüßt. Die Gründe, sich in der SA zu engagieren, waren vielfältig: Mal war es die Lust an der Gewalt, mal die Hoffnung auf eine neue Form von Geborgenheit in den Wirren der neuen Republik, mal der Zorn auf die bürgerliche Gesellschaft, die so wenig zu bieten schien. Gerade die Faszination des Militärischen hatte für diejenigen, die eigentlich nach einer zivilen Existenz strebten, offenkundig einige Ausstrahlungskraft. Was sie einte, waren neben ihrer Gewaltaffinität und ihrem Hass auf die Linke ein diffuser Antikapitalismus und Antisemitismus sowie die Heroisierung von Krieg und Kameradschaft.[42]

Die Lust an der Gewalt hatte die SA schon vor 1933 geprägt, doch nun konnte sie sicher sein, dass Justiz, Polizei und Reichsregierung sie zumeist unbehelligt agieren ließen. Sie versuchten, sich auf der Straße und in den Kneipen endlich mit der Faust und mit Knüppeln den Respekt zu holen, der ihnen zuvor versagt geblieben war. «Respekt» meinte in diesem Sinne auch, die Autoritäts- und Ordnungsverhältnisse von Grund auf neu zu gestalten. Dazu gehörte die Vorstellung, dass es Pflicht sei, die völkischen Vorkämpfer angemessen zu würdigen. In Hamburg war es aus diesem Grund zu einer wilden Kneipenschlacht gekommen. Ein SA-Mann hatte einen Gast angepöbelt, er solle seine Hände aus den Taschen nehmen, wenn er an ihm und seinen Kameraden vorbeikäme. Und hinzugefügt: «Ihr geht hier beim Staat vorbei, wenn Ihr das nicht anständig tut, trete ich Euch in den Arsch.»[43]

Solche Exzesse waren keineswegs immer präzise geplant. Oft entsprach es eher dem situativen Gefühl, dass nun «unsere Stunde» geschlagen habe. Aus Chemnitz berichtete die Polizei in einem vertraulichen Bericht über ganz besonders wilde Übergriffe: Die SA hatte hier im April, Mai und Juni nicht nur die Straße, sondern inzwischen auch die Räume der alten Arbeitervereine übernommen. Von ihren neuen Quartieren zogen die Männer durch die Stadt, griffen sich missliebige Personen, führten eigenständig Verhöre durch, bei denen «die Opfer angebunden, nackt ausgezogen und bis zur Bewusstlosigkeit geprügelt wurden». Heiße Eisen sollten die Vogelfreien zum Sprechen bringen, die SA sperrte sie in Kisten, in denen sie, «wie eine Schlange zusammengerollt», über Nacht gefangen gehalten wurden. Sieben Tote standen am Ende dieser Gewaltorgien, manche Leichen fand man weggeworfen in den Teichen der Umgebung, die Körper von Folter gezeichnet. Als schließlich die Polizei versucht hatte, etwas über die Vorkommnisse in Erfahrung zu bringen, war die SA, wie der Bericht vermerkte, mit «entsicherter Pistole in der Hand und mit gezückten Messern» den Beamten gegenübergetreten und hatte klargestellt, wer das Sagen hatte. Dass die SA vor Mord nicht zurückschreckte, hatte sie schon vor 1933 unter Beweis gestellt, doch im Juni 1933 war sie auf dem besten Weg, den Terror der Straße und die Politik des Knüppels zu institutionalisieren.

Das war sie also, die nationalsozialistische Revolution; jedenfalls so, wie sich die aktivistischen Kader unter der Führung Ernst Röhms sie vorgestellt hatten. Wer die Träger der Revolution sein sollten, stand für Röhm außer Frage: SA und SS. Neben der Reichswehr und der Polizei sollten sie die dritte Kraft im Staate werden und mit dazu beitragen, den Kleinmütigen und bürgerlichen Bedenkenträgern das Fürchten zu lehren, die die Bewegung auf dem Höhepunkt ihrer Machtentfaltung aus purer Angst zu stoppen versuchten. Damit waren vor allem die Parteimitglieder und nationalsozialistischen Beamten gemeint, die seit Juli und August 1933 vielerorts versuchten, das staatliche Gewaltmonopol – nun unter ihrer Führung – wiederzuerlangen und die Macht der SA dadurch einzudämmen, dass sie ihnen beispielsweise die Aufsicht über die Konzentrationslager entzogen, um sie der Polizei zu unterstellen. Je mehr die NSDAP ihre Macht ausbaute, desto mehr gerieten Partei und SA auf Konfrontationskurs. Zwei Konflikte waren dafür entscheidend: die Machtverteilung zwischen SA und NSDAP und die Militärpolitik, also die Forderung der SA nach einem Volksheer unter Führung der SA parallel zu einer traditionellen Berufsarmee.[44] Vier Millionen Mitglieder zählte die SA (seit der Übernahme des Stahlhelm) 1933/34. Für so manchen Straßenkämpfer galten die braunen Funktionäre schon als «Parteibonzen» und eitle Postenjäger. Die SA – das war auch

Röhms Vorstellung – verstand sich als autonome Macht, keineswegs bereit, sich der engen Parteidisziplin oder gar dem militärischen Führungsanspruch der Reichswehr unterzuordnen. Über diese Frage war es bereits 1925 zum Streit mit Hitler gekommen – und dieser lange schwelende Konflikt sollte in den Jahren 1933/34 noch einmal aufbrechen. Röhms Vision einer Volksmiliz bedeutete für Hitler in mehrfacher Hinsicht eine Gefahr. Denn der Führungsanspruch der SA als Waffenträgerin der Partei galt sowohl gegenüber der SS als auch gegenüber der Reichswehr, die mit Schrecken die weitreichenden Ambitionen und das schier grenzenlose Selbstvertrauen der Parteiarmee beobachteten, die eben mehr sein wollte als nur eine vormilitärische Erziehungsanstalt der Jugend. Das Monopol als alleinige militärische Kraft des Dritten Reiches wollte sich die Reichswehrführung allerdings nicht nehmen lassen.

Permanente Bewegung: Das war das Lebenselixier der «braunen Bataillone» (Peter Longerich) und gleichzeitig aus der Sicht Hitlers eine wachsende Gefahr für den Aufbau des Dritten Reiches. Für die Vorbereitung auf Krieg und Expansion benötigte Hitler neben den SA-Stoßtrupps vor allem die Unterstützung der Wirtschaft und der Reichswehr und keinen permanenten, weite Teile der Bevölkerung beängstigenden Revolutionszustand. Was also machen mit der revolutionären Dynamik seiner eigenen Bewegung? Wo sollte künftig das Machtzentrum des NS-Staates sein?

Eine Entscheidung schien jedenfalls im Sommer 1934 nötig – und das auch deshalb, weil sich im Umfeld verschiedener nationaler, konservativer, monarchistischer Kreise ein erhebliches Unbehagen über die Entwicklung des Dritten Reiches andeutete. Von «Zähmung» war immer weniger die Rede. Es war vor allem Vizekanzler Franz von Papen, der Hitler einst als Steigbügelhalter geholfen hatte, in dessen Umfeld sich der rechtskonservative Unmut sammelte. In diesen alles andere als demokratiefreundlichen Kreisen zirkulierten die zahlreichen Informationen über die trübe Stimmung im Reich, über die Ausschreitungen der SA und die Verhaftung auch ihrer politischen Weggefährten. Die Hoffnung war groß, die SA mithilfe der Reichswehr auszuschalten und die Macht am Ende womöglich wieder in die Hände der Monarchie zu übergeben – mit dem alten Hindenburg als Ersatzkaiser. Doch innerhalb der Reichswehr setzte die Führung um Reichswehrminister Werner Blomberg nicht auf die konservativen Kräfte, sondern auf die Chance, sich dem neuen Regime anzudienen. In Hitler sahen sie den Garanten für einen neuen Glanz des Militärischen im Zeichen der Aufrüstung. Die konservative Opposition gegen Hitler musste jedenfalls bald erkennen, wie eng ihre Grenzen waren.

Am 17. Juni 1934 war Franz von Papen nach Marburg eingeladen, um dort vor dem Universitätsclub zu sprechen. Von langer Hand vorbereitet, kritisierte er scharf die Zensurpolitik der Regierung Hitler. Lautstark wandte er sich gegen die grassierende «kollektive Verantwortungslosigkeit» und «all das, was [sich] an Eigennutz, Charakterlosigkeit, Unwahrhaftigkeit, Unritterlichkeit und Anmaßung unter dem Deckmantel der deutschen Revolution ausbreiten möchte».[45]

Goebbels ließ die Verbreitung der Rede prompt verbieten. Kühl kalkulierend, plante Hitler den nächsten Schritt. Heydrich und Himmler fertigten Listen mit möglichen Opfern an. Denn es ging in den Tagen zwischen dem 30. Juni und 2. Juli nicht alleine um die Beseitigung Ernst Röhms. Es waren zentrale Macht- und Herrschaftsfragen, die Hitler mit einem Schlag zu lösen versuchte: die alten Rivalen auszuschalten und die Reichswehr als bedingungslosen Bündnispartner zu sichern.

Neben Bayern waren Berlin, Brandenburg und Schlesien weitere Schwerpunkte im Kampf gegen die angeblichen Verschwörer. Ein SS-Kommando erschoss zwei Mitarbeiter des Vizekanzlers Franz von Papen und auch Erich Klausener, den Vorsitzenden der Katholischen Aktion im Bistum Berlin. Reinhard Heydrich, Chef des Geheimen Staatspolizeiamtes, hatte bereits in den Tagen zuvor die Vorbereitungen dafür getroffen, Feinde auszuschalten – das betraf konservative Gegner des NS-Regimes ebenso wie die Rivalen in der SA. Im Berliner Tiergartenviertel jagten SS-Männer, logistisch unterstützt durch die Reichswehr, durch die Straßenviertel und hoben die Dienststellen der SA aus. Besonders brutal gingen die SS-Einheiten in Schlesien vor. Persönliche Rechnungen begleichen und politische Gegner ausschalten: Darum ging es in diesen 72 Stunden.

Zu den prominentesten Opfern gehörten ein früherer Reichskanzler, General Kurt von Schleicher, sowie Gregor Strasser, der ehemalige Reichsorganisationsleiter der NSDAP, der sich mit Hitler überworfen hatte. Der Begriff des «Röhm-Putsches» ist deshalb irreführend und Teil der Vernebelungs- und Vertuschungspolitik, die bereits kurz nach den Morden begann. Es gab keinen Putsch, und die laute Empörung über den angeblichen Staatsnotstand war inszeniert. Das Blut war noch nicht ganz trocken, da tagte am 3. Juli 1934 das Reichskabinett unter Hitlers Führung. Röhm, so erklärte der Reichskanzler mit gespielter Empörung, habe seit einem Jahr darauf hingearbeitet, einen Umsturz in Deutschland vorzubereiten, mit dem Ziel, die SA zur stärksten Macht im Staat zu machen. Er, Hitler, habe über Informationen verfügt, dass Röhm am 30. Juni um 16.00 Uhr losschlagen wollte. Deshalb sei es notwendig gewesen, «sofort zu handeln, um einer Katastrophe vorzubeugen».[46]

Hitler übernahm die volle Verantwortung für die Erschießungen. Schließlich sei dadurch das Reich gerettet worden. Deshalb bitte er die Minister, der kürzesten Gesetzesvorlage in seiner Amtszeit zuzustimmen. Sie lautete: «Die zur Niederschlagung hoch- und landesverräterischer Angriffe am 30. Juni und am 1. und 2. Juli 1934 vollzogenen Maßnahmen sind als Staatsnotwehr rechtens.»[47] Damit, so Hitler, solle nicht etwa nachträglich ein Rechtsbruch gedeckt, sondern eine Aktion «legalisiert» werden, «durch die das ganze Volk vor unermeßlichem Schaden bewahrt worden» sei. Seine Minister nickten zustimmend, und

Reichswehrminister General von Blomberg erhob im Namen der Kabinettskollegen die Stimme. Das Protokoll vermerkt: «Der Reichswehrminister dankte dem Reichskanzler im Namen des Reichskabinetts für sein entschlossenes und mutiges Handeln, durch das er das deutsche Volk vor dem Bürgerkrieg bewahrt habe. Der Reichskanzler habe als Staatsmann und Soldat in einem Geiste gehandelt, der bei den Mitgliedern der Reichsregierung und dem ganzen deutschen Volk das Gelöbnis für Leistung, Treue und Hingabe in dieser schweren Stunde wachgerufen habe.»[48]

Unter lautem Applaus der militärischen Elite, die eng in die Vorbereitung der «Röhm-Aktion» eingebunden gewesen war, ja sie wesentlich mit betrieben hatte, war damit der Mord staatlich legalisiert. Insofern bedeutete das Gesetz vom 3. Juli 1934 in der an Rechtsbrüchen nicht armen Geschichte der frühen NS-Herrschaft eine Zäsur. Eine Mehrheit der Bevölkerung schien offenkundig keine größeren Bedenken gegen den brutalen Schlag zu haben. Im Gegenteil: Natürlich waren manche über die Vorgehensweise schockiert, nicht zuletzt einige der konservativen Militärs, die es abstieß, wie General von Schleicher und seine Frau ermordet worden waren und an deren Begräbnis auf Blombergs Befehl kein Offizier teilnehmen durfte. Gleichzeitig war aber doch, gerade im bürgerlichen Lager, ein gewisses Durchatmen zu spüren, dass endlich Schluss sei mit dem braunen Spuk der SA und der Phase der ungezügelten Gewalt.

In seiner Erklärung vor dem Reichstag am 13. Juli 1934 begründete Hitler sein Vorgehen. Dabei inszenierte sich der «Führer» als rücksichtsloser Aufklärer. Hitler als Hüter der Moral und Kämpfer gegen sittliche Verfehlungen – hier wussten alle, dass es auch um das Thema Homosexualität, um Röhms Homosexualität, ging. Hitler, der die Autorität des neuen Staates wiederhergestellt hatte: Das war das Bild, das er von sich entwarf. Sein Urteil war daher unmissverständlich: «Wenn mir jemand den Vorwurf entgegenhält, weshalb wir nicht die ordentlichen Gerichte zur Aburteilung herangezogen hätten, dann kann ich ihm nur sagen: In dieser Stunde war ich verantwortlich für das Schicksal der deutschen Nation und damit des deutschen Volkes oberster Gerichtsherr.»[49]

Per Akklamation hatte sich Hitler zum obersten Richter und damit zum Herrn über das Gesetz im Dritten Reich erhoben. Auf dem Weg zur Etablierung der «Führerdiktatur» markierte die Rede den End- und Höhepunkt der «Röhm-Krise» und damit den Übergang von der Bewegungs- zur Regimephase der NS-Herrschaft. Hitler hatte es mit einigem Risiko geschafft, gleich mehrere Rivalen mit einem Schlag auszuschalten. Denn tatsächlich war die Regierung Hitler im Sommer 1934 noch ein gutes Stück entfernt von einer umjubelten «Führerdiktatur». Das Stimmungsbild, das sich in den regierungseigenen Berichten niederschlug, blieb ambivalent: Mal war von «Ruhe» und großer «Hoffnung» auf die Zukunft die Rede, dann aber wieder von Enttäuschung darüber, dass sich der Rückgang der Arbeitslosigkeit nach den Anfangserfolgen weniger rasch einstellte als erhofft. Im Mittelstand, bei den Gewerbetreibenden, war der Zorn über die enttäuschten Erwartungen an die Regierung Hitler besonders groß. Diese miese Stimmung, über die mancher in der Partei selbst überrascht war, ließ sich nicht einfach wegsperren, besonders nicht bei denen, die den Aufstieg des Regimes ermöglicht hatten. Bauern beschwerten sich über das neue Erbhofrecht und die Zentralisierungsbestrebungen des Reichsnährstandes. In Kreisen der Industrie, die dem Regime alles andere als distanziert gegenüberstanden, kam die Sorge vor den Folgen der Autarkiepolitik und einem Mangel an Rohstoffen auf. Selbst die deutschnationalen Beamten bekamen inzwischen bisweilen kalte Füße, weil sie sahen, dass das Regime ernst machte mit der «nationalen Revolution» und dem Versuch, den Einfluss der alten Eliten zu beschneiden – und dabei ebenso das bürgerliche Establishment, die Juristen und Kirchenfürsten, Staatsdiener und Deutschnationalen unter Druck setzten. Und auch innerhalb der deutschen Arbeiterschaft, die ja alles andere als immun gegenüber der NS-Bewegung gewesen war, machte sich manche Enttäuschung breit. Das galt vor allem für die Branchen, die in den Jahren 1933/34 weitere Lohneinbußen hinnehmen mussten. Die Geschwindigkeit der wirtschaftlichen Erholung war abgeflacht. Die Arbeitsplätze, die das Regime so vollmundig versprochen hatte, im Straßenbau beispielsweise, waren besonders hart und schlecht bezahlt.[50]

Die Situation im Juli 1934 war also ernst für das Regime. Für Hitler bot sich in dieser Situation die Möglichkeit, mit der Ausschaltung der SA einen der ärgsten innenpolitischen Gegner der Reichswehr loszuwerden. Gleichzeitig hatte das Mordkomplott die Klärung einiger bis dahin ungelöster Zuständigkeiten zur Folge, die für das Machtgefüge des Nationalsozialismus entscheidend waren: Der Sicherheitsdienst der SS erhielt am 15. Juli 1934 das nachrichtendienstliche Monopol der Partei, die SS wurde von Hitler am 20. Juli angesichts ihrer «großen Verdienste» zur selbstständigen Einheit erhoben, und Heinrich Himmler übernahm auch formal die Herrschaft über die Politische Polizei. Die eigentliche Siegerin der «Röhm-Aktion» war nicht die Reichswehr – die eigentliche Siegerin war die SS.

Die Röhm-Morde sind ein wichtiger Hinweis darauf, wie sehr Gewalt das Lebenselixier nationalsozialistischer Politik war. Gerade weil für die tragenden Gruppen der NS-Bewegung die Praxis der Gewalt und die Erfahrung des Kampfes seit den 1920er Jahren ein wesentliches Element ihres sozialen und politischen Selbstverständnisses gewesen waren, ergaben sich mit der Übernahme des staatlichen Gewaltmonopols erhebliche Konflikte.[51] Denn es war gerade die Begrenzung der Gewalt durch die staatlichen Organe, die die NS-Bewegung bekämpft hatte und deren ethische Prinzipien im Dritten Reich vernichtet werden sollten. Der Plan Hitlers, die SA zu zerschlagen und die Etablierung der Diktatur in politisch ruhige Gewässer überzuleiten, war eine Reaktion auf dieses selbst geschaffene Dilemma der NS-Politik, den Ausnahmezustand zu institutionalisieren. Intellektuelle Sekundanten wie der Jurist Carl Schmitt hatten dafür die prägende legitimatorische Formel gefunden: «Der Führer schützt das Recht vor dem schlimmsten Mißbrauch, wenn er im Augenblick der Gefahr kraft seines Führertums als oberster Gerichtsherr unmittelbar Recht schafft.»[52]

Insgesamt waren im Rahmen der Röhm-Aktion mindestens 85 Menschen ermordet worden, manche Schätzungen sprechen von 200 Toten. Für die SA bedeutete das Datum eine tiefe Zäsur; Verzweiflung und Verunsicherung waren die dominierenden Gefühle, von denen sich die Speerspitzen der Revolution nicht mehr erholen sollten, zumal die Truppen am 2. August 1934 ihre Funktion als «Hilfspolizei» wieder verloren.

Die Geschichte der SA war mit dem Tod Röhms nicht zu Ende. Weiterhin blieb sie im öffentlichen Erscheinungsbild des Dritten Reiches präsent und auch gefürchtet; nun, nachdem die politischen Gegner zumeist ausgeschaltet waren, vor allem in der alltäglichen Repression gegen Juden und andere «Gemeinschaftsfremde». Auch wenn vielerorts die Mitgliederzahlen und das Ansehen der SA-Stürme schwanden, waren die SA-Kommandos doch weiterhin ein nicht zu unterschätzender, nun allerdings durch Hitler gezügelter Ordnungsfaktor des Dritten Reiches.

Partei des Volkes

Die SA mochte gezügelt sein, und doch prägte das Klima der Gewalt weiterhin die Aufbauphase des Dritten Reiches. Die Betroffenen vergaßen diese Wochen und Monate des Terrors nicht; er steckte vielen Sozialdemokraten, Gewerkschaftern und Kommunisten, auch so manch katholischem Zentrumsmann und Pfarrer sprichwörtlich in den Knochen, als sich die Gefängnistore und Konzentrationslager wieder öffneten – und auch dies nicht, ohne dass man den nun Freigelassenen noch einmal drohend bedeutete, was politische Opposition zur Folge hatte. Zu dieser «Parteirevolution von unten», wie Martin Broszat diese frühe Phase der NS-Diktatur genannt hat,[53] gehörte nicht nur der Terror der Sturmabteilungen und der Schutzstaffeln, sondern auch die Eroberung der öffentlichen Ämter und die «Gleichschaltung» bestehender Vereine und Verbände, die sich vielerorts nicht lange bitten lassen mussten. Hitler hatte schon in seiner Ankündigung, die Revolution beenden zu wollen, die nächste, wenngleich weniger laute Revolution angekündigt: die Durchsetzung des «Führerprinzips» als neues hierarchisches Organisationsmodell der deutschen Gesellschaft. Das galt für die Sportvereine genauso wie für die Kultureinrichtungen und die Gemeinden, für die Betriebe ebenso wie für die Taubenzüchter- oder Schachvereine, ganz zu schweigen von den Organisationen, die zur NSDAP gehörten und sich schon vor 1933 ganz ihrem «Führer» Adolf Hitler verschworen hatten. Der «Führer» sprach Recht, und Führung war, wie es der Jurist Ernst Forsthoff 1933 meinte, «zum tragenden Verfassungsgrundsatz» in Deutschland geworden; ein Strukturprinzip der Auslese, der Bindung an Hitler, das für alle Volksgenossinnen und Volksgenossen galt.[54] «Führung», so Forsthoff, sei «ein umfassender politischer Lebensvorgang, der eine Vielheit aktionsbereiter politischer Menschen in der Person des Führers eint, indem er sie zur Gefolgschaft macht, der andererseits den Führer aus dieser Gefolgschaft heraushebt, ohne ihn zum Vorgesetzten werden zu lassen und ihn auf diese Weise von ihr zu trennen. Der Führer wird darum Führer erst durch die Gefolgschaft, wie die Gefolgschaft erst durch den Führer Gefolgschaft wird. Führer und Gefolgschaft bilden eine Einheit, die nicht formal logisch begriffen, sondern nur erfahren werden kann.»

Im Unterschied zum Parlamentarismus würden in dieser neuen Staatsform die bisherigen Gegensätze zwischen Regierung und Regierten zu einer neuen Einheit, und es sei diese Beziehung zwischen Führung und Gefolgschaft, die den Kern der neuen Volksgemeinschaft ausmache. Treue, Bindung, Akklamation: Das waren wesentliche Elemente einer völkischen Gemeinschaftsideologie, die das in der Weimarer Republik geschürte Bedürfnis nach einer harmonisch-autoritären Ordnung aufgriff und die sich in der Person des «Führers» zu vollziehen schien.

Die NSDAP brauchte nicht mehr nach dem «Führerprinzip» aufgebaut zu werden – sie war der organisatorische Inbegriff eines neuen Typs der Massenorganisation, die auf der Bindung von «Führer» und Gefolgschaft basierte und in deren Zentrum Adolf Hitler stand.[55] Im Jahr der «Machtergreifung» zählte die NSDAP knapp 850 000 Mitglieder, und bereits im Mai 1933 erließ der Reichsschatzmeister Franz Xaver Schwarz einen vorübergehenden Aufnahmestopp, nachdem rund zwei Millionen neuer Mitgliedsanträge die Partei förmlich zu sprengen drohten. Doch sosehr sich die Partei um ein Image völkischer Exklusivität bemühte und die heroischen Schlachten der «alten Kämpfer» in den Vordergrund rückte, so sehr hatte sich ihr Charakter bereits in dieser kurzen Zeit verändert: Bis zum 1. Mai hatten rund 1,6 Millionen neuer Mitglieder Aufnahme gefunden, und die «alten Kämpfer» waren zur Minderheit geworden. Gleichwohl versuchte die NSDAP an ihrem Kaderprinzip festzuhalten und verfügte Ende Juni 1933, dass sich Neumitglieder zunächst zwei Jahre bewähren und dann erst das ersehnte Parteibuch ausgehändigt bekommen sollten. Zudem gab es Ausnahmeregelungen für die Mitglieder der SA und der SS, für die ehemaligen Frontkämpfer des Stahlhelms oder die Hitler-Jugend.

Die neuen Mitglieder kamen aus allen sozialen Schichten. 267 000 Arbeiter waren bereits vor 1933 Mitglied der NSDAP, 488 000 kamen nach der «Machteroberung» hinzu; gleichwohl lag ihr Anteil an der Gesamtzahl der Parteimitglieder mit 32,1 Prozent immer noch unterhalb des Reichsdurchschnitts (46,3 Prozent). Besonders Beamte, Lehrer und Angestellte strömten in Scharen in die NSDAP, die dadurch innerhalb kürzester Zeit ihre Bastion im öffentlichen Dienst rasant ausbauen konnte. Die Parteistatistik aus dem Jahr 1935 gab an, dass 7,3 Prozent der Berufstätigen Mitglied der NSDAP waren. Das waren 2 493 890 Menschen, darunter rund 484 000 Angestellte, 475 000 Selbstständige, 307 000 Beamte und 255 000 Bauern.[56] Der Anteil der Selbstständigen, Beamten und Angestellten innerhalb der NSDAP lag damit deutlich über dem Durchschnitt der Beschäftigten, während die Partei nach wie vor Nachholbedarf unter den Arbeitern und auf dem Lande sah. Zufrieden zeigten sich die Parteistatistiker nach wie vor mit der Altersverteilung: Tatsächlich waren die Jahrgänge der 21- bis 40-Jährigen besonders gut vertreten und machten nicht nur mehr als die Hälfte aller Parteimitglieder aus, sondern waren auch im Vergleich zum Altersschnitt der deutschen Gesamtbevölkerung besonders stark.[57] Neben ihrer kleinbürgerlich-nationalen Herkunft war es dieses generationelle Merkmal der NSDAP als eine Partei der Jüngeren, geboren zwischen 1883 und 1912, die ihre Erfahrungswelt bestimmte.[58] Insofern ist der Begriff der «Volkspartei» immer auch etwas trügerisch angesichts der starken männlichen Dominanz, der unterschiedlichen schichtspezifischen Eintrittswellen und regionalen Besonderheiten, des geringeren Arbeiteranteils, der protestantisch-nationalen Prägung, der Dominanz spezifischer Altersgruppen und der notwendigen Unterscheidung von Wählern und Mitgliedern.

Die Angst vor einer Verbürgerlichung, die manchen Altvorderen umtrieb, war keineswegs aus der Luft gegriffen. Denn es waren vor allem das national-konservative deutsche Bürgertum und ein wachsender Anteil der Akademiker, die ihr Heil im Nationalsozialismus suchten und den Charakter der NSDAP zunehmend veränderten. Von «Märzgefallenen» und «Konjunkturrittern»[59] sprach die NSDAP, wenn sie über die Motive derjenigen philosophierte, die nach dem Sieg der Partei in Massen ihre Antragsformulare einreichten und von denen man angesichts ihres relativ hohen Alters nicht mehr erwartete, dass eine «Revolutionierung ihrer Weltanschauung» möglich sei. Die Partei sei kein Freizeitverein, wie der *Völkische Beobachter* am 30. April 1933, noch am Tag vor dem offiziellen Aufnahmestopp, mahnte. Solche

Karrieristen brauche man nicht, die die Partei für einen «Klub zukünftiger Staatsmänner» hielten und auf billige Vorteile hofften.[60] Die Partei benötige eher «Kämpfer» und «Revolutionäre des Geistes». Natürlich befand sich unter den Hunderttausenden ein erheblicher Anteil, der aus Karrieregründen, aus politischer oder wirtschaftlicher Opportunität eintrat und sich einen kleinen Vorteil im Kampf um Stellen, Aufträge des Staates oder der Partei erhoffte, die langersehnte Beförderung beschleunigen wollte oder sich als großer völkischer Dichter oder Wissenschaftler zu präsentieren versuchte. Dennoch verbargen sich hinter dem Parteieintritt ganz unterschiedliche Motive; die Hoffnung auf raschen persönlichen Aufstieg gehörte dazu genauso wie eine grundsätzliche Nähe zum neuen Regime oder die Notwendigkeit einer Mitgliedschaft, um seinen Beruf weiter auszuüben. Die «Märzgefallenen» lediglich als «Opportunisten» zu bezeichnen dürfte die unterschiedlichen Erfahrungen und Motive eher verdecken und die Zustimmungsbereitschaft zum Regime unterschätzen. Selbst der *Völkische Beobachter* erinnerte daran, dass diejenigen in den nationalsozialistischen Reihen begrüßt würden, die sich beispielsweise unter dem Druck sozialdemokratischer Vorgesetzter in den deutschen Amtsstuben oder aus Angst vor ihren jüdischen Kunden nicht getraut hätten, der Partei beizutreten. Solche Zuspätgekommenen galten als Opfer des Systems und nicht als opportunistische Glücksritter. Für manche mag der Wahlerfolg deshalb nur der Anlass dafür gewesen sein, sich endlich durch eine Mitgliedschaft zur neuen Bewegung und zu Adolf Hitler zu bekennen. Tatsächlich spricht einiges dafür, den freiwilligen Eintritt in die NSDAP nicht mit purem Opportunismus zu verwechseln und die Optionen ernst zu nehmen, die sich in der Erwartung manches Zeitgenossen aus der Vielzahl an Posten und Angeboten ergaben, die die NSDAP und ihre angeschlossenen Verbände eröffneten. Die NSDAP kann man in dieser Hinsicht als «Inklusionsmaschine»[61] verstehen, als eine Organisation, die Chancen eröffnete und individuelle Lebensläufe prägte. Der Zugang zur NSDAP, das Datum des Eintritts, gehörte mit zu den neuen, sichtbaren Grenzlinien der deutschen Gesellschaft, die maßgeblich über individuellen Aufstieg oder berufliche Schwierigkeiten mitentscheiden konnten. Die NSDAP hatte schon vor 1933 aus allen sozialen Schichten und zudem viele Nichtwähler für sich gewinnen können. Nach 1933 wurde aus der Partei der ehemals völkischen Splittergruppen, der arbeitslosen jungen Männer, der Kleinbürger, Selbstständigen, Malocher und radikalen Studenten eine neue Staatspartei, deren Verwaltung sich zu einer bürokratischen Großorganisation ausweitete, sich beständig wandelte und selbst für Eingeweihte bisweilen nur schwer zu überblicken war.

Ihr organisatorisches Herz schlug in München, der «Hauptstadt der Bewegung», dem Sitz der Reichsleitung der NSDAP und ihrer zentralen Organe. Die stark hierarchisierte Struktur der NSDAP definierte Gau-, Kreis- und Ortsgruppenleitungen, die in groben Zügen der Länder- und Gemeindestruktur des Deutschen Reiches angepasst und jeweils vor Ort angesiedelt waren. Auf der untersten Ebene agierte der Blockwart,[62] der etwa vierzig bis sechzig Haushalte beaufsichtigte und dessen Aufgabe vor 1933 zunächst darin bestanden hatte, Mitgliedsanträge einzusammeln, Parteizeitungen zu verteilen, Plakate zu kleben oder die Eintrittskarten für Parteiveranstaltungen zu verteilen. Mit den steigenden Mitgliederzahlen veränderten sich Aufgabenprofil und Erwartungen: Die Blockwarte sollten immer mehr ihre Hand am Puls der Volksgenossen haben, hören, was bei den Menschen vor sich ging, die Position der Partei übersetzen, gleichzeitig die «Verbreiter schädigender Gerüchte»[63] enttarnen und notfalls die Polizei alarmieren. Dafür sollten nur die «besten» Parteigenossen ausgewählt werden, die sich zunehmend zu einem wichtigen Element nationalsozialistischer «Menschenführung» entwickelten. Blockwart sollten «Führer und Berater» sein und die Volksgenossen anleiten; sie trugen die Uniform der Partei und hatten die Pflicht zu einem vorbildlichen Lebenswandel. Auch wenn Anspruch und Wirklichkeit nicht selten weit auseinanderklafften und sich die vermeintlichen «Aushängeschilder der Partei» oftmals, wie innerhalb der NS-Bürokratie kritisch registriert wurde, als Diktatoren im Westentaschenformat aufspielten, so war ihre Bedeutung für die Nazifizierung der deutschen Gesellschaft doch kaum zu unterschätzen. Rund 200 000 Blockwarte zählte die parteieigene Statistik im Jahr 1935, und es war dieses Gros der ehrenamtlichen Funktionsträger des Regimes, das der NSDAP in den Dörfern und Gemeinden des Deutschen Reiches ihr Gesicht verlieh.[64]

Ihre Aufgabe war die, wie es in der Sprache der Nationalsozialisten hieß, Betreuung der Bevölkerung. Betreuung hieß vor allem Überwachung und Erziehung. Beide Elemente gehörten unmittelbar zusammen. Denn sie waren wesentliche Säulen der nationalsozialistischen Vision einer Volksgemeinschaft, die herzustellen oberste Priorität der NSDAP-Basisgruppen war. Dafür benötigte es Gewalt und Zwang gegenüber den «Gemeinschaftsfremden», dazu gehörte aber auch der Versuch, sich als bürgernahe Anlaufstelle für die Sorgen und Nöte der Volksgenossen zu inszenieren. Dafür richteten die Ortsgruppen eigene Bürgersprechstunden ein; im März 1934 waren sie vielfach in die «Frühjahresoffensive gegen die Arbeitslosigkeit» eingebunden. Dabei warb die NSDAP vor allem um arbeitslose Bewohner der Gemeinden, informierte sie über die staatlichen Vorhaben, entwickelte bisweilen sogar eigene Vorschläge zur Einrichtung von lokalen Arbeitsdienstprogrammen und versuchte so den Eindruck einer großen Hilfsmaschinerie für die kleinen Leute zu erwecken.

Einen erheblichen Zeitaufwand betrieben die zahlreichen ehrenamtlichen NS-Funktionsträger für die teils zentral gelenkten, teils aber auch selbst inszenierten und forcierten Aktionen gegen «Gemeinschaftsfremde». Die Grundlage dafür bildete vielfach das umfangreiche Auskunftswesen, in das die Ortsgruppen eingebunden waren, die Informationen über die politische Zuverlässigkeit «ihrer» Bewohner lieferten. Wer Fürsorgeleistungen beantragte, auf eine Beförderung im öffentlichen Dienst hoffte oder sich um einen staatlichen Auftrag bewarb, musste damit rechnen, dass die staatlichen Behörden die Partei um eine Stellungnahme anriefen, die dann über die Kreisleitungen an die NSDAP-Ortsgruppen und die Zellen- und Blockwarte weitergereicht wurde. War der Bewerber «arischer Rasse» und «erbgesund»? Spendete er oder sie für die Nationalsozialistische Volkswohlfahrt? Wie verhielt er sich als Volksgenosse und: Stand er auf der richtigen Seite, hatte er die richtige Moral und Haltung?

Deshalb sammelten die Ortsgruppen Informationen, beispielsweise über das Vermögen deutscher Juden und deren angebliche Verfehlungen. Sie gaben außerdem ihre Einschätzung über deren mögliche Ausreise ab und eine Empfehlung, ob man die betreffenden Juden womöglich beim Grenzübertritt noch einmal genauestens untersuchen sollte. Doch blieb es keineswegs nur bei dieser Mischung aus Denunziation und Stigmatisierung. Die Ortsgruppen waren seit 1933/34 im ganzen Reich aktiv in die antisemitische Politik des Regimes eingebunden, bisweilen übernahmen sie durch besonders gewalttätige Aktionen die Initiative, organisierten Boykotte, führten Listen mit potentiellen Zielen, pöbelten, schlugen und legten selbst Hand an bei der Zerstörung jüdischer Existenzen. Ihre lokalen Karteien dienten – in Kooperation mit den örtlichen Behörden – als Grundlage für die Überprüfung, ob ein Häuserblock bereits «judenfrei» gemacht worden war oder es dort noch Juden gab, deren man habhaft werden und deren Eigentum man rauben konnte. Es waren dabei vielfach gerade die neuen Parteikader, die sich besonders mit ihrem antisemitischen Aktionismus hervortaten und sich auf diese Weise ihren Platz in der Parteihierarchie erobern wollten. Gewalt als Karrieresprungbrett – auch das gehört zur Geschichte der «Märzgefallenen».[65] Die Partizipationsangebote wurden unterschiedlich wahrgenommen, mancher Leerlauf war dabei. Und doch war es gerade diese Masse an kleinen Funktionären, die in vorauseilendem Gehorsam dem «Führer entgegenarbeiteten» (Ian

Kershaw) und so wesentlich zur radikalen Dynamik des NS-Regimes beitrugen.

Zum neuen Netzwerk nationalsozialistischer Organisationen gehörten neben der NSDAP zudem die paramilitärischen Verbände der SS und der SA, die Hitler-Jugend sowie eigene Berufs- und Fachorganisationen, die Beamte, Lehrer,[66] Studenten, Handwerker oder Ärzte zusammenfassten. Diese Organisationen schluckten seit dem Wahlsieg vom März 1933 die bestehenden Verbände und Vereine, verdrängten politische Gegner und führten überall das «Führerprinzip» ein. Auch sorgten sie mit der Anwendung des «Arierparagraphen» dafür, dass die deutschen Juden systematisch aus dem gesellschaftlichen Leben ausgeschlossen wurden. Ein Aufnahmestopp galt für diese neuen nationalsozialistischen Großorganisationen nicht. Ganz im Gegenteil wuchsen sie immer weiter, entwickelten eigene Hierarchien und ein vielfach autonomes institutionelles und finanzielles Eigenleben.[67] So unterschiedlich und vielgestaltig der organisierte Nationalsozialismus auch war, so war doch bei allen internen Machtkämpfen und persönlichen Feindschaften immer eines unstrittig: die absolute Bindung an Adolf Hitler. Auf dem «Führer» lagen alle Hoffnungen und Sehnsüchte. Er bot Erlösung und Zuversicht. Hitlers Bild war überall zu sehen, seine Stimme als besonderes «Erlebnis» im Radio zu hören; sein Name war allgegenwärtig, und das rassistisch-antisemitische Gemisch seiner Gedanken stand in massenhafter Auflage mit «Mein Kampf» auch in den Bücherregalen der Mitglieder[68] – und das keineswegs nur als Staubfänger, sondern als neue «Bibel» der Bewegung. Zur charismatischen Vergemeinschaftung, wie man diese Beziehung zwischen «Führer» und Gefolgschaft im Sinne Max Webers nennen kann, gehörte, dass die kleinen «Führer» und Amtsträger ihrem gottgleichen Abbild Charisma zusprachen und sich durch Erfolge (beispielsweise in der außenpolitischen Revision des Versailler Vertrages und der Arbeitsmarktpolitik) der Anfangsjahre bestätigt fühlten.

Doch die Strahlkraft des «Führers» ging weit über die Partei hinaus. Sie traf auf eine deutsche Gesellschaft, die sich in ihren intellektuellen Kreisen auf die Suche nach einem neuen geistigen Führertum gemacht hatte. Die Entwürfe dafür unterschieden sich erheblich, und selbst für die demokratische Linke waren Führertum und Parlamentarismus keine Gegensätze.[69] Hitler selbst verkörperte wie niemand anderer die Projektionen nationaler Erlösung. Seine Propaganda hatte ihn als Mann der Tat inszeniert, als Prophet, gezeichnet von den Erfahrungen des Schützengrabens, als einen, der sich bereits in den zwanziger Jahren mit seinem Putsch etwas getraut hatte, der zupacken und sich durchsetzen konnte. Hitler konnte diese Sehnsucht nach dem starken Mann bedienen. Er war das Produkt einer «charismatischen Propaganda» durch seine schlagkräftigen Trommler und zugleich das Resultat langersehnter Erwartungen, die die Weimarer Republik nicht hatte erfüllen können. Seine Erfolge gingen anfangs sogar über das hinaus, was selbst die vielen Anhänger der NS-Bewegung erhofft hatten. Mit der Zerschlagung der SA hatte er bewiesen, dass er für die große Sache bereit war, persönliche Bindungen zu kappen und notfalls auch in den eigenen Reihen «aufzuräumen». Charismatische Erwartungen und politischer Alltag, «Führer» und Gefolgschaft waren mithin enger aufeinander bezogen. Kritik an den Zuständen gab es durchaus, Hitler aber blieb weitgehend sakrosankt.

Der deutsche Gruß

Wie sehr der Nationalsozialismus das Verhalten der deutschen Bevölkerung zu verändern begann, erlebte der US-amerikanische Botschafter Messersmith sehr persönlich: Anlässlich einer feierlichen Bootstaufe in Kiel, zu der er geladen war, reckten die Teilnehmer im Sommer 1933 geschlossen die rechte Hand zum «deutschen Gruß», bis auf ihn. Alle, so hielt er verstört fest, hätten sich wohl gefragt, wer dieser Mann sei. Und wäre nicht rasch klar geworden, dass er Amerikaner sei, hätte die Situation durchaus eskalieren und gefährlich für Leib und Leben werden können.[70]

Angesichts der Etablierung des Führerstaates mag dieses Ereignis zunächst nicht von allzu großer Bedeutung sein und zum Gruselkabinett ausländischer Beobachter gehören, die über die befremdlichen Teutonen nach Hause schrieben. Doch hinter diesem Wandel der Grußformeln stand eine grundsätzliche Frage, die alle Deutschen gleichermaßen betraf: Wie weit griffen die neuen Zeichen der nationalsozialistischen Herrschaft in den Alltag und den privaten Raum ein? Konnte man den Gruß verweigern, wollte man das überhaupt – und wie verhielt man sich gegenüber denjenigen, die sich dem «Heil Hitler» zu entziehen versuchten: gleichgültig, mit Respekt oder aber mit vorauseilendem Gehorsam gegenüber solch «schädlichem» Verhalten, mit dem sich der Einzelne aus der Volksgemeinschaft selbst ausschloss? Die Pflicht zum «deutschen Gruß», dem gestreckten Arm mit geöffneter Handfläche, griff tief in die Privatsphäre ein.[71] Sie war Teil der öffentlichen Routinen, Bestandteil von Geschäftsbeziehungen und privaten Kontakten. Diese sozialen Beziehungen waren politisch aufgeladen und gebunden an den neuen Staat, seine Sprache und Zeremonien, seine Erwartungshaltungen und Anpassungszwänge. Das «Grüßen» forderte den Einzelnen täglich neu heraus, in beinahe jeder Stunde und in den unterschiedlichen Rollen, die die Menschen in der Familie, beim Einkaufen, im Fußballstadion oder auf der Arbeit einnahmen. Aus der zwischenmenschlichen Begegnung konnte ein politischer Akt, ein Bekenntnisaustausch werden, aus dem trivialen «Guten Morgen» ein forderndes «Heil Hitler», aus dem «Grüß Gott» ein Zeichen der Distanz zu den neuen Machthabern. Mit dem «deutschen Gruß» veränderten sich in den Jahren seit 1933 schleichend traditionelle, bis dahin eingeschliffene zwischenmenschliche Beziehungsmuster und die mit ihnen verbundenen sozialen Normen, in deren Zentrum der Schwur auf den «Führer», auf Adolf Hitler, stand. Die gewünscht straffe Haltung war Teil einer umfassenden Militarisierung der deutschen Gesellschaft, die das Individuum dem Herrschaftsanspruch der neuen Ordnung unterwarf. Im «Heil Hitler» kam zum Ausdruck, von wem sich die Deutschen künftig Erlösung versprachen: vom «Führer» persönlich. Der Gruß deutete die neue Moral an, auf der der nationalsozialistische Staat und die Beziehung zwischen «Führer» und Gefolgschaft basierten.

Selbst sprachen die Nationalsozialisten in der Regel nicht gerne von Moral. Das roch zu sehr nach Aufklärung und bürgerlichem Zeitalter. Lieber war von der «Revolutionierung» der Normen die Rede, von den «unbedingten» Grundsätzen einer «Herrenmoral», die «Gemeinnutz» vor «Eigennutz», die Interessen der Rasse über die Freiheitsrechte des Individuums stellte. Der Hitlergruß war Teil dieses Anspruches, Verhalten neu zu kodieren. Das geschah nicht über Nacht, und es wäre falsch, neben vielen Brüchen nicht auch all die Kontinuitäten bürgerlicher Moralvorstellungen mitzudenken, die es gerade vielen Deutschen überhaupt erlaubte, sich für den Nationalsozialismus zu begeistern. Aber eine Gesellschaftsordnung ohne oder jenseits der Moral war der Nationalsozialismus angesichts seiner umfassenden Gestaltungsansprüche auf dem Weg zum «neuen Menschen» nicht. Im Gegenteil.

Der Hitlergruß hatte seinen Ursprung in der völkischen Bewegung der Jahrhundertwende, als die Unterschrift «mit deutschem Gruß» eine Formel der antisemitischen Selbstvergewisserung war. Aus dem italienischen Faschismus entlehnten Hitler und die NSDAP Mitte der 1920er Jahre den «Saluto romano», den römischen Gruß, der eine Verbindung zum antiken Römischen Reich suggerieren sollte. Seit 1926 galt die parteioffizielle Grußpflicht, die gleichwohl Zeit brauchte, bis sie als Ritual allgemeine Gültigkeit erreicht hatte. Was bis 1933 nur Teil der NS-Bewegung war, wurde mit der «Machtergreifung» ein Akt staatspolitischer Opportunität. Am 13. Juli 1933 erließ Reichsinnenminister Frick eine

Anordnung über die «Einführung des Hitlergrußes»[72]. Nach der Zerschlagung des Parteienstaates sei nun der Zeitpunkt gekommen, den von Adolf Hitler eingeführten Gruß zum allgemeinen «deutschen Gruß» zu machen. Darin zeige sich die Verbundenheit des deutschen Volkes mit seinem «Führer». Künftig gehöre es zu den Dienstpflichten von Beamten, Angestellten und Arbeitern im behördlichen Raum, durch die Erhebung des rechten Armes zu grüßen. Von Beamten werde dies auch außerhalb ihrer Dienstzeit erwartet. Wer aufgrund seiner körperlichen Versehrtheit mit dem rechten Arm nicht bezeugen konnte, durfte mit dem linken grüßen. Untersagt war jedoch, die Formel «Heil Hitler» oder «Heil» durch einen weiteren Zusatz zu verändern und damit die völkische Begrüßung zu entstellen.

Der «deutsche Gruß» war, wie es im Völkischen Beobachter hieß, ein «Stück praktischer Nationalsozialismus, das jeder vollbringen konnte».[73] Mit «Heil Hitler» zu grüßen sei Teil eines neuen «nationalsozialistischen Lebensstil[s]» – und damit eine Absage an die «bürgerliche Welt» von gestern. Gegenüber den «mitunter Unsicheren» galt er als offensives Bekenntnis und «Ausdruck einer Charakterhaltung»; eine tägliche Erinnerung an die Zögerlichen, die neue Volksgemeinschaft tatkräftig zu unterstützen. Allerdings: Nur die «ehrlichen und anständigen Deutschen», nicht aber die Geschäftemacher oder die – angesichts des Dritten Reiches gewendeten «Hundertfünfzigprozentigen» – dürften ihn aussprechen. Alle Versuche, den Akt des Bekenntnisses zu verfälschen, müssten streng geahndet werden. Der «deutsche Gruß» solle, so die Hoffnung, «zum Bekenntnisgruß der Deutschen untereinander werden», den Einzelnen aus seinem Alltagstrott herauslösen und ihn an die höheren Ziele des Nationalsozialismus und den Willen des «Führers» erinnern.

«Heil Hitler», sagten die Standesbeamtin und der Verkäufer im Laden. «Der Deutsche grüßt Heil Hitler» war deshalb keineswegs nur eine billige Propagandafloskel, sondern zwang jeden, sich zu diesem neuen Akt zu verhalten. Offenkundig war der «Völkische

Beobachter» mit der Entwicklung der Volksgemeinschaft im Jahr 1935 nicht gänzlich zufrieden. Jedenfalls schien es noch genügend Menschen zu geben, die sich nicht ausreichend im Sinne des Dritten Reiches engagierten und sich den Anforderungen des neuen Staates durch Ausflüchte, Verweigerung oder Desinteresse zu entziehen versuchten. Der Anspruch aber war umfassend; wo die innere Überzeugung fehlte, sollte diese neue «Ordnung» durch Zwang hergestellt werden. Wie rasch die Verweigerung der Grußformel zum Politikum werden konnte, verdeutlicht ein Fall aus der fränkischen Provinz. Der evangelische Pastor von Gründelhardt, Wilhelm Sandberger, verweigerte, wie manch anderer Geistlicher, im Herbst 1933 den «deutschen Gruß». Damit handelte er sich erhebliche Schwierigkeiten ein:[74] Es waren die örtlichen NSDAP-Spitzen, die ein Verfahren gegen ihn in Gang brachten und Sandberger bei seinen Vorgesetzten anschwärzten. Sein Verhalten errege «in seiner Gemeinde Anstoß». Zuvor hatte die NSDAP Sandberger bereits gemahnt, den «deutschen Gruß» zu erwidern. Ein Gespräch mit ihm war erfolglos geblieben, in dem der evangelische Pfarrer keinen Hehl aus seiner Ablehnung des Dritten Reiches gemacht hatte. Die besondere Mischung aus Repression, Anerkennung des neuen Staates und vorauseilendem Gehorsam konnte man an der Reaktion der landeskirchlichen Bürokratie in Württemberg erkennen: Dort hatte man die ministerielle Bekanntmachung über den «Hitler-Gruß» nicht nur an die zuständigen Pfarrer weitergeleitet, sondern auch noch eigene Bestimmungen für die Geistlichen erlassen, die man nicht anders als eine Zustimmung zum neuen «Heil-Hitler»-Staat lesen konnte. Unterschiedliche kirchliche Stellen versuchten auf den aufsässigen Pfarrer einzuwirken. Als der sich mit Blick auf sein christliches Gewissen weiterhin weigerte und eine Verhaftung durch die Gestapo drohte, zog die Landeskirche die Reißleine. Am 7. Oktober, nur knapp vier Wochen nachdem der Fall publik geworden war, teilte der Oberkirchenrat der Gestapo mit: «Pfarrer Sandberger aus Gründelhardt ist auf Grund seiner Anzeige, daß er aus Gewissensgründen der Weisung des Ev. Oberkirchenrats über die Einführung des Deutschen Grußes nicht Folge leisten könne, bis auf weiteres beurlaubt worden.» Damit hatte die Kirche dem Ansinnen der Gestapo entsprochen, die im Falle einer Amtsenthebung von einer «Schutzhaft» Sandbergers absehen wollte.[75] Die Gestapo musste offenkundig ihre Position gegenüber der Kirchenleitung auch nicht weiter begründen, so illegitim schien das Verhalten und so selbstverständlich die Rechtmäßigkeit, den Grußverweigerer zu suspendieren. Dass es sich dabei keineswegs um eine besonders prominente Gemeinde und schon gar nicht um einen besonders bekannten Pfarrer handelte, macht den Fall genauso bemerkenswert wie die Geschwindigkeit, mit der die NSDAP die Vorkommnisse aus der Provinz den zentralen Behörden zur Entscheidung bringen konnte.

Die neue Volksgemeinschaft, die der «deutsche Gruß» bezeichnete, brauchte den Terror und die pseudolegale Absicherung, wie sie seit dem 21. März 1933 die «Verordnung zur Abwehr heimtückischer Angriffe gegen die Regierung der nationalen Erhebung»[76] bot und auf deren Grundlage gegen oppositionelle Meinungen und abweichendes Verhalten vorgegangen werden konnte. Gleichzeitig waren aber treibende Kräfte vonnöten, die die Verweigerungshaltung skandalisierten, daraus ein ahndungswürdiges Vergehen machten und eine Sanktionierung forderten, wie die NSDAP und ihre örtlichen Funktionäre. Außerdem bedurfte es derjenigen evangelischen Kirchenoberen, die, wenn auch womöglich nicht mit voller Begeisterung, die Durchsetzung des Hitler-Grußes durch ihren vorauseilenden Gehorsam mittrugen, ihn selbst praktizierten und die Berufung auf ein «christliches Gewissen» in dieser Frage für nicht statthaft erachteten. Das war ein Teil des «praktizierten Nationalsozialismus», der sich nicht nur in der Gewalt, sondern auch in der Zustimmungsbereitschaft einer Mehrheit niederschlug. Diejenigen, die den Hitler-Gruß verweigerten, grenzten sich demnach selbst aus und hatten keinen Anspruch, wie beispielsweise die NSDAP-Ortsgruppen offensiv formulierten, in der Reichswehr Karriere zu machen.[77] Ähnliches galt für die politische Haltung oder mögliche Beförderung von Beamten. In ihren politischen Beurteilungen notierten die Ortsgruppen, ob ein potentieller Kandidat «aus freien Stücken» den «deutschen Gruß» entrichtete; eine Beobachtung, die dann in die Personalakte einging.[78]

Gleichwohl war die flächendeckende Verbreitung des «deutschen Grußes» aus Sicht des Regimes keineswegs eine totale Erfolgsgeschichte. Die Frage, wer grüßte und wer nicht, fand seit dem Frühjahr 1933 Eingang in die Berichte der Politischen Polizei und stellte ein wichtiges Kriterium dar, um aus Sicht des Regimes den aktuellen Grad der Zustimmung und oppositionellen Abweichung im «Deutschen Reich» zu vermessen. Aus Halle meldete die Gestapo im August 1934, «daß der Deutsche Gruß sich der gewünschten Verbreitung nicht erfreut und daß [sich] die Häufigkeit seiner Anwendung gegenüber der Zeit nach der Erhebung» vermindert habe.[79] Leicht zu sanktionieren war ein Fall wie der des Bäckergesellen Horst Pirl aus Nordhausen, weil dieser, wie es in den Gestapo-Berichten hieß, den «deutschen Gruß» mit dem kommunistischen Bekenntnisruf «Rot Front» beantwortet habe.[80] Gefährlicher schien es, wenn Kommunisten sich hinter dem «deutschen Gruß» tarnten. Solch eine Camouflage konnte weniger rasch entdeckt werden als die offene Form der Verweigerung, zu der auch die Ohrfeigen katholischer Pfarrer im Religionsunterricht gehörten, die ihre Schüler für die Verwendung des «Heil Hitler» maßregelten. Gerade im katholischen Milieu konnte sich der «deutsche Gruß» in den Anfangsjahren des Regimes nur gegen erhebliche Widerstände durchsetzen. Hier blieb man vielfach lieber beim «Treu Kolping» oder in Süddeutschland beim traditionellen «Grüß Gott». Aus der Sicht des Regimes durchbrach man damit die Einheit, die der «deutsche Gruß» ermöglichte. Oder wie es ein junger katholischer Geistlicher laut Polizeibericht in Ebermannstadt in einer Gastwirtschaft ausdrückte: «Wir grüßen halt ‹Leck mich am Arsch›. Das ist der Deutsche Gruß.»[81] Und wer in München keine Lust hatte, beim Weg vorbei an der Feldherrnhalle den obligatorischen Gruß für die Gefallenen der NS-Bewegung zu verrichten, schlug stattdessen den Umweg über die Viscardigasse ein – dem «Drückebergergassl», wie man den Umweg im Volksmund auch nannte.

Den «Führer» durfte nur grüßen, wer würdig war, sich in das Treueverhältnis zu fügen – für Juden galt das nicht. Wie ein bizarres Beispiel aus Darmstadt zeigt, erfüllten auch Tiere diese Vorbedingung nicht: Im Juli 1934 beauftragte die Hessische Polizei die lokalen Dienststellen mit einer ganz besonders vertrauensvollen Aufgabe: Sie sollten dafür Sorge tragen, dass dem Unwesen dressierter Affen ein Ende gemacht werde, die am Ende einer Schausteller-Vorführung den «deutschen Gruß» nachahmten und damit das Publikum unterhalten wollten. Die Polizei sollte gezielt bei Jahrmärkten nach den Verantwortlichen suchen und die «Abschlachtung der betreffenden Tiere [...] veranlassen».[82] Kaum etwas passte weniger zum heiligen Ernst des Dritten Reiches als Ironie. Dagegen erlaubte der Hitler-Gruß eine Umkehrung traditioneller generationeller Ordnungen: So konnten es sich Mitglieder der Hitler-Jugend mit dem Hinweis, die vorbeiziehenden Erwachsenen hätten ihre Fahne nicht mit «Heil Hitler» gegrüßt, herausnehmen, diese mitten auf der Straße zu ohrfeigen und ihr Verhalten dann auch noch selbstbewusst mit dem Satz zu kommentieren: «Diese Schweine» hätten die Fahne nicht rechtzeitig gegrüßt.[83]

II.

«Führer» und Gefolgschaft

Jugend für den «Führer»

Franz Albrecht Schall war ein junger «alter Kämpfer». 1913 in Altenburg geboren, gehörte er bereits Anfang der 1930er Jahre, als 17-Jähriger, zur NS-Bewegung: als Jugendlicher und Gymnasiast in seiner thüringischen Heimatstadt, dann als Berufsschüler und Lehrling, ab 1935 als Pädagogik-Student. Franz Albrecht stammte aus einer protestantisch-nationalkonservativen Familie, ein bildungsbürgerlicher Theologen- und Lehrer-Haushalt, geprägt von Büchern und klassischer Musik. Der Nationalsozialismus war sein Leben. Er war fasziniert von Kameradschaft, vom nationalen Aufbruch und vom «Erlöser» Adolf Hitler, in dessen Schrift er nach getaner Arbeit noch regelmäßig vor dem Schlafengehen las und sein Schicksal mit dem des «Führers» verglich. Er organisierte HJ-Versammlungen und Gruppen, ging zu Kundgebungen, machte Wahlkampf, wollte Verantwortung für die Zukunft des Dritten Reiches übernehmen. Nichts war ihm mehr verhasst als die bürgerlichen Spießer, die sich ohne echte Überzeugung anpassten oder sich vom neuen Regime lediglich persönliche Vorteile versprachen und dabei das «Volk» gar nicht richtig kannten. An Hitlers Geburtstag 1933 notierte der inzwischen 20-Jährige: «Gebe mir Gott die Kraft und den sieghaften Glauben, die Treue zu halten wie er, bis in den Tod, damit Deutschland lebe und einst frei werde von allen äußeren und inneren Fesseln, die jahrhundertelang hindurch feige Geschlechter um die deutsche Ehre gewunden haben!»[1]

Franz Albrecht war zunächst bei den Pfadfindern gewesen, bis er über eine Gruppe an seiner Schule zur HJ gekommen war. Auch die Brüder begeisterten sich für den Nationalsozialismus, während sein Vater trotz Kritik an der Weimarer Republik gegenüber dem Dritten Reich distanziert blieb und auch nach 1933 Kontakt zu seinem alten Freund Hermann Hesse hielt, der sich inzwischen im Schweizer Exil befand. Die Beziehung zu seinen Söhnen war für den herzkranken Vater nicht einfach, und er selbst dürfte daran auch seinen Anteil gehabt haben. Seine Ehe ging auseinander, und das Geld war knapp. Am 11. Mai 1937 schrieb ihm Franz Albrecht, inzwischen Mitglied im Nationalsozialistischen Studentenbund, einen Brief, in dem er schilderte, was ihn gerade so umtrieb und was er gerne las: Fichte, Nietzsche, Plato. Bald werde dann der Schuldienst als junger Lehrer losgehen, Sommerlager der HJ stünden an, inzwischen sei er auch zum «Gefolgschaftsführer» aufgestiegen. Artig bedankte er sich für die Studienhilfe seines Vaters, die in der Vergangenheit auch schon einmal ausgefallen war, und erläuterte ihm seine Einschätzung der politischen Lage: «Auch ich betrachte die Gegenwart wie jeder Nationalsozialist nicht durch eine schöngefärbte Brille, sondern seine Fehler und Schwächen genauso wie jeder, der offene Augen u. Ohren hat. Das verpflichtet mich jedoch dazu, um so mehr mich für den neuen Staat einzusetzen, damit es an meinem Arbeits- und Tätigkeitsfeld keine solchen Mängel gibt. Wer immer nur Schlechtes sieht, dem glaubt man schließlich nicht, dass er für das Gute kämpft, auch wenn das tatsächlich der Fall ist. Das soll keine Belehrung sein, sondern nur eine Erklärung für das, was dir nun zustoßen musste.»[2] Was Albrecht mit dem Wort «zustoßen» ziemlich kühl umschrieb, war der bittere Ort, wohin er den Brief schickte: nach Würzburg, in das Gefängnis der Gestapo.

Der Brief begann mit der eindringlichen Bitte, dass hoffentlich die akute «Missstimmung gegen Einrichtungen und Personen des neuen Reiches» nicht dazu geführt habe, «irgendwelche haltlosen Vermutungen oder abfälligen Äußerungen auszusprechen. Ich habe schon immer gefürchtet, dass deine Ablehnung und negative Haltung zu den Geschehnissen der Gegenwart bzw. der jüngsten Vergangenheit dich in Unannehmlichkeiten bringen würde. Nun scheint es doch einmal geschehen zu sein.» Dem Vater waren seine Kontakte zu alten Freunden und oppositionellen Schriftstellern, linke Literatur im Bücherschrank und die Ablehnung des Hitlergrußes zum Verhängnis geworden.

Franz Albrecht hielt seinen Vater für jemanden, der die Zeichen nicht erkannt hatte und über den die «neue Zeit» wohl hinweggehen würde. Seinen Weg in die HJ gingen viele junge, gut gebildete junge Männer aus konservativ-christlichen Elternhäusern, geprägt durch die Konflikte am Ende der Weimarer Republik, antisemitisch und antidemokratisch eingestellt und beseelt vom Glauben an den «Führer», der selbst in der Krise des «Röhm-Putsches» für Albrecht unantastbar blieb. Die HJ bot ihm eine politische Heimat sowie die Möglichkeit, aus der Enge des Elternhauses auszubrechen und tatsächlich etwas zu tun gegen die vermeintliche sozialistische Übermacht in seiner thüringischen Heimatstadt. Von dort führte ihn dann der Weg in die NSDAP, später dann als Lehrer und Erzieher an die Adolf-Hitler-Schule in Sonthofen; eine unspektakuläre Karriere auf den Wogen der NS-Bewegung, die sich im Schatten der langsam verblassenden Weltwirtschaftskrise vollzog. Der Glanz erfolgreicher außenpolitischer Revision ließ seit 1935/36 auch diejenigen, die nicht wie Franz Albrecht von Beginn dabei waren, glauben, dass Hitler wirklich der Erlöser aus dem nationalen Elend sei, von dem er selbst immer wieder gesprochen hatte. Junge und Alte, Mütter und Väter, Katholiken und Protestanten, Arbeiter und Angestellte: Für alle hieß es nun, sich zu entscheiden. Trotz der Zähmung der SA kam der Führerstaat nach der stürmischen «Machteroberung» nicht in ruhige Fahrwasser, sondern entfaltete eine ganz eigene, radikale Dynamik. Sein Blick richtete sich nicht zuletzt auf die Lebenswelten der Deutschen: auf die Betriebe, die Familien, Sexualität, Ehe, Glauben und Freizeit; alles sollte dem volksgemeinschaftlichen Imperativ untergeordnet werden. Dazu gehörten Zwang ebenso wie neue Chancen der Partizipation, die die Volksgenossinnen und Volksgenossen für sich erkannten.

Für die Jugend des Dritten Reiches galt das ganz besonders. An ihrer Spitze stand seit dem 17. Juni 1933 der neue «Jugendführer des Deutschen Reiches», Baldur von Schirach. Von Schirach war nun verantwortlich für die Jugendarbeit des gesamten Deutschen Reiches und konnte von oberster Stelle dafür sorgen, dass die Konkurrenten im Ringen um die «Seelen» der Jugend rasch ausgeschaltet wurden. Die seit Ende März 1933 im «Großdeutschen Bund» organisierten bündischen Jugendlichen mit ihren 50 000 Mitgliedern wurden in die HJ überführt.[3] Von der Arbeiterjugend war bald nichts mehr übrig. Ihre Räume und Gelder wurden beschlagnahmt, ihre Mitglieder verprügelt und verfolgt. Nicht anders ging es auch den jüdischen Jugendorganisationen. Lediglich die katholischen Verbände konnten sich eine gewisse Autonomie bewahren. Sie schützte formal das Konkordat, im Alltag spürten aber auch sie den massiven Druck des Regimes.

Die Hitler-Jugend war Vorbote der neuen nationalsozialistischen Gesellschaftsordnung – eine Massenorganisation mit totalem Mobilisierungsanspruch, eine Parteigliederung, die sortierte, disziplinierte, gewalttätig ihre Gegner verfolgte und zugleich Aufstiegsmöglichkeiten und jugendliche Autonomie versprach.[4] Die HJ war getrennt nach Geschlecht und Alter, aufgeteilt in 10- bis 14-jährige «Jungmädel» und «Jungvolk» und in die 14- bis 18-jährige HJ und den «Mädelbund» (BDM). Die Jungen und Mädchen sollten daran mitarbeiten, die neue Volksgemeinschaft zu verwirklichen – die Utopie einer rassisch reinen «Lebensgemeinschaft». Der Nationalsozialismus verstand sich selbst als Bewegung der Jungen. Jugendlichkeit war politisches Programm und selbstgeschaffener Mythos, der Aufbruch einer neuen Generation gegen die Alten, die Kompromisslosigkeit und Leidenschaft der Jugend gegen die verzagte Biederkeit der Etablierten. Das Pathos der Jugend war damit nicht unbedingt an das Geburtsdatum, eher an ein spezifisches Verhalten permanenter Mobilisierung und Pflichterfüllung gekoppelt. Die Hitler-Jugend wollte dieses neue Ganze verkörpern: die völkische Ordnung, die Kraft der nationalsozialistischen Bewegung, die Hoffnung auf eine neue Generation, gläubige Getreue und mutige Führer, wehrhaft, körperlich gestählt, männlich und erzogen im Geiste der Volksgemeinschaft – ein Bund, der alle Klassengrenzen, jede konfessionelle Spaltung hinter sich ließ und im gemeinschaftlichen Erleben kollektiver Nähe seine Bestimmung fand. «Klassenlose Kameradschaft» und jugendliche Energie als nie versiegende Kraftquelle: Davon schwärmte Baldur von Schirach unentwegt. Für Franz Albrecht Schall waren das keine hohlen Phrasen. Er selbst war von der Sendungskraft seiner Generation, vom «Projekt Nationalsozialismus» zutiefst erfüllt und glaubte, dass gerade sein Alter eine besondere Verpflichtung sei. Am 1. Dezember 1933 notierte er in sein Tagebuch: «Ich erkenne täglich mehr, welche Last auf unsere jungen Schultern gelegt ist. Die vergangene, aber noch lebende Generation hat, im Großen gesehen, die neue Idee mit all ihren Auswirkungen auf das tägliche Leben des einzelnen nicht wirklich in sich aufgenommen, sondern versucht, die alten gewohnten Formen herüberzuretten in das werdende Reich. Wir Jungen dagegen sind unbelastet, ganz unserer Bewegung äußerlich verschrieben und müssen nun mit dem stürmenden Fanatismus den harten Kampf der Verwirklichung aufnehmen.»[5]

Tatsächlich gelang der Hitler-Jugend ein massiver Einbruch in die jugendliche Lebenswelt. Als wichtige zusätzliche Sozialisationsinstanz prägte sie Schule und Freizeit, bestimmte über Ausflüge, Lagerleben und Sportprogramm, über Lektüre und die Verleihung von Abzeichen. Die Mitgliedschaft in der HJ konnte über

Lehrstellen oder die Zulassung zur Gesellenprüfung entscheiden. Auch wer im Fußball- oder Schwimmverein sein wollte, brauchte die HJ.[6] Die neue Massenorganisation markierte die Grenze zwischen Regime und Individuum und war damit Teil eines umfassenden gesellschaftlichen Aus- und Abgrenzungsprozesses,[7] der mit darüber bestimmte, wer sich bereits frühzeitig in seiner Biografie als «gemeinschaftsfähig» erwies – und wer nicht. Nicht jeder, der mitmachen wollte, durfte auch. Nur wer den neuen rassistischen Ansprüchen des NS-Regimes genügte, erhielt das Privileg des Mitmachens. Deutsche Juden waren deshalb von Beginn an ausgeschlossen.

Es war vor allem die Altersgruppe der nach 1915 Geborenen, junge Leute so alt wie (und etwas jünger als) Franz Albrecht Schall, die Kindheit, Jugend und Pubertät in der neuen Massenorganisation verbrachten. Die neue Elite durchlief ein umfassendes Schulungssystem, und wer als Hitler-Junge ins «Führer-Korps» aufsteigen wollte, musste nicht nur sportlich und «arisch», sondern auch aus der Kirche ausgetreten sein, eine zusätzliche Sprache sprechen sowie eine Berufsausbildung oder das Abitur haben. Anders als im faschistischen Italien, das ebenfalls auf eine totale Erfassung der Jugend drängte, konnte die HJ auf die Erfahrung der Jugendbewegung zurückgreifen – gleichsam der «geborene» Führernachwuchs. Beide, HJ und die italienische Opera Nazionale Balilla (ONB), die Jugendorganisation der Nationalen Faschistischen Partei Italiens, bauten auf das Prinzip «Jugend führt Jugend», das sich als sehr attraktiv erwies.[8]

Bitter vermerkten die Informanten der vertriebenen SPD-Führung (Sopade) im Februar 1936, dass inzwischen die «überwiegende Mehrheit» der Jugendlichen zur Hitler-Jugend gehe und damit auf «absehbare Zeit für uns verloren» sei. Überall werde auf die Jugendlichen zugegriffen, Disziplinierung, wohin man blicke. Schlimmer noch: «Der Zinnober in der HJ macht auch den Jugendlichen noch immer sichtlich Spaß. Wenn der Alte etwas dagegen hat und abbremsen will, dann wird man eher gegen den Alten ausfällig, als daß man von der HJ läßt. Wenn man mit solchen 12–15jährigen spricht, dann geben sie einem zu verstehen, daß wir Älteren aus lauter falschverstandener Treue zu unseren früheren Überzeugungen die Größe *ihrer* Zeit einfach nicht begreifen können.»[9] Eine «neue Generation» wachse hier heran, «die nichts mehr sieht als nur die Idee des Nationalsozialismus. [...] Fanatismus und Begeisterung trifft man bei diesen Jüngsten unseres Volkes in sehr ausgeprägter Form. Vor allem: diese Jugend scheint den Druck nicht zu empfinden, der auf ihr lastet, sie sieht die Unfreiheit nicht als solche an.»[10]

Seit Anfang Dezember 1936 war die HJ auch per Gesetz zur mächtigsten erzieherischen Institution des NS-Staates aufgestiegen. Noch war dies nicht gleichbedeutend mit einer Zwangsmitgliedschaft, welche erst 1939 eingeführt wurde. Zudem gab es immer wieder vereinzelt Jugendliche, die sich dem Zugriff entzogen. Doch in der Praxis war der Druck mitzumachen erheblich. Willi Delfo, Führer der Schar 4 «Graf Luckner» in Berne bei Bremen, schrieb einem «Jugendgenossen» Mitte Juni 1934 einen Brief, in dem er ihn dazu ermahnte, sich nun endlich in die «große Gemeinschaft der Jugend» einzuordnen. Unter die Vergangenheit werde ein Strich gezogen, egal, was passiert sei. Nun gelte es, alles für Volk und Staat zu tun. «Dieses Ziel werden wir in harter Rücksichtslosigkeit gegen uns selbst verfolgen; wir wollen aber auch auf der anderen Seite keine jugendlichen ‹Spießer› dulden.» Deshalb sei dies «die letzte Mahnung», um endlich zum Scharabend zu kommen.[11]

In der Erinnerung der Zeitgenossen war die Hitler-Jugend vor allem deshalb so attraktiv, weil sie eine Möglichkeit bot, die familiäre Enge zu verlassen. In der HJ, so erinnern sich manche der damaligen «Pimpfe», glaubte man, jemand zu sein, und konnte Autoritätsverhältnisse infrage stellen. In Essen beispielsweise sprengte eine HJ-Gruppe im Sommer 1933 einen Elternabend der dortigen Goetheschule, weil dort für einen der Ausflüge der aus der bündischen Jugend stammenden «Marschriege» gesammelt worden war. Was den Schulleiter und mehr noch den darüber informierten Beigeordneten der Stadt Essen besonders empört hatte: die freche Arroganz der jungen uniformierten Rotzlöffel, sich als neue Polizei aufzuführen und gegen verdiente Bürger vorzugehen. Es könne nicht sein, dass junge, noch nicht erwachsene Kerle mit Waffen hantierten, kleine Hitler-Jungen Befehle erteilten, eigenmächtig und ohne Entschuldigung dem Unterricht fernblieben oder auf Schüler und Lehrer massiven Druck ausübten, sich der Bewegung anzuschließen.[12]

Die HJ knüpfte an alte bündische Traditionen an, betonte aber vor allem die Bedeutung der körperlichen Ertüchtigung im Geist der Wehrbarkeit. Jugend hatte Bedeutung; sie hatte ihre eigenen Lieder, ihre eigenen Sprüche und rituellen Handlungen – und sie war von Anfang an Bestandteil der neuen nationalsozialistischen Zeitrechnung mit den Feiern zum «Tag der deutschen Revolution» am 30. Januar, «Führers Geburtstag» am 20. April, dem «Tag der Arbeit» am 1. Mai oder dem 9. November, an dem die «Bewegung» ihrer gefallenen Märtyrer gedachte. Zum neuen jugendlichen Feiertagskalender des Nationalsozialismus zählte der «Tag der Verpflichtung», Hitlers Geburtstag, an dem die Hitler-Jugend ihre neuen Mitglieder in den Kreis der Volksgemeinschaft aufnahm, sowie der 21. Juni, der «Tag der Jugend» und der Sommersonnenwende, an dem rund ums Lagerfeuer alte Bräuche und die enge Verbindung von germanischer Vergangenheit und völkischer Zukunft beschworen wurden. An Ostern bemalten Kinder und Jugendliche der HJ und des BDM zwar weiterhin Ostereier, nun aber feierten sie das Ganze nicht mehr als christliches Fest der Auferstehung, sondern als «deutsches» Frühlingsfest inklusive Eierlaufen.[13] Ehre, Treue und Kameradschaft galten als neue moralische Imperative, die in Schulungen und Lehrbüchern zum Maßstab individueller Entscheidungen werden sollten. In der Praxis stießen manchen Eltern diese neuen Töne sauer auf. Jedenfalls schien der Ruf des BDM in bürgerlich-konservativen Kreisen (und nicht nur da) aufgrund allzu großer Freizügigkeit rasch schwer gelitten zu haben. Eine mit dem Dresdener Romanisten Victor Klemperer befreundete Mutter wollte jedenfalls den Beitritt ihrer Tochter zum BDM um jeden Preis verhindern, da das Gerücht umging, eines der Dresdner Hospitäler sei «übervoll, nicht nur von schwangeren, sondern auch von tripperkranken fünfzehnjährigen Mädchen» gewesen.[14]

Der Einzelne konnte sich jedenfalls auf die Gemeinschaft verlassen, solange er nicht wehleidig vor sich hin jammerte und sich anstrengte – das sollte die Botschaft sein. Für viele der kleinen Pimpfe waren es neben den Heimabenden vor allem die dreiwöchigen HJ-Sommerlager, bei denen sie lernen konnten, ihren Teil für die Volksgemeinschaft zu tun. Leistung wurde hier großgeschrieben: ob beim «Reiterkampf» oder Boxen, beim Schwimmen oder Wettlauf. Das Lager war keine Erfindung der Nationalsozialisten, auch hier knüpfte die HJ an die jugendbewegten Vorläufer seit der Jahrhundertwende an. Doch standen weniger die romantische Erfahrung und die individuelle Persönlichkeitsbildung als die Wehrertüchtigung im Vordergrund. Lager galten als «Dienst am Wir», als Teil der neuen Ordnung, als eine eigene Lebensform, in die nicht nur Jugendliche, sondern viele gesellschaftliche Gruppen hineinwuchsen – Lehrer genauso wie die Zehntausenden, die im Reichsarbeitsdienst schufteten. In den Lagern galt ein eigener Rhythmus: Los ging es mit Wecken und Frühsport, Stubendienst, Appellen und Flaggenhissen; dann Sport und Schulung in Rassenkunde, Führertum und Kameradschaft und abends das Flaggeneinholen, Lagerfeuer, Liedersingen. Am Eingang prangten die selbstgemalten Schilder mit dem Hakenkreuz in der Mitte; die Zelte standen nach einem festen hierarchischen Plan fein säuberlich aufgereiht, über den Lagerleiter und Zeltältester penibel wachten. Für die Jungen und Mädchen bedeuteten die Lager nicht zuletzt eine (kostenfreie) Möglichkeit, dem heimischen Alltag zu entfliehen. Sie waren nach außen hin abgegrenzt, eine eigene Welt völkischer Utopie, eine ambivalente Mischung aus Drill und Indoktrination, kollektiver Vergemeinschaftung und Ausbruch aus familiären Zwängen.

Da konnte es Abenteuer und einen besonderen Kick bedeuten, wenn man die Zeltlager der verhassten Kirchenjugend überfiel. Auf der Insel Nordstrand ging die Verwüstung durch die HJ aus Hessen so weit, dass sich sogar der Regierungspräsident von Schleswig im Sommer 1934 damit beschäftigte und berichtete, dass nicht nur die Zelte umgeworfen, sondern auch «Scheintodpistolen» gebraucht worden waren und es zu einigen Schlägereien gekommen war. Offenkundig waren die Ausbrüche der Gewalt, die bei der Bevölkerung zu Verstimmung geführt hatten, von den HJ-Führern toleriert worden. Jedenfalls beklagte der Regierungspräsident, dass künftig bei der Auswahl der HJ-Führer ein strengerer Maßstab angelegt werden müsse, um solche Übergriffe zu vermeiden.[15] Gewalt gegen politische Gegner konnte bereits für die Jüngsten durchaus Spaß machen und das Gemeinschaftsgefühl stärken. Von Beginn an war die HJ bei den antisemitischen Boykotten aktiv beteiligt. Dafür brauchte es nicht erst eine Anweisung von oben – gelernt war gelernt.

Die Rassenpolitik gehörte zu den zentralen Feldern der weltanschaulichen HJ-Schulung.[16] Jugend – das war keine Lebensphase der Persönlichkeitsentwicklung, sondern ein beständiger Dienst am Volk, und das hieß vor allem: Mitmachen durften nur diejenigen, die einen Nachweis über ihre «arische» Herkunft und ihren «erbgesunden» Körper vorweisen konnten. So laut die Gemeinschaftsparolen auch klangen, so sehr prägten Formen der Ungleichheit und Selektion den Alltag und das organisationseigene Selbstverständnis der HJ. Das galt für ihre rassistische Ausgrenzungspolitik, für ihre körperlichen Leistungsanforderungen sowie für die Rollenverteilung zwischen Jungen und Mädchen.

Der Kampf um die «Reinheit des deutschen Blutes» begann bereits bei den Jüngsten; sie sollten die neuen Kader völkischer Erneuerung sein und den Kampf gegen «Untermenschen», gegen «Schwachsinnige» und «Geisteskranke» aufnehmen. Volk und Rasse standen auf dem Schulungsprogramm von HJ und BDM ganz oben, bis hin zu Heimabenden der HJ vor Ort, bei denen dann rassepolitische Experten die neuesten «wissenschaftlichen» Erkenntnisse über Geburtenrückgänge, «Blutsgemeinschaften», Vererbungslehre und «Ausmerze Minderwertiger» verbreiteten.

Wer sich dem disziplinierenden Zugriff entzog oder durch Verstöße gegen Sitte und «völkische Ehre» auffiel, der wurde durch ein umfassendes Straf- und Disziplinarwesen zur Räson gebracht – an dessen Ende schlimmstenfalls auch der Ausschluss aus der HJ stehen konnte.[17] Eine eigene HJ-Gerichtsbarkeit nahm sich die Fälle vor, bei denen gegen «Zucht und Ordnung» verstoßen worden war oder die «Ehre der Gemeinschaft» und das «öffentliche Ansehen» der HJ beschädigt worden waren. Das umfasste Verstöße gegen die Kleiderordnung ebenso wie Sittlichkeits- oder Eigentumsdelikte oder auch verbotene Beziehungen zu Juden. Die Erziehung zur Volksgemeinschaft erfolgte in mehreren Stufen: Verwarnung, Ämteraufgabe, zeitlich befristeter oder dauerhafter Ausschluss. Die kleinen und großen Führerinnen und Führer der HJ entschieden über begrenzte Sanktionen, die HJ-Gerichtsbarkeit über weitergehende Strafen, die erhebliche Folgen haben konnten. Denn es ging nicht nur um eine mögliche Lehrstelle, sondern überhaupt um den künftigen Status in der Volksgemeinschaft. Zu den neuen Techniken gesellschaftlicher Erfassung zählte auch die 1935 eingeführte «Warnkartei», die alle Verstöße – rot markiert und schnell für die Personalabteilungen sichtbar – erfasste.[18] Auch mit der Kriminalpolizei arbeitete die HJ zusammen und tauschte Daten über «herumstreifende» oder «asoziale» Jugendliche aus. Zusätzlich patrouillierte seit März 1935 der HJ-Streifendienst. Rasch dehnte er sein ursprüngliches Aufgabengebiet, die Kontrolle der HJ, auf alle Jugendlichen aus und kooperierte eng mit Jugendämtern und Polizei. Seit 1936 war der Streifendienst als «amtlicher Ordnungsträger» unterwegs und schaute an Bahnhöfen, in Jugendheimen und auf beliebten Plätzen nach dem vermeintlich Rechten. Immer im Blick: linke, bündische und konfessionelle Jugendliche. Gerne half der künftige SS-Nachwuchs auch bei der Suche nach ausgebüxten Jugendlichen, dem «Schutz des Volksvermögens» und «der Bekämpfung der Jugendkriminalität». Da genügte dann schon ein allzu lässiger Schritt, falsche Schuhe oder schmuddelige Kleidung, damit der Streifendienst in Aktion trat. Festnehmen durfte die HJ andere Jugendliche nicht. Das blieb Sache der Polizei; dabei helfen, das tat der Führernachwuchs jedoch gerne. Die Kölner Gestapo beispielsweise erhielt vom HJ-Bannführer Schnütgen im September 1937 den Tipp, dass sich vermutlich 100 Navajos, eine der Jugendcliquen, mit denen die HJ im Clinch lag, Richtung Rösrather Schützenfest aufmachen würden. Es war in der Vergangenheit immer wieder zu gewalttätigen Konflikten gekommen, und mithilfe der Gestapo ließ sich nun die unliebsame Konkurrenz aus dem Weg räumen.[19] Ähnliche Versuche jugendlicher Selbstorganisation gegen die Allmacht der HJ gab es auch in anderen Städten wie Leipzig, München oder Berlin, und immer wieder ging es um den Versuch, einen Rest an Autonomie, jugendlicher Gemeinsamkeit von Jungen und Mädchen gegen den totalitären Zugriff der HJ und ihre Geschlechterpolitik zu bewahren – oft um den Preis massiver Verfolgung.

Im öffentlichen Raum wurden die Spielräume zunehmend begrenzt, und ähnlich war es auch in den Klassenzimmern. Rasch stellten sich die Schulleiter in den Dienst des neuen Regimes – Unterrichtsziel: Volksgemeinschaft. Die Kölner Stadtschulräte verkündeten dafür am 10. Mai 1933 ihren Kolleginnen und Kollegen sieben «sittliche Grundwahrheiten», eine Mischung aus Rassismus, Nationalismus, blindem «Führer-» und völkischem Erlösungsglauben. Und über allem stand: «Der Einzelne ist nichts, die Allgemeinheit, der Staat, alles: Gemeinnutz vor Eigennutz.»[20]

Der NS-Staat begann im Frühjahr 1933 umgehend, politisch

und rassisch unliebsame Pädagogen aus dem Staatsdienst zu entfernen. Im Unterricht setzten die Lehrer neue Themen auf die Agenda: «Grenzlandfragen» und «Wehrsport», Volksgemeinschaft und «Rassenkunde»; nun blieb neben dem Unterricht in «Vaterlandsfragen» und germanischen Heldensagen Zeit, um sich die neuen NS-Filme wie «SA-Mann Brandt» und den «Hitlerjungen Quex» anzuschauen. Aus dem Klassenzimmer war innerhalb weniger Monate ein politischer Kampfplatz geworden, wo abweichende Meinungen rasch ein Fall für die Polizei werden konnten. In den Lehrer- und Lehrerinnenlagern erhielten die Verkünder der Volksgemeinschaft ihren theoretischen Schliff. Manche Lehrerin freute sich im Nachgang nicht nur über Momente glücklicher «Kameradschaft», die sie dort erleben durfte, sondern auch darüber, dass sich unter ihren Kolleginnen so große Zustimmung zur nationalsozialistischen Judenpolitik ergab.[21] Neue Feste sollten Gemeinschaft in den Schulen stiften, in denen es insbesondere um körperliche Leistungsfähigkeit ging. Wer nicht mithalten konnte, geriet als «Nichtskönner» oder «Schädling der Gemeinschaft» rasch ins Abseits. Dabei konnte es durchaus sein, dass gerade auch in ländlichen Schulen neuere Lernmethoden – im Gewand der «Gemeinschaftserziehung» – zur Anwendung kamen und sich einfügen ließen in die neuen Aufgaben der «Erziehungsstätten des deutschen Volkes». Moderne reformpädagogische Instrumente standen nicht notwendigerweise im Widerspruch zur nationalsozialistischen Schulpolitik, und mancher der fortschrittlichen Pädagogen der 1920er Jahre fand im NS-Staat seine neue Heimat. Tatkräftig wirkte ein Großteil der Pädagogen an der Gleichschaltung der Schulen mit. Strittig blieb bisweilen die Kompetenzverteilung zwischen Schule und Partei. Notfalls sollten denjenigen, die sich der HJ verweigerten, staatliche Vergünstigungen wie das Schulgeld entzogen werden. Damit schuf die HJ einen eigenen Mechanismus der Ausgrenzung, da sie sich gerade nicht an der Bedürftigkeit, sondern an politischer Loyalität orientierte. Für die jüdischen Schüler war die nationalsozialistische Eroberung der Schulen besonders bedrängend. Sie spürten früh und deutlich die Repressionen.

Der Antisemitismus der Mitschüler und der Versuch der Selbstbehauptung bestimmten die Erfahrungen der 16-jährigen Margot Littauer, die ihren Schulalltag in Breslau festhielt. Als sie einmal einen Aufsatz über den Sinn des 1. Mai schreiben sollte, fragte ein «Hitlermädchen», ob denn die jüdischen Kinder überhaupt mitschreiben dürften. Sie durften – und am nächsten Tag bat der Lehrer, die Aufsätze vorzustellen: War es nicht so, meinte ein Mädchen, dass es eine Abwertung des 1. Mai sei, wenn «Nichtdeutsche» diesen Tag begingen? Dann begann eine Diskussion, in der Margot zunächst mutig ihre Position vertrat und sich gegen «Theorien von ‹aussaugenden› Juden» verteidigen musste. Ein Mädchen meinte: Es bleibe am Ende nichts anderes übrig, «als den Gashahn aufzudrehen», worauf der Lehrer antwortete: «Ich bin also dafür, die Juden leidenschaftslos zu bekämpfen und sie von uns zu entfernen. Sie sind tatsächlich für uns fremd, und sie behindern unser Volkstum.»[22]

Der staatliche Antisemitismus reduzierte schrittweise die Zahl jüdischer Schüler an öffentlichen Schulen, zuerst mit dem «Gesetz gegen die Überfüllung deutscher Schulen und Hochschulen», dann mit den «Nürnberger Gesetzen» von 1935. Ihr Alltag war geprägt durch eine immer weitergehende Ausgrenzung aus dem schulischen Alltag. Bei Feiern und Sportveranstaltungen, bei Ausflügen und Klassenfahrten, im Unterricht und auf dem Pausenhof: Die täglichen Gemeinheiten, manchmal subtil, manchmal offen brutal, bewogen die Mitschüler zum Hin- und auch Wegsehen, zum Applaus und Mitmachen, aber nur selten zur spontanen Hilfe.

In den Nationalpolitischen Erziehungsanstalten (Napola) gab es diese Probleme nicht. Sie waren von Beginn an gedacht als Eliteschulen des «Führers», in die nur Kinder aus regimeloyalen, «arischen» Familien gehen sollten, die zudem den körperlichen Ansprüchen paramilitärischer Frühausbildung entsprachen. Obwohl sie sich als klassenlose, leistungsorientierte Kaderschmiede inszenierten, dominierten auch hier die Kinder aus Beamten- und Angestelltenfamilien. Rund 6 000 Schüler und wenige Schülerinnen besuchten kurz nach Kriegsbeginn die Napolas. Sport und Körperertüchtigung standen ganz oben auf dem Lehrplan, aber über allem schwebte der Geist vormilitärischer «Gesamterziehung». Es war die Sprache des Krieges, die hier gelehrt und in der gesprochen wurde, ein «gut» oder «befriedigend» in den Sprachen und in Mathematik war leichter verschmerzbar als auch nur die kleinste Schwäche beim Laufen oder gar beim groß inszenierten Boxen. Die Einübung nationalsozialistischer Moral – das war es, worum es ging, und nicht etwa die Aneignung eines humanistischen Bildungskanons.[23]

Recht und Moral

Von den Juristen brauchten die deutschen Juden und die politische Linke keine Hilfe zu erwarten. Seit 1933/34 hallte der «deutsche Gruß» durch die Säulengewölbe Justitias. In Köln stürmte die SS Ende März 1933 das Gerichtsgebäude, zerrte jüdische Richter und Anwälte hinaus und verfrachtete sie mithilfe von zwei Polizeifahrzeugen ins Polizeipräsidium. Am gleichen Abend wählte der Kölner Anwaltsverein seinen neuen Vorstand. 300 Mitglieder waren gekommen, aber die jüdischen Kollegen fehlten.[24] In den Gerichtsgebäuden wehte nun das Hakenkreuz, und neben der Richterrobe trugen die Staatsbediensteten gerne auch einmal ihre braune Uniform. Terror gegen den politischen Gegner und Straffreiheit für Delikte, die «im Kampf für die nationale Erhebung» begangen worden waren: So starteten die Justizbehörden in das Dritte Reich, die nicht schnell genug ihre jüdischen Kollegen hinauswerfen und die Anhänger der Republik kaltstellen konnten. Das geschah – wie in vielen anderen Bereichen auch – durch bereitwillige Selbstgleichschaltung, durch innere Überzeugung und zugleich durch administrative Steuerung von oben. Und nicht selten begannen die nationalsozialistischen Juristen die politischen Säuberungen mit dem Hinweis, dass die «alte» preußische Justiz dem neuen völkischen «Leistungsprinzip» nicht gerecht werde. Leistung war also auch in diesem Sinne ein politischer Kampfbegriff.[25]

An der Spitze des Reichsjustizministeriums stand mit Franz Gürtner kein radikaler nationalsozialistischer Jurist, sondern eher ein autoritärer Nationalkonservativer. Gürtner hatte das Amt bereits 1932 unter Franz von Papen übernommen und in seiner Zeit als bayerischer Justizminister in den 1920er Jahren die rechtsradikalen Kräfte mit großer Milde behandelt. Manchem Nationalsozialisten galten Gürtner und das Justizministerium eher als Hort biederer Bedenkenträger. Zwischen Heinrich Himmlers expandierendem Polizeiapparat, Geheimer Staatspolizei (Gestapo), Sicherheitsdienst (SD) und SS einerseits und der Justiz andererseits kam es deshalb immer wieder zu erheblichen Konflikten, beispielsweise darüber, ob die Gewalt in den Konzentrationslagern oder die Übergriffe der SA auf ihre Gegner juristisch verfolgt werden müssten. Sosehr sich mancher Jurist über polizeiliche Willkür beklagte, gab es doch bei vielen Konservativen das Gefühl, das «Chaos» der liberalen Weimarer Rechtsordnung durch ein neues Recht der Volksgemeinschaft ersetzen zu müssen; ein Recht, dessen Basis die Gemeinschaft, die Bindung von Volk und Nation war. Liberale Grundrechte wie Meinungs- und Versammlungsfreiheit brauchte es in diesem Staat nicht, auch nicht die Gewaltenteilung. Das bürgerliche Recht galt als Ausdruck demokratischer Verwirrungen. Allerorten war nach der «Machteroberung» von «Notstand» die Rede, von «roter Gefahr», die drohe, wenn nicht mit harter Hand eingeschritten würde. Dieser «Notstand» rechtfertigte es, individuelle Rechtsgarantien zugunsten polizeilicher Gewalt zu opfern, und half mit, die neue Ordnung der Gewalt zu legitimieren. Die Grenzen zwischen antiliberalen, konservativ-autoritären und nationalsozialistischen Deutungen waren jedenfalls fließend.

Die Volksgemeinschaft brauchte Gesetze, die all das unter Strafe stellten, was die Fiktion einer völkischen Gerechtigkeit gefährdete. Dazu gehörte, Täter auch für solche Taten anklagen zu können, für die es bis dahin noch kein Gesetz gegeben hatte. Schutzrechte des Einzelnen gegenüber dem Staat schienen im neuen Führerstaat unnötig, ja sogar schädlich. Hans Frank, der NS-Chef-Jurist, machte in knappen Worten deutlich, was er damit meinte: «Der Gefolgschafts- und Führergedanke ist der grundsätzliche Ausgangspunkt für die rechtliche Stellung der Gemeinschaftspersönlichkeit in der Gemeinschaft. Dadurch sind das staatsgerichtete subjektive öffentliche Recht, ein wesentlicher Inhalt der liberalen Rechtslehre einer vergangenen politischen Vorstellungswelt, und die juristische Staatsperson für das Verwaltungsrecht überwunden.»[26]

Neue Kategorien des Rechts hießen nun «Treue» und «Gemeinschaft», «Pflicht», «Leistung» und «Ehre». Sie machten aus dem Recht eine spezifisch völkische Moralordnung – gültig für alle Lebensbereiche: für Ehe und Familie, für Wohnen, Freizeit und Arbeit. Sogenannter Gemeinnutz ging vor sogenanntem Eigennutz, und über allem thronte die Autorität des «Führers» als zentrale Rechtsquelle. Die völkische Sprache und die Unschärfe der Begriffe ließen vieles denkbar sein. Die Volksgemeinschaft war gleichsam eine fiktive Richtschnur des Handelns, an der sich Richter zu orientieren hatten. Gerade weil sie keine statische Größe war, sondern offen für unterschiedliche, auch für immer radikalere Optionen und weil die Gerichte täglich neu aushandelten, was nun den Kern der neuen Ordnung ausmachte, entwickelte sich die Propagandaformel zu einer Kategorie, anhand deren Polizei und Justiz individuelles Verhalten immer neu bewerteten und damit im Gerichtssaal gültige Werteordnungen neu justierten.

Vor dem Gesetz war eben nicht mehr jeder gleich.[27] Die nationalsozialistische Gesetzgebung war geprägt durch ihre Politik der Ungleichheit. Das galt gegenüber den deutschen Juden und gegenüber allen «Gemeinschaftsfremden», die entweder als politisch Verdächtige ihre «Treuepflichten» gegenüber der Volksgemeinschaft verwirkt oder aber als «Asoziale» ihre Pflicht zur Arbeit für die Gemeinschaft vernachlässigt hatten. Der Strafrechtskatalog orientierte sich seit 1933 immer weniger an der Tat und ihren Wirkungen, sondern am «verbrecherischen Willen», den Richter, Staatsanwälte, Kriminologen und Polizei im Charakter des Angeklagten zu erkennen glaubten. Das alles war nicht völlig neu, sondern konnte auf eine seit den 1920er Jahren laufende kriminologische Diskussion aufbauen, die zudem eine breite Unterstützung bei solchen Richtern fand, die sich zwar mit ihrer Unabhängigkeit im Weimarer Staat, nicht aber mit dessen liberaldemokratischer Verfasstheit angefreundet hatten. Es brauchte also keineswegs neue Richter. Viele der älteren, konservativ-nationalen Beamten fügten sich rasch in das Dritte Reich ein.

Einen genauen Plan, wie die Justiz umgestaltet werden sollte, hatten die Nationalsozialisten nicht in der Schublade. Zunächst ging es vor allem darum, ihre alten Feinde in den Behörden und Parteien auszuschalten. Die Gründung des Volksgerichtshofs am 24. April 1934 als zentrale Instanz zur Verfolgung von «Landes»- und «Hochverrat», die vor allem die linke Opposition bekämpfen sollte, war dafür ein zentraler Schritt. Mithilfe der «Heimtücke-Verordnung» vom 20. Dezember 1934 zog der NS-Staat die Grenzen öffentlicher Meinungsbekundung radikal enger. Ein Witz über den fetten Ministerpräsidenten Göring, eine unbedachte Äußerung über den Lügner Hitler, eine Verhöhnung trinkfreudiger NSDAP-Bonzen – all das stand unter Strafe und konnte mit Gefängnis, im schlimmsten Fall sogar mit dem Tod geahndet werden. Betroffen davon war tendenziell jeder, und jeder Tratsch auf der Straße, jeder noch so dumme Kommentar im Vollrausch konnte gefährliche Folgen haben. Alleine 1937 wurden 17168 Personen bei der Gestapo angezeigt, 7208 davon angeklagt und vermutlich die Hälfte davon verurteilt.[28] Das Gesetz ließ den neu geschaffenen Sondergerichten erheblichen Spielraum, was genau eigentlich das «Vertrauen des Volkes» gefährdete, wie es im Gesetzestext hieß. Sondergerichte waren keine Erfindungen des NS-Staates, aber ihre Stoßrichtung unterschied sich doch grundlegend von ihren Vorläufern in der Weimarer Republik. Die Angeklagtenrechte waren massiv eingeschränkt und die Urteile ohne Revisionsmöglichkeit sofort rechtskräftig. Die Sondergerichte institutionalisierten den permanenten Ausnahmezustand und sie bestimmten die Grenzen des Sagbaren mit jeder Entscheidung neu.

Im Januar 1934 verurteilte das Berliner Sondergericht den kaufmännischen Angestellten Erich Cohn zu neun Monaten Gefängnis. Sein Vergehen: Er hatte einem Fleischermeister von der Gewalt gegen Juden im Konzentrationslager Oranienburg erzählt. Der Fleischermeister hatte daraufhin selbst zu «recherchieren» begonnen und den Obermeister der Fleischerinnung und dessen Gesellen gefragt, ob sie von «zerschlagenen Juden» etwas wüssten. Beiden war davon nichts bekannt. Der Metzger fühlte sich in seiner Vermutung bestätigt und ging zur Polizei. Dem Einwurf des Angeklagten, der Schwiegersohn des Metzgers sei auf seine Stelle aus, entgegnete das Sondergericht kühl: Glaubhaft sei das alles nicht. Schließlich gebe es «eine im Charakter des Angeklagten liegende typische Art der Verschleierung und Verdunkelung». Cohn war Jude – und damit für das Gericht unglaubwürdig. Als Grund für die harte Gefängnisstrafe erklärte das Gericht: Die Verbreitung solcher «unglaublichen Greuelnachrichten über die Behandlung der Juden» sei ein Versuch, Deutschland zu diskreditieren und werde besonders gerne von jüdischen und marxistischen «Hetzer[n]» genutzt. Man müsse dem Angeklagten aufgrund seiner Rasse zwar seine subjektive Angst zugutehalten; aber es sei eben auch Teil der «jüdischen Psyche», ihrem «Ärger» dadurch «Luft» zu machen, dass sie «Unwahrheiten» verbreite, die «ihren vermeintlichen Gegner schädigen sollen».[29]

Der Personenkreis, der sich vor den Sondergerichten wiederfand, war heterogen, und auch die Praxis der Verurteilung konnte, gerade in den Anfangsjahren der Diktatur, regional unterschiedlich sein. Die Sondergerichte kooperierten eng mit der Gestapo, die den jeweiligen Anfangsverdacht prüfte und keineswegs jede Anzeige zur strafrechtlichen Verfolgung brachte. Fiel indes eine Strafe aus Sicht der Gestapo zu niedrig aus, sah sie es als ihr gutes Recht an, für mehr Härte zu plädieren oder den Betroffenen gleich noch einmal in Schutzhaft zu nehmen. «Schutzhaft», keine Erfindung der Nationalsozialisten, klang harmlos, bedeutete aber polizeiliche Willkür und Entrechtung, oft auch Misshandlung oder Folter der Gefangenen. Mit der Ernennung Heinrich Himmlers zum Chef der deutschen Polizei im Juni 1936 kam eine Entwicklung vorläufig zum Abschluss, die sich seit der «Machtergreifung» angekündigt hatte: die Verschmelzung von Polizei und SS, von «innerer Sicherheit» und Weltanschauungskampf. Rechtliche Bindungen galten nur noch, wenn sie nützlich erschienen, und im Kampf für die Reinigung des «Volkskörpers» von schädlichen Elementen sollte mit Härte und Präzision vorgegangen werden. Die Gestapo unter ihrem seit 1939 amtierenden Chef Heinrich Müller, der als bayerischer Polizeibeamter vor 1933 schon Jagd auf Kommunisten gemacht hatte, war dafür die zentrale Verfolgungsinstanz. Dort arbeiteten neben älteren Beamten zunehmend auch junge, oft juristisch geschulte Akademiker, die ihre Karrieren in SS, SA und NSDAP begonnen hatten und – als «Generation des Unbedingten» (Michael Wildt) – besonders hemmungslos und kühl darin waren, die Überreste des Rechtsstaates zu beseitigen. Anfänglich nahm die politische Polizei vor allem die Linke ins Visier.[30] Seit 1936, als die Widerstandsgruppen weitgehend zerschlagen waren, gerieten immer breitere Kreise ins Fadenkreuz: katholische Pfarrer, die Zeugen Jehovas, Homosexuelle, Juden. Die Gestapo war ein zentrales Gelenk des NS-Terrorregimes – und doch ist das Bild der Männer in schwarzen Schweinsledermänteln, die sich im Dritten Reich gleichsam hinter jeder Ecke versteckten, schlichtweg trügerisch. Im März 1937 hatte die Gestapo inklusive Schreibkräften rund 7000 Mitarbeiter. In vielen Großstädten gab es nicht mehr als 20 oder 30. Die Gestapo war zusätzlich zu ihrer kriminalistischen Arbeit auf die Unterstützung der Bevölkerung angewiesen. Dabei hatte die Polizei an Denunzianten kein wirkliches Interesse, wohl aber an den vielen kleinen «Fleischermeistern», die die «Reinheit der Volksgemeinschaft» durch ihr energisches Einschreiten unter Beweis stellen wollten.

Gleichzeitig beanspruchte der NS-Staat das Recht, den intimen Bereich zwischen Männern und Frauen zu regeln. Die Ehe diente der «Reinerhaltung der Rasse». Hier sollten Männer und (vor allem) Frauen alles tun, um das «Überleben des Volkes» zu sichern: gebären und «arische» Kinder erziehen. Die Ehe basierte zwar auf einem bürgerlichen Vertrag der Eheleute, doch zweifelte ein erheblicher Teil von NS-Juristen deren privatrechtlichen Charakter an. Denn die Eheleute waren sich nicht nur gegenseitig verpflichtet, sondern standen auch gegenüber der Volksgemeinschaft in der Pflicht. Deutsch-jüdische «Mischehen» liefen diesem rassischen Reinheitsgebot zuwider, und noch vor dem Verbot durch die «Nürnberger Gesetze» im Jahr 1935 verweigerten einzelne Standesämter solchen Paaren die Eheschließung.

Vier Kinder pro Familie – das sollte das Überleben des Volkes sichern. Am intimen Ort der Ehe patrouillierten nun auch die Bevölkerungsplaner und Familienrichter des Dritten Reiches. «Leistung» schrieben die Rassepolitiker auch für Familien ganz groß – und ließen es sich mit dem «Ehestandsdarlehen» auch etwas kosten. Bis zu 1000 Reichsmark konnten seit 1933 diejenigen erhalten, die sich «rückhaltlos» für den nationalsozialistischen Staat einsetzten und die rassischen Voraussetzungen mitbrachten. Dafür brauchte es einen Ahnenpass, ein Empfehlungsschreiben einer NS-Organisation und ein ärztliches Gutachten, das die

Eheeignung, die Fortpflanzungsfähigkeit der Ehepartner, feststellte und damit der Partnerschaft ein völkisches Qualitätssiegel verpasste. Dafür gab es dann Bezugsscheine, mit denen sich die frisch Verheirateten neue Möbel und Küchengeräte kaufen konnten. Wer indes einen «erbbiologischen» Makel aufwies, bei sich selbst oder in der Familie, der musste damit rechnen, aus dem Kreis der Empfänger ausgeschlossen zu werden.

Darüber, wie ein nationalsozialistisches Ehe- und Scheidungsrecht aussehen könnte, gab es im NS-Staat unterschiedliche Auffassungen, nicht zuletzt in der Frage, wie die Trennung im Falle deutsch-jüdischer «Mischehen» zu vollziehen sei.[31] Mit dem «Anschluss» Österreichs und dem dort für Katholiken geltenden kanonischen Recht erhielt die Reformdiskussion zusätzliche Brisanz. Das neue Ehegesetz des Jahres 1938 bedeutete kein Ende des Bürgerlichen Gesetzbuches, wohl aber erweiterte es mögliche Scheidungsgründe. Unfruchtbarkeit gehörte mit dazu oder auch körperliche und geistige Krankheiten. Zur rassistischen Aufladung des Eherechts zählte zudem, dass – ähnlich wie bei anderen Rechtsbegriffen – fluide Kategorien wie «sittliche Rechtfertigung» und «richtige Würdigung des Wesens der Ehe» Einzug hielten. Damit orientierte sich die Ehescheidung nicht mehr allein an individuellen Konflikten der Eheleute, sondern auch am «Volkswohl» – und das war in der Regel männlich bestimmt. Die politische Gesinnung, auch der jüdische Glaube, konnte nun tatsächlicher Grund oder auch vorgeschobenes Argument für den Versuch sein, den Partner loszuwerden. Männer und Frauen stritten vor Gericht wie vor 1933 über verlorene Liebe und Verrat – nur konnte es jetzt sein, dass das Argument, man müsse mit einem «Marxisten» unter einem Dach leben, Grund genug für ein Gericht sein konnte, die Ehe aufzulösen. Weiterhin wuschen Ehepartner vor den Richtern schmutzige Wäsche und ließen ihren Verletzungen freien Lauf. Sie taten das aber jetzt vor einem Gericht, das beispielsweise auch den Kauf eines Mantels in einem jüdischen Geschäft als «Eheverfehlung» und damit als Scheidungsgrund anerkannte. In einem Urteil des Hanseatischen Oberlandesgerichts vom 19. Januar 1937 hieß es deshalb: «[D]er Mantelkauf im jüdischen Geschäft und dessen Folgen offenbart vollends die grundsätzliche falsche Einstellung der Beklagten zum Kläger. Daß sie hinter dem Rücken des Klägers einen für ihre Verhältnisse viel zu teuren Mantel anschaffte, mag noch angehen, da sie meinte, daß ihre Eltern den Mantel bezahlen würden. Eine schwere eheliche Verfehlung liegt aber darin, daß sie in einem jüdischen Geschäft kaufte, obwohl sie wußte, daß der Kläger, Parteigenosse und Politischer Leiter, damit nicht einverstanden war. Die Beklagte hätte der politischen Tätigkeit des Klägers Interesse entgegenbringen müssen. Zum mindesten konnte der Kläger verlangen, daß seine Ehefrau Rücksicht auf seine Stellung in der Partei nahm und ihm nicht durch Kauf in jüdischen Geschäften Schwierigkeiten verursachte.»[32]

Die Volksgenossinnen und Volksgenossen nutzten das neue Recht der Ungleichheit, um sich von ihren jüdischen Partnern zu trennen; bisweilen geschah dies so vehement, dass ihnen auch die Gerichte nicht immer folgen wollten. Persönliche Abrechnung und rassistische Überzeugung gingen dabei Hand in Hand, wobei sich die Motive aus den Urteilssprüchen nicht immer eindeutig entschlüsseln lassen. Die völkische Rechtsprechung bot jedenfalls auch Chancen, beispielsweise für die Klägerin Irma H., die sich 1936 von ihrem zwangssterilisierten Mann trennen wollte. Ihre Eheanfechtung hatte Erfolg, erkannte das Gericht doch, dass sie von der vermeintlichen «Erbkrankheit» ihres Mannes, seiner Schizophrenie, nichts gewusst habe, bis er von den Gesundheitsbehörden vorgeladen worden sei. Am 27. Februar 1936 war Lorenz H. zwangssterilisiert worden. Die Erbkrankheit, urteilte das Gericht, sei eine «persönliche Eigenschaft» des Ehemannes. Aufgabe der Ehe sei es, «gesunde Nachkommen hervorzubringen». Ihrer Ehe fehle eine wesentliche Grundlage. Dem Antrag der Klägerin sei deshalb stattzugeben.[33] Damit trennten sich die Wege von Irma und Lorenz H.

Der NS-Staat kannte kein neutrales, unpolitisches Recht, nicht im Bereich von Ehe und Familie und schon gar nicht im Bereich der Strafjustiz, des antisemitischen Steuer- oder des Arbeitsrechts. Wer sich mit seinem Arbeitgeber über Lohn und Gehalt stritt, tat dies nicht mehr nur als Lohnempfänger, sondern auch als Angehöriger der Volksgemeinschaft und hatte sich dementsprechend zu verhalten. Die Moralisierung des Rechts machte es möglich, das «gesunde Volksempfinden» zur Messlatte für die Entlassung unliebsamer Arbeiter zu machen. Arbeitgebern war es deshalb erlaubt, solche Arbeiter fristlos zu entlassen, die beispielsweise das «Horst-Wessel-Lied» nicht mitsangen und auch «den deutschen Gruß nicht mit dem nötigen Ernst ausübte[n]».[34]

Mit dem «Gesetz zur Ordnung der nationalen Arbeit» (GOA) vom 20. Januar 1934 griff der NS-Staat ganz im Sinne der Arbeitgeber in die Arbeitswelt ein.[35] Schon wenige Tage nach seiner Verabschiedung erhob einer der hohen deutschen Wirtschaftsführer, Gustav Krupp von Bohlen und Halbach, seine Stimme und würdigte den tiefen Einschnitt in die industriellen Beziehungen voller Emphase: «Der Nationalsozialismus hat den deutschen Arbeiter aus den Klauen einer Doktrin befreit, die im Grunde ebenso arbeiterfeindlich wie unternehmerfeindlich war. Adolf Hitler hat den Arbeiter seinem Volkstum zurückgegeben, er hat ihn zu einem disziplinierten Soldaten der Arbeit und damit zu unserem Kameraden gemacht. Wenn auf der anderen Seite der neue Staat dem Unternehmer die Rolle des Führers im Wirtschafts- und Arbeitsprozeß zuspricht, so wissen wir: Führertum verpflichtet!»[36]

Von einer «Werksgemeinschaft» war in der deutschen Schwerindustrie schon vor 1933 immer wieder die Rede gewesen. Gemeint war damit die Vorstellung, dass Unternehmen wie eine Familie seien, in denen die Belegschaften zwar Anspruch auf Fürsorge, nicht aber auf politische Teilhabe haben sollten – und am Ende der Mann, sprich der Unternehmer, das letzte Wort hatte. Die «Betriebsgemeinschaft», von der das Gesetz sprach, nahm diese Tradition auf und etablierte das «Führerprinzip» als neue

Herrschaftsform. Der Betriebsführer hatte sich um das «Wohl der Gefolgschaft zu sorgen», während die Belegschaft zu «Treue» und «Gehorsam» verpflichtet war. Künftig könne es zwar noch «Spannungszustände» zwischen den Beschäftigten und der Unternehmensleitung geben, nicht mehr aber die «alten» klassenkämpferischen Auseinandersetzungen – diese gehörten, wie das Gesetz beschloss, mit dem 20. Januar 1934 der Vergangenheit an. Der Kampf um dieses zentrale Aktionsfeld war mit dem neuen Gesetz jedoch nicht abgeschlossen. NSBO und Deutsche Arbeitsfront (DAF) buhlten um ihre künftige Rolle im NS-Staat und versuchten die Neuregelung zu ihren Gunsten lediglich als Zwischenschritt auf dem Weg zu einer neuen völkischen Betriebsordnung zu interpretieren. Kein Zweifel bestand indes daran, dass es vor allem die Industrie gewesen war, die bei der Formulierung des Gesetzes die Feder geführt hatte. Eine interne Analyse der Oberhausener Gutehoffnungshütte lobte deshalb die «Befriedung des Arbeitslebens», die mit der Beseitigung des alten Betriebsrätegesetzes und der Etablierung des «Führerprinzips» erreicht worden sei. Die Betriebsführer könnten nun wieder autonom handeln und müssten sich nicht etwa gegenüber den neuen Vertrauensmännern rechtfertigen.[37]

Damit hatte der Nationalsozialismus erst die organisierte Arbeiterbewegung zerschlagen und legte jetzt die Axt an die Weimarer Sozialverfassung: Tarifordnung, Vertragsfreiheit, Mitbestimmung. Die Sprache des Gesetzes atmete ganz den Geist der neuen völkischen Ordnung: Von «Treue» und «Gehorsam» der Beschäftigten war die Rede, von «Führer» und Gefolgschaft und von einem, wie es die Arbeitgeber bemerkten, «neuen Begriff der sozialen Ehre».[38] Die neue nationalsozialistische Betriebsmoral umfasste einen spezifischen Verhaltenskodex aus Unterordnung, Führung und Leistungsanforderung. Das Verhalten des Einzelnen hatte sich am völkischen Gemeinwohl auszurichten, dem auch das Unternehmen verpflichtet war. Die Arbeit des Einzelnen orientierte sich also nicht alleine am Betriebszweck, sondern am «gemeinen Nutzen von Volk und Staat» – mithin am Nutzen für die Volksgemeinschaft. Das Arbeitsverhältnis unterlag einer umfassenden Politisierung und dem Zugriff der rassistischen Staatsdoktrin. Arbeitsbeziehungen galten als «Treueverhältnisse» – und «treu» konnte nur der sein, der «arischen Blutes» war. So deuteten es seit 1933 immer häufiger die deutschen Arbeitsgerichte, die über die Fälle entlassener deutscher Juden zu entscheiden hatten und ihre antisemitische Rechtsprechung immer weiter ausdehnten. Das Reichsarbeitsgericht hielt in einer Entscheidung vom 20. März 1937 fest, dass die «Zugehörigkeit zur jüdischen Rasse» im Einzelfall einer der «wichtigen Gründe» sei, nach denen Arbeitern und Angestellten rechtmäßig gekündigt werden konnte. Und es sei im Sinne der deutschen Belegschaft, urteilte das Landesarbeitsgericht Gleiwitz, dass jüdische Arbeiter im Falle eines notwendigen Personalabbaus zuerst an der Reihe seien. Zwei langjährigen jüdischen Arbeitern eines Sägewerkes war auf Initiative des Vertrauensrates gekündigt worden. Das Gericht gab noch eine weitere Empfehlung für die künftige Beschäftigung von Juden: «Überdies liegt es im beiderseitigen Interesse, wenn die nichtarischen Arbeiter allmählich in nichtarische Betriebe kommen, wo die arischen Arbeiter herausgenommen werden können.»[39]

Leistung, Lohn und Arbeit

Von Leistung und Arbeit hatte Hitler schon seit den 1920er Jahren gesprochen. Aus «Proletarier» und «Bourgeois» sei nach dem Krieg die nationalsozialistische Bewegung entstanden. Doch beide hätten erst wieder einen «Gemeinschaftsgeist» entwickeln und lernen müssen, dass sie zusammengehörten.[40] Am Ende sollte ein «neuer Mensch» als Fundament des kommenden Reiches stehen. Dieser «neue Mensch», von dem Hitler träumte, war einer, der die alten Schlachten der Arbeiterbewegung hinter sich gelassen hatte und sich mit ganzem Einsatz der Volksgemeinschaft verschrieb. Juden konnten, was auch immer sie taten, nicht dazugehören. Gerade sie seien es gewesen, die die Werte von Eigentum, Besitz und «deutscher Arbeit» entehrt hätten.

Aus Anlass der großen, propagandistisch inszenierten 1.-Mai-Kundgebung 1933 auf dem Tempelhofer Feld in Berlin hatte Hitler die «Arbeiter der Stirn» und der «Faust» begrüßt und offiziell den Klassenkampf für beendet erklärt.[41] Dieses Kapitel der Geschichte war mit der «Einigung und Erhebung der Nation» aus seiner Sicht für die Deutschen zu Ende gegangen. Es war die Demokratie, die Hitler dafür verantwortlich machte, dass Millionen Deutsche nicht arbeiten durften, dass Bauern, Arbeiter und Angestellte von den Herrschern des Kapitals betrogen und durch den inneren Zerstörungskampf ausgezehrt worden seien.

«Arbeiter der Stirn und der Faust» – das war der militaristische Klang des Schützengrabens und des Ersten Weltkrieges und sollte gegen den Klassenkampf der Arbeiterbewegung ein vermeintlich organisches, harmonisierendes Gesellschaftsmodell setzen. Die sprachliche Verbindung von Arbeit und Schlachtfeld prägte die nationalsozialistische Arbeitsideologie von Beginn an. So war statt von Arbeitsmarktprogrammen von «Arbeitsschlachten» die Rede, statt von Beschäftigten von «Soldaten der Arbeit» und der «Gefolgschaft» und mehr denn je von «Leistung». Die Zugehörigkeit zur Volksgemeinschaft war eine Frage des Arbeitseinsatzes, der «deutschen Qualitätsarbeit». Seit Juni 1935 waren junge Frauen und Männer zwischen 18 und 24 Jahren verpflichtet, ihren «Arbeitsdienst» zu leisten, wobei es dabei nicht nur wie in anderen Ländern (zum Beispiel den USA) darum ging, die Arbeitslosigkeit zu senken, sondern zusätzlich auch darum, den Einzelnen durch seinen körperlichen Einsatz für alle künftigen Pflichten zu formen.[42] Die deutsche Jugend sollte von nun an im «Geist des Nationalsozialismus» arbeiten. Die Ideen dafür fanden sich bereits in militaristischen und völkischen Kreisen am Ende der Weimarer Republik; ein solcher «Arbeitsdienst» disziplinierte die Jugend, sollte die Arbeitskräfte lenken, junge Arbeitslose von der Straße holen und sie in einer neuen paramilitärischen Organisation für einen künftigen Militärdienst vorbereiten. Gerade diese Militarisierung der Arbeit war es, die Deutschland von anderen Ländern mit ähnlichen Initiativen unterschied, die ebenfalls versuchten, die Folgen der Weltwirtschaftskrise zu bekämpfen. In den ersten Jahren waren rund 200 000 «Soldaten der Arbeit» eingespannt und halfen beim Straßenbau ebenso wie beim Aufbau des Konzentrationslagers Dachau.

Die rassistische Aufladung des Arbeitsbegriffs gehörte mit zu den zentralen Umbrüchen der deutschen Gesellschaft nach 1933. Sie richtete sich gegen Juden und «Gemeinschaftsfremde» und mythisierte die Arbeit zum neuen nationalsozialistischen Lebenselixier. Arbeit war Teil des deutschen «Aufbruchs», Teil der Auseinandersetzung mit anderen, angeblich weniger leistungsstarken Völkern.[43] Die Sprache der Arbeit war ebenso kriegerisch wie die rüstungswirtschaftliche Produktion. Beide gehörten zusammen. Das erklärt auch den Wesenskern nationalsozialistischer Arbeitsideologie: Arbeit war keine Form der individuellen Selbstverwirklichung, denn ihre «befreiende Kraft» galt nur im Kontext volksgemeinschaftlicher Erlösung und kriegerischer Expansion. Nicht alle waren zur Arbeit überhaupt fähig. Denn während in den kolonialpolitischen Stäben durchaus die Meinung vorherrschte, die «faule» schwarze Bevölkerung zur Arbeit erziehen zu können, galt «jüdische» Arbeit an sich als destruktiv, gefährlich, eine «Anti-Arbeit», die es auszumerzen gelte.[44]

In der Sprache der Nationalsozialisten war von «Arbeitsscheuen», «Asozialen» oder «Berufsverbrechern» die Rede, wenn es um die sozialen Gruppen ging, die der volksgemeinschaftlichen Norm nicht entsprachen. Die Konsequenzen konnten sehr unterschiedlich sein; vielfach griffen die Polizei- und Wohlfahrtsämter auf Erfahrungen zurück, die sie bereits in der Weimarer Republik gemacht hatten. Als Grundlage galt den meisten

Ländern der preußische «Vorbeugungshafterlass» vom 13. November 1933, der die Einweisung in die neuen Konzentrationslager des NS-Staates ermöglichte. Zudem bezogen sich die Behörden auf die «Reichsfürsorgepflichtverordnung» aus dem Jahr 1924, die es den Wohlfahrtsämtern in besonders gravierenden Fällen gestattete, ihre Unterstützungszahlungen einzustellen und stattdessen die Unterbringung in einer «Arbeitsanstalt» anzuordnen.[45]

Der Bäcker Rudolf B. wurde auf dieser Grundlage im Mai 1935 in das Konzentrationslager Dachau eingewiesen.[46] B. benötigte schon seit Längerem staatliche Unterstützung. Im November 1934 hatte das Wohlfahrtsamt einen neuerlichen Versuch unternommen, den Bäcker zum Arbeitseinsatz beim Autobahnbau zu zwingen; vergeblich. Rudolf B. tauchte zur vorgesehenen Zeit nicht auf. Nachdem die Behörden zudem erfahren hatten, dass er seinen Unterhaltspflichten nicht nachkam, befürwortete das Münchner Wohlfahrtsamt die «Einschaffung» in das Konzentrationslager Dachau.[47] In der Begründung für die geforderte sechsmonatige Haft kam das Wohlfahrtsamt in seinem Schreiben an die Polizei zu dem Schluss, alle bisherigen Versuche, Rudolf B. zur Arbeit zu bewegen, seien gescheitert. «Sein sittliches Verschulden hat B. durch seine beharrliche Arbeits- und Unterhaltsverweigerung zur Genüge bewiesen.» Am 8. Mai informierte die Münchner Polizei Rudolf B. über den Entscheid, am 11. Mai begann seine Haft.

Der Fall war keineswegs außergewöhnlich, zeigt er doch, wie bis dahin schon geltende rechtliche Möglichkeiten in dem neuen politischen Kontext weiter genutzt und gegen die Betroffenen gewandt wurden. «Arbeitsscheues Verhalten» gewann als behördliche Diagnose charakterlichen Fehlverhaltens zunehmend an Bedeutung. Die Vorstellung, durch Arbeit zu erziehen, war nicht neu. Doch neu waren die veränderten politischen und rechtlichen Möglichkeiten, die das NS-Regime bot und die es erlaubten, Arbeitseinsatz und Gewalt zu einer repressiven Utopie einer völkischen Arbeitsgesellschaft zu verschmelzen.

Bereits in den ersten Wochen und Monaten nach der «Machtergreifung» machten die Nationalsozialisten mit ihrer Ankündigung ernst, den Staatsapparat zu säubern. Innerhalb weniger Jahre verloren mehr als 30 000 missliebige und rassisch nicht erwünschte Deutsche ihre Arbeit im Staatsdienst, allein ein Drittel aller Hochschullehrer. Jüdische Ärzte und Rechtsanwälte durften nicht mehr praktizieren, verdächtige Journalisten durften nicht mehr publizieren. Jüdische Kaufleute und Gewerbetreibende, Friseure, Händler, Verkäufer – sie alle sahen sich täglich neuen Verdächtigungen und einem steigenden Verfolgungsdruck ausgesetzt. Hinter dieser Verfolgung standen deutsche Profiteure, die sich angesichts der vielen frei werdenden Posten und der günstigen Geschäfte, die sich durch die «Arisierung» jüdischer Geschäfte ergaben, die Hände rieben. Mit dem Abstieg der deutschen Juden ging der oft geräuschlose Aufstieg ehemaliger Konkurrenten einher. Nicht wenige erfolgreiche Karrieren des deutschen Mittelstandes nach 1945 hatten ihren Ausgangspunkt bei einem der rund 100 000 Unternehmen, die nach 1933 gezwungenermaßen ihren Besitzer wechselten. Dieser eigentlich offensichtliche Umstand hat nicht immer die gebührende Aufmerksamkeit erhalten in den Debatten über die Gesellschaft im Nationalsozialismus. Es waren die deutschen Juden, die einen radikalen Verlust ihres sozialen Status erlitten. Der Rassismus veränderte ihre Lebenslage und Zukunftsentwürfe dramatisch – und gab anderen die Möglichkeiten zum sozialen Aufstieg: als Wissenschaftler an Universitäten, als Buchhalter bei der Bank oder Hotelbetreiber am Berliner Ku'damm. So unterschiedlich die Einzelfälle auch sein mochten, so war es doch in den seltensten Fällen so, dass sich die deutschen Konkurrenten aus Barmherzigkeit ihrer jüdischen Kollegen annahmen, um ihren Besitz über die schlechten Zeiten zu retten. Diese in der deutschen Geschichte einzigartige Enteignung brauchte nicht nur den nationalsozialistischen Staat, der dafür die Gelegenheit und die rechtlichen Grundlagen schaffte, sondern er brauchte auch ehrgeizige und skrupellose Nachbarn, die die Gelegenheit beim Schopfe packten, die eigene Karriere nach vorne zu bringen.

Für die deutschen Arbeiterinnen und Arbeiter ging es in dieser frühen Phase des Regimes um ganz andere Sorgen.[48] Denn zunächst waren es vor allem die Angst vor dem Verlust des Arbeitsplatzes und der Massenarbeitslosigkeit der frühen 1930er Jahre, die das Lebensgefühl bestimmten. Die Verlusterfahrung aus der Weltwirtschaftskrise trug mit dazu bei, den im Mai 1933 verfügten Lohnstopp, die realen Einkommensverluste und die täglichen Zumutungen durch höhere Akkorde sowie die Ausdehnung der Arbeitszeiten oder den Zwang zur Übernahme schlecht bezahlter Arbeitsplätze hinzunehmen. Die nationalsozialistische Lohnpolitik konnte, geleitet von der Angst vor einem neuen 1918, flexibel reagieren. Der «gerechte Lohn», von dem auch die Arbeitspolitik-Experten des Regimes gelegentlich sprachen, setzte auf das «völkische Leistungsprinzip» – den Gegenentwurf zur Lohnpolitik der Weimarer Republik. Gleich sollten die Löhne gerade nicht sein. Denn Lohn und Leistung waren gebunden an Rasse und Arbeitskraft. Das durch die NS-Arbeitsexperten forcierte System des Leistungslohnes war von einer sehr modernen Vorstellung individueller Leistungsfähigkeit im kapitalistischen Arbeitsprozess getragen, deren Prinzipien auch in anderen westlichen Ländern, allen voran in den USA, bereits seit geraumer Zeit erprobt wurden. Der Lohn basierte nicht mehr auf einem Vertrag, sondern auf den Prämissen der Nützlichkeit.[49] Nicht die Interessen des Einzelnen, sondern das «Volkswohl» galten dabei als Richtschnur. In diesem Sinne sprach man lieber von einem «richtigen» als von einem «gerechten» Lohn. Der – im Vergleich zum Krisenjahr 1928/29 – spürbare wirtschaftliche Aufschwung wog für viele Arbeiter mehr als der damit verbundene, teuer erkaufte Freiheitsverlust. Lieber arbeiten und somit essen können als wählen gehen und Schlange stehen. Es waren die Jahre ab 1935/36, die in der Erinnerung vieler Zeitgenossen zu den «guten Jahren» des Dritten Reiches zählten, die Phase «friedlicher» Revision und außenpolitischer Erfolge, beginnender Vollbeschäftigung und größerer Konsummöglichkeiten. Es gab wieder mehr Geld für Zigaretten und für Wein, aber von Lebensverhältnissen wie in Frankreich oder gar den USA war das Deutsche Reich noch immer weit entfernt. Tatsächlich war die Lohnquote rückläufig, und die Arbeitnehmer erhielten vom wirtschaftlichen Erfolg des Rüstungsbooms deutlich weniger als die Selbstständigen und Gewerbetreibenden. Der Staat hatte die einseitige, auf Pump finanzierte Konjunkturmaschine angeworfen und erhöhte bis 1938 die Militärausgaben um das 23-Fache. Die Einkommenszuwächse basierten dabei vor allem auf längeren Arbeitszeiten und Leistungszulagen, die immer nur für einen Teil der Belegschaft, insbesondere für die besonders qualifizierten Arbeitskräfte, galten. Differenzierung und Individualisierung der Einkommen wurden immer weiter vorangetrieben,[50] wobei die Zuwächse und Zulagen bei politisch zweifelhaftem Verhalten schnell wieder entzogen werden konnten. Von einer «Steuermilde für die Massen»[51] wird man kaum sprechen können und auch nicht davon, dass der Nationalsozialismus, trotz mancher Steuererleichterungen für niedrige Einkommen, die Lasten der Kriegsvorbereitungen «zum Vorteil der sozial Schwächeren» verteilt habe. Das Statistische Reichsamt bezog in seine unter lautem Getöse präsentierten Berechnungen der gestiegenen Stundenverdienste alle Überstunden und sonstigen Sonn- und Feiertagszuschläge mit ein und lieferte die amtliche Grundlage, um die lohnpolitischen Erfolge in leuchtenden Farben zu zeichnen. Tatsächlich hatten sich beispielsweise die wöchentlichen Arbeitszeiten der männlichen Industriearbeiter zwischen 1929 und 1939 erheblich ausgedehnt, von durchschnittlich 46,8 auf 49,6 Stunden, und die Zahl der (bezahlten) Überstunden war von Oktober 1928 bis zum Juni 1938 in der metallverarbeitenden Industrie von 1,3 auf 5,6 gestiegen.[52] Die nominellen Bruttoverdienste von deutschen Arbeiterinnen und Arbeitern lagen noch 1943 um acht Prozent unter dem Stand von 1929, und die Nettoverdienste wurden zusätzlich durch Mitgliedsbeiträge an die Deutsche Arbeitsfront oder die «freiwilligen» Spenden an das Winterhilfswerk belastet.[53] Zudem ist die Einkommensentwicklung zwar ein wichtiger Indikator sozialer Ungleichheit, die Lebenswirklichkeit der «Normalverbraucher» bleibt jedoch hinter den dürren Zahlen nur sehr unscharf. Fett und Fleisch sollten in der zunehmend rationierten Kriegswirtschaft zu einem immer knapperen Gut werden, deren Zuteilung von der rüstungswirtschaftlichen Nützlichkeit abhängig war. Vor allem «die arbeitende Bevölkerung» sei, so berichtete der Sicherheitsdienst der SS, von den Folgen der Rüstungskonjunktur und der Knappheit der Konsumgüter betroffen. Es drohe «eine Minderung des Lebensstandards».[54] Der ideale nationalsozialistische Verbraucher kannte keine Gebrechen, er arbeitete schwer und erhielt so lange genug zu essen, wie er sich für die Volksgemeinschaft nützlich machte – Zuteilungen folgten keinem Rechtsanspruch wie in einem sozialen Verfassungsstaat, sondern waren von politischer und rassischer Opportunität und ökonomischer Nützlichkeit abhängig.

In anderen Bereichen wie der Sozialversicherung setzte das NS-Regime zunächst die Politik der Präsidialkabinette und den begonnenen Leistungsabbau fort.[55] Von der Tradition der Selbstverwaltung und der Mitsprache der Versicherten blieb im Dritten Reich nichts übrig. Die Einbeziehung der Handwerker in die Alterssicherung (1938) war ein weiterer Schritt in Richtung dessen, was die Deutsche Arbeitsfront «Versorgungswerk des deutschen Volkes» nannte. In ihrer äußeren Hülle gab es tatsächlich Ähnlichkeiten zu den sozialpolitischen Reformen, die zeitgleich beispielsweise in Großbritannien stattfanden: ein allumfassendes Sozialsystem, in das alle Volksgenossen integriert wurden und in dem alle bestehenden Standesinteressen und individuellen Versicherungsformen zugunsten einer «braunen Volksversicherung» aufgehoben wurden. Getragen werden sollte es durch alle Steuerzahler – bis zum «Endsieg», nach dem die Finanzierung durch die Ausplünderung der eroberten Länder erfolgen sollte.

Das klang auf den ersten Blick «modern» und nach einem Beitrag zur Einebnung sozialer Statusunterschiede. Doch waren diese sozialpolitischen Leistungen immer gekoppelt an politische Loyalitätsbekundungen; es sollten nur diejenigen unterstützt werden, die zur Volksgemeinschaft gehörten. «Unnütze Esser» galt es auszuschließen.

Der Nationalsozialismus beseitigte also keineswegs die soziale Ungleichheit. Kriegswirtschaft und Rüstungskonjunktur verstärkten eher noch das schon bestehende Ungleichheitsgefüge der deutschen Gesellschaft. Indes ließ sich das alles in der Propaganda auch deshalb schönrechnen, weil immer wieder das Katastrophenjahr 1930 zum Vergleich herangezogen wurde, sodass die Gegenwart umso heller glänzte. Die Erfahrungen waren von Branche zu Branche sehr verschieden; besonders in der Rüstungsindustrie zeigten sich die Unterschiede unmittelbar nach der «Machtergreifung» besonders deutlich – das Regime wusste eben Prioritäten zu setzen und Zulagen zu verteilen. Die Höhe der Löhne und Einkommen orientierte sich an der jeweiligen Bedeutung der Arbeit für die Kriegswirtschaft, am Unterschied zwischen Stadt und Land; getrennt wurde nach rüstungsnahen und rüstungsfernen Branchen (wie bei Konsumgütern), und auch die Lohnunterschiede zwischen Männern und Frauen nahmen zu. Hinzu kam mit der Vollbeschäftigung seit 1937 auch die Suche nach qualifizierten Facharbeitern, die ihren Wert auf dem Arbeitsmarkt noch stärker als zuvor individuell aushandeln konnten. Es war gerade auch diese «Leistungselite» der deutschen Arbeiterschaft, die sich besonders von der NS-Propaganda angezogen fühlte und einen, wie die Stimmungsberichte der Exil-SPD mit Abscheu berichteten, «große[n] Kult des ‹qualifizierten deutschen Facharbeiters› betrieben», der einem «auf die Nerven» gehen konnte.[56] Aus einem Augsburger Rüstungsbetrieb berichtete im September 1937 ein sozialistischer Informant desillusioniert an seine Genossen im Exil: Motoren für U-Boote zu produzieren mache die Arbeiter stolz, nicht nur den Betriebsführer, sondern die gesamte Arbeiterschaft. «Wer beim Motorenbau ist, grübelt zu Hause und im Betrieb, da sonst das Denken doch zu nichts nütze ist, wie am zweckmäßigsten noch eine Verbesserung am Motor anzubringen wäre. Besonders die Jungen, die in der Werkschar zusammengefaßt sind, haben den Erfinderfimmel. Aber auch alte ergraute Arbeiter sind stolz, wenn sie auf Grund ihrer Erfahrungen Vorschläge einreichen oder vorführen können. In der Regel gehen dann solche Anregungen zu den Konstrukteuren, die sie verarbeiten. Die Arbeiter erhalten die entsprechenden Belobigungen, die mit der nationalsozialistischen Phraseologie garniert, der gesamten Belegschaft zur Kenntnis gebracht werden. Uns scheint, daß mancher Vorschlag, der unterbreitet wird, gar keine Neuerung, vor allen Dingen aber keine Verbesserung darstellt, immerhin man tut von seiten [sic!] der Betriebsleitung so, als wäre die Anregung sehr wichtig gewesen. Der Sinn ist, das Leistungsprinzip zu fördern und den Arbeiter mit Stolz auf seine Leistung zu erfüllen. [...] Auf diese Weise wird ab und zu erreicht, daß die Begeisterung wieder einmal aufflackert.» Insgesamt schien die Arbeiterschaft gegenüber den Zumutungen des Regimes abgestumpft zu sein. «Es gibt weder Begeisterungstaumel für das System noch Anhaltspunkte für freiheitliche Regungen. Ein Zustand der Apathie ist eingetreten. Mit dieser Arbeiterschaft können noch viele Experimente gemacht werden. Ihr ist alles egal.»[57] Außer, möchte man hinzufügen, wenn es um Löhne und Zulagen ging.

Die Enttäuschung in der Exil-SPD über die Haltung der Arbeiterschaft war natürlich auch Folge der eigenen fatalen Vorannahmen über den revolutionären Geist des Proletariats. So mussten die aufrechten Sozialdemokraten im Widerstand schon im Jahr 1935 zähneknirschend notieren, wie erfolgreich die Nationalsozialisten offenkundig um die Arbeiterschaft, jedenfalls um erhebliche Teile, geworben hatten: «Die Krise hat die Arbeiter dahin gebracht, den wertvollsten Erfolg solidarischen Handelns, die Tariflöhne, gering zu achten und Arbeit um jeden Preis zu suchen.

Jetzt haben die Nationalsozialisten den Arbeiter soweit, daß er oft einzeln zum Meister läuft, um eine Lohnverschlechterung, vor allem bei den Akkordsätzen, abzuwenden, und er sich vom Meister ein Zugeständnis machen läßt unter der Bedingung, daß er seinen Arbeitskollegen nichts davon erzählt. Vor allem bei jungen Arbeitern kann man oft den Eindruck haben, daß sie überhaupt nicht mehr auf den Gedanken kommen, sie könnten durch gemeinschaftliches Handeln – und sei es auch nur in der kleinsten Abteilung – ihren Forderungen mehr Nachdruck verleihen.»[58]

Mit den pauschalen Begriffen «Verweigerung» oder «Anpassung» lässt sich das unterschiedliche Verhalten der Arbeiterinnen und Arbeiter in der Stadt und auf dem Land indes nur unzulänglich beschreiben. Stimmungen wechselten, je nach Konjunkturlage und Preisentwicklung; ein einheitliches Bild gab es bis zum Kriegsbeginn nicht. Formen des Protests und des mutigen Widerstandes finden sich genauso wie Apathie und Integrationsbereitschaft. Viel hing mit den Arbeits- und Lebensbedingungen zusammen, und je nach Betrieb, gar nach Werkshalle oder Schacht war die Bereitschaft größer oder kleiner, sich der Diktatur zu fügen. In den Rüstungsbetrieben der Augsburger MAN mit ihrer starken sozialistischen Arbeiterbewegung war sie beispielsweise bisweilen etwas ausgeprägter als in den nur wenige Kilometer entfernten Messerschmidt-Werken mit ihren jüngeren, besser qualifizierten Beschäftigten.

Traditionell stärker gewerkschaftlich organisierte Industriearbeiter hatten weniger laut «Heil Hitler» geschrien als beispielsweise die ostelbischen Landarbeiter. Ohne die alten Solidarstrukturen, ohne das von den Nationalsozialisten zerschlagene Netz an Vereinen und Treffpunkten, fehlte aber auch ihnen ein wesentliches Stück ihrer lebensweltlichen Heimat, das, was einst das Arbeitermilieu ausgezeichnet hatte. Mit den außenpolitischen Erfolgen wuchs bei manchem zugleich das Gefühl, sich zunächst einmal um sich selbst kümmern zu müssen. Protest oder Arbeitsverweigerung mussten also keineswegs Ausdruck politischer Distanz zum Nationalsozialismus sein, und obwohl die NS-Führung sehr genau in die Betriebe blickte, gab es kaum ein Anzeichen dafür, dass sich das Regime vor einer Rebellion der Arbeiter fürchten musste. Hitler jedenfalls galt auch in weiten Teilen der Malocher als unumstrittener «Führer».

Dass sich Leistung wieder lohne, das schien eine der Formeln zu sein, die gerade bei einem Teil der jüngeren, aufstiegsorientierten Facharbeiter auf offene Ohren stieß. Die Beseitigung der Massenarbeitslosigkeit durch den «Führer» – das war ihr Erfahrungshorizont, mochte auch die Lohnentwicklung alles andere als befriedigend sein. Außerdem konnten sich diese jungen Aufsteiger durch die «Reichsberufswettkämpfe» bestätigt sehen. Den Siegern wurde nicht nur eine Ausgabe von «Mein Kampf» überreicht, sondern ihnen wurden auch Stipendien und weiterführende Schulen versprochen. Wie weit diese soziale Mobilität trug, ist umstritten, zumal längerfristige säkulare Trends weiterwirkten. Das Versprechen sozialen Aufstiegs, die Kritik an traditionellen gesellschaftlichen Schranken: Das machte die NS-Bewegung gerade bei jungen Arbeitern und Angestellten attraktiv, die sich vom Dritten Reich persönliches Fortkommen und einen Ausbruch aus der Enge der eigenen, starren Lebenswelt versprachen. Hitler selbst schien diesen Aufstieg zu verkörpern. Er war es auch, der in seinen Reden immer wieder appellierte, «jeder junge Deutsche» könne «ohne Ansehen seiner Geburt, seiner Herkunft, seines Vermögens, der Stellung seiner Eltern, der sogenannten Bildung usw. nur nach eigenem Verdienst alles werden».[59] Aus diesem Gleichheitsversprechen zog der Nationalsozialismus einen erheblichen Teil seiner Kraft.

Vor allem die Organisationen der NSDAP, von der Nationalsozialistischen Volkswohlfahrt (NSV) bis hin zur DAF, boten eine Vielzahl an neuen Stellen; wichtige Führungsfunktionen wie die der Kreis- und Gauleiter blieben aber weitgehend in der Hand der «alten Kämpfer», jener Nationalsozialisten, die der Partei schon vor 1933 beigetreten waren und sich durch besonderen Fanatismus und Führergläubigkeit verdient gemacht hatten. Als Leistung galt hier vielfach schon die persönliche Verbundenheit mit Hitler. Über kaum etwas wachten die braunen Bonzen der Bewegung mehr als über ihre Rivalen in den eigenen Reihen und die fetten Privilegien, die sie erbeutet hatten. Mancher Funktionär griff dreist und hemmungslos in die Parteikassen oder leitete die Spendensammlungen diskret in sein privates Portemonnaie, sodass der NSDAP-Reichsschatzmeister zwischen 1933 und 1941 fast 11 000 Verfahren anstrengte.[60]

Auf den unteren Ebenen der Partei war die soziale Durchmischung größer. Hier zeigte sich, wie sehr der Nationalsozialismus aus der Mitte der deutschen Gesellschaft kam. Arbeiter, Angestellte, Selbstständige und eine wachsende Zahl an Beamten traten der Partei bei und bildeten das personelle Rückgrat der Bewegung. Sosehr der Nationalsozialismus die völkische Chancengleichheit predigte, so sehr hielt er an den traditionellen Sozialisationsinstanzen wie der Schule und dem Militär fest. Weiterhin mussten Eltern für ihre Kinder Schulgeld entrichten, und nur die wenigsten Zöglinge schafften es auf höhere Schulen – rund 40 Prozent eines Abiturjahrganges stammten wie vor 1933 aus gut situierten Beamtenfamilien. Eine gezielte Förderung benachteiligter Kinder aus Arbeiterfamilien gab es im NS-Regime nicht, sodass sich die traditionellen Klassengrenzen an den Hochschulen reproduzierten. Der eh schon schwindend geringe Anteil von Arbeiterkindern, die es an die Universitäten geschafft hatten, ging nach 1933 sogar noch einmal leicht zurück. Ähnliches galt für Kinder aus gewerblichen Mittelschichtsfamilien. Dagegen nahm die Zahl der Studierenden aus Besitz- und Bildungsbürgertum zwischen 1934/35 und 1938/39 von 33,6 auf 40,2 Prozent zu. Der Zutritt zum Studium blieb also exklusiv, das völkische Gleichheitsversprechen galt nur auf dem Papier. Die Einschränkungen für weibliche Studierende zeigten bis 1939 ebenfalls Wirkung, als ihr Anteil unter den Gesamtstudierenden von 18,2 Prozent auf 14,2 Prozent sank; allerdings drehte der Kriegsausbruch, durch den viele junge Männer zur Wehrmacht eingezogen wurden, diese Entwicklung – gegen die ursprünglichen hochschulpolitischen Ziele, sodass 1943 fast die Hälfte der Studierenden (47,8 Prozent) Frauen waren. Insgesamt sank die Zahl der Studierenden von 115 722 im Jahr 1933 auf 61 066 im Jahr 1943.[61]

Die (männlichen) deutschen Eliten der Zeit vor 1933 behielten ihre Positionen nach 1933 weitgehend, auch wenn nun bisweilen Funktionäre der NSDAP in ihre Kreise aufstiegen. Man blieb weitgehend unter sich und schickte seine Kinder aufs Internat und zum Reitunterricht. Nur vereinzelt tauchten neue Gesichter in den Führungsetagen der Unternehmen, den Segelvereinen und Herrenclubs auf; der Geldadel traf sich nach wie vor im Lions-Club oder in den Theatergesellschaften – nur die Plätze der Juden blieben immer häufiger frei.

In den alten Fürstenhäusern war die Hoffnung rasch verflogen, der Nationalsozialismus würde der Monarchie zu neuem Glanz verhelfen. Weiterhin hielten sie ihren Platz in der ersten gesellschaftlichen Reihe qua Geburt für unantastbar. Gerade dieses Standesbewusstsein war es, das sich mit dem nationalsozialistischen Machtanspruch schlecht vertrug. Unter den ärmeren, durch die Weltwirtschaftskrise härter getroffenen ostelbischen Kleinadligen fand dagegen mancher den Weg zur NSDAP und in die SA.[62] Ein grundsätzlicher Gegner des Nationalsozialismus war der deutsche Adel, auch wenn er sich nach 1945 selbst dazu stilisierte, nicht. Besonders früh und leidenschaftlich hatte sich beispielsweise Herzog Carl Eduard von Sachsen-Coburg und Gotha, ein Enkel Queen Victorias, dem Nationalsozialismus verschrieben und die außenpolitische Werbetrommel für Hitler gerührt. Im nahen – und trotz aller Krisen – wohlhabenden Fürstenhaus der Thurn und Taxis beließ es Fürst Albert bei kleineren Geldbeträgen, die er der neuen NS-Bewegung spendete. Sein Haus galt manchem braunen Parteisoldaten als Nest monarchistischer Unruhestifter, die nicht nur unverschämt fromm waren, sondern sich auch über fehlenden Respekt der lokalen NS-Eliten echauffierten. Die fürstliche Stimme hatte jedenfalls weiter Gewicht, gerade auf dem Land.

Dort versuchte ein Teil der bäuerlichen Bevölkerung die Gunst der Stunde zu nutzen, um jüdische Vieh- und Pferdehändler als Konkurrenten durch Denunziation oder Boykotte aus dem Wirtschaftsleben auszuschließen. In der Blut-und-Boden-Propaganda hatten die Bauern für den Nationalsozialismus immer schon eine besondere Rolle gespielt und konnten sich der Unterstützung durch das Regime sicher sein. Der «Nährstand» schien gleichsam den Mutterboden der Nation zu bilden, als Teil der Lebensraum- und Siedlungspolitik und Hoffnungsträger kriegerischer Germanisierungsphantasien. Ohne eine expandierende Landwirtschaft war ein künftiger Krieg nicht zu gewinnen. Das Reichserbhofgesetz vom September 1933 zielte darauf ab, Marktmechanismen in der Landwirtschaft weitgehend auszuschalten und traditionelle Privilegien größerer Eigentümer zu stärken – viele der kleinen Bauern rieben sich bis zum Ende des Krieges an den dirigistischen Steuerungsversuchen, die für viele von ihnen ökonomisch kaum eine Verbesserung brachten. Jedenfalls blieb das bäuerliche Leben gerade in den kleineren Betrieben karg. Von den Versprechungen nationalsozialistischer Bauernideologie war hier nicht viel zu spüren. Für die Söhne und Töchter dieser Höfe lag das künftige Glück nicht auf dem Feld, sondern in der besser bezahlenden Industrie.

Volkskörper

Wenn eine junge Mutter nach einer durchwachten Nacht voller Zahnschmerzen und Bauchweh nicht mehr weiterwusste, dann blieb immerhin noch eines: «Schlag nach bei Haarer.» So jedenfalls warb der Lehmanns-Verlag für einen der erfolgreichsten Erziehungsratgeber der deutschen Geschichte: Johanna Haarers

Buch: «Die deutsche Mutter und ihr erstes Kind», das erstmals 1934 und bis 1938 über 160 000 Mal seinen Weg in die Haushalte fand. Nach der Lektüre wusste sie: «Versagt auch der Schnuller, dann liebe Mutter, werde hart. Fange nur ja nicht an, das Kind aus dem Bett herauszunehmen, es zu tragen, zu wiegen, zu fahren oder es auf dem Schoß zu halten, es gar zu stillen. Das Kind begreift unglaublich rasch, daß es nur zu schreien braucht, um eine mitleidige Seele herbeizurufen.»[63] Geburt, Kindererziehung, Sauberkeit, Ehe, Familie: Das waren alles Herausforderungen, vor denen die deutsche Frau stand und für die es vor allem eines brauchte: einen kühlen Kopf, Härte gegen sich und das Kind. Tapfer sollten die deutschen Frauen sein, kaltblütig und diszipliniert. Mütter waren die «Führerinnen» an der innerfamiliären Front, Retterinnen der «Rasse» und Vorkämpferinnen gegen das Aussterben des «Volkes». Wer Säuglinge zu sehr verwöhnte, so die Botschaft an die jungen Mütter, produzierte später verwöhnte Charaktere. Kinder zu gebären und Kinder aufzuziehen war deshalb vor allem eine Sache der Gefühlskontrolle, eine Pflichterfüllung, die mehr mit Arbeit und Leistung denn mit Liebe und Fürsorglichkeit zusammenhing. Dieses Erziehungsprogramm war nicht genuin nationalsozialistisch, nicht einmal spezifisch deutsch. Ähnliche Ratschläge gaben Erziehungsratgeber der 1920er Jahre, die vor allem sozial schwächere Schichten als Hort von Krankheiten ausmachten. Und auch nach 1945 sollte Haarers Buch großen Zuspruch und bis in die 1980er Jahre eine Millionenauflage finden, lediglich bereinigt um die augenfälligsten rassistischen Ausfälle. Ganz fremd klangen solche Töne in den bundesrepublikanischen Nachkriegsfamilien jedenfalls nicht.

Zur Selbstkontrolle und zum völkischen Verantwortungsbewusstsein der Frau gehörte eine gewissenhafte Prüfung der entscheidenden Frage: Kann ich eine gesunde deutsche Mutter sein und dem Volk einen «wirklich hochwertigen und in jeder Hinsicht wünschenswerten Nachwuchs schenken»?[64] Haarer sprach die Frauen und Mütter direkt an. Sie machte ihnen deutlich, wie froh sie sein konnten, im neuen nationalsozialistischen Staat zu leben, der sich wie kein anderer um die Gesundung des Volkskörpers kümmern werde. Was das genau hieß, erklärte sie ihren Leserinnen und Lesern auch: Der Staat habe die Pflicht, die Gesundheit der Volksgenossinnen und Volksgenossen zu prüfen: Er «will junges Leben erhalten und fördern mit allen Mitteln – aber nicht wahllos und gleichmacherisch, sondern möglichst unter Auslese des Wertvollen und Gesunden und unter Ausmerzung des Kranken». Die neue, nationalsozialistische Sterilisationspolitik, so erklärte es Haarer ihren Frauen und Müttern, die sich für Politik womöglich nicht interessierten, verhindere, dass «Asoziale» schwächliche und kranke Kinder in die Welt setzten.

Rassismus und Eugenik standen von Beginn an im Zentrum der nationalsozialistischen Weltanschauung. Der Volkskörper war keine Wortschöpfung des Dritten Reiches. Eugenische Debatten über den Wert, die Nützlichkeit des Körpers und den «Bevölkerungsschwund» spielten in allen westlichen Ländern, allen voran in den USA und Schweden, eine wichtige Rolle. Doch der NS-Staat wählte gleich zu Beginn mit dem am 14. Juli 1933 beschlossenen «Gesetz zur Verhütung erbkranken Nachwuchses»[65] die radikalste Antwort. Die Sterilisationspolitik war Teil einer mit «wissenschaftlichen» Argumenten angefeuerten Kontroverse zwischen Ärzten, Biologen, Bevölkerungspolitikern und Juristen um die Frage, wie die als «Krise» wahrgenommene Epoche mithilfe sozialsanitärer Entscheidungen neu geordnet werden könne. Die Sterilisation von Menschen galt den Humanexperten als vielversprechendes Instrument zur Lösung der «sozialen Frage» und zur Förderung erbbiologisch «höherwertiger», in Deutschland «arischer» Männer und Frauen. Nationalsozialistische Rassenhygiene- und Sterilisationspolitik verstand sich als «rationale», mit den Regeln moderner Wissenschaft überprüfbare Möglichkeit, den Volkskörper zu «sanieren». Die Experten verstanden sich als Avantgarde ihrer Zeit, nüchtern kalkulierend und völkisch legitimiert.

Das Gesetz sah vor, Menschen unfruchtbar zu machen, «wenn nach den Erfahrungen der ärztlichen Wissenschaft mit großer Wahrscheinlichkeit» angenommen werden könne, dass die Nachfahren an schweren körperlichen oder geistigen «Erbschäden» zu leiden hätten. Das Erbgut galt als rassenpolitisches Problem, über dessen Folgen Ärzte und die neu geschaffenen Erbgesundheitsgerichte entscheiden mussten. Als Erbkrankheiten galten «angeborener Schwachsinn», «manisch-depressives Irresein», Epilepsie, Blindheit oder «schwerer Alkoholismus» – alles vage Kategorien, die dazu führten, dass neben Psychiatriepatienten auch soziale «Außenseiter» und generell abweichendes Verhalten unter das neue Gesetz fallen konnten.

Etwa 360 000 Personen fielen dem «Gesetz zur Verhütung erbranken Nachwuchses» im Deutschen Reich bis Kriegsende zum Opfer, hinzu kamen weitere Geschädigte in Österreich und in den besetzten Gebieten im Osten, vermutlich bis zu 400 000. Die Grenzen zwischen Erbgesundheits- und Rassenpolitik waren fließend und bezogen im Laufe der Jahre immer weitere Personengruppen ein. In den Urteilen der daran beteiligten Juristen und Ärzte schwangen immer auch soziale und geschlechtsspezifische Vorurteile gegenüber «Asozialen» und «herumlungernden Frauen» mit, deren «schädlicher Einfluss» mithilfe des Gesetzes minimiert werden sollte. Anna V. zum Beispiel, 1916 in Mülheim an der Ruhr geboren, war den Behörden wegen Diebstahls und sexueller Beziehungen aufgefallen, 1933 in eine Fürsorgeeinrichtung eingeliefert und von der Anstalt als «mürrisch, unzugänglich und haltlos» beschrieben worden. 1937 übergab die Einrichtung Anna an die Landesheilanstalt Hadamar, wo die Ärzte bei ihr auf einmal «angeborenen Schwachsinn» diagnostizierten. Anna war nicht mehr nur sozial auffällig, sondern «erbkrank» und als junge Frau schon deshalb gefährlich, weil sie womöglich «asoziale» Kinder zur Welt bringen könnte. Aufgrund von «sozialem und sittlichem Versagen» revidierte das Erbgesundheitsgericht seine ursprüngliche Entscheidung, den Antrag der Anstalt Hadamar auf

Zwangssterilisation abzulehnen. Im Mai 1938 wurde sie schließlich in der Landesheilanstalt Herborn sterilisiert.[66]

Bisweilen hatten die Betroffenen selbst noch die Kraft, gegen die Entscheidungen der Erbgesundheitsgerichte Widerspruch einzulegen. Amelie H. beispielsweise, 1904 in Holzerode geboren, war mit der Diagnose «Epileptikerin» angezeigt und vom Erbgesundheitsgericht Potsdam verurteilt worden.[67] In zwei handschriftlichen Briefen an das Gericht bat sie um eine Rücknahme der Entscheidung: «Ich pflege keinerlei Umgang mit Männern und verpflichte mich, auch in Zukunft keinerlei Verkehr zu suchen.» Niemals werde sie heiraten, und falls doch, verspreche sie, sich zu stellen. Sie habe nun in einer kirchlichen Einrichtung eine Unterkunft gefunden und führe ein ruhiges Leben. Doch sosehr Amelie versuchte, sich dem erbbiologischen Druck zu entziehen und das Recht auf die Unversehrtheit ihres Körpers zu verteidigen, blieb das Gericht bei seiner Entscheidung. Angeblich, so die Begründung, habe Amelie die Widerspruchsfrist versäumt. Am 16. Februar 1938 wurde das Urteil in der Brandenburgischen Landesfrauenklinik Berlin-Neukölln vollstreckt.

Auf allen Ebenen benötigte das Regime wissenschaftliche Expertise, bei der Bewertung der Krankheiten, bei der Umsetzung der Sterilisation in den Krankenhäusern und Pflegeanstalten, bei der «Erforschung» neuer Krankheitsbilder, der Auswertung der Akten oder der rechtlichen Umsetzung der richterlichen Entscheidungen. Bei den Ärzten selbst gab es regional durchaus Unterschiede, wie häufig sie ihre Patienten bei den Gerichten anzeigten. Besonders aktiv waren dabei die Amtsärzte, die ihre Entscheidungen im Gefühl moralischer Anständigkeit und rechtlicher Notwendigkeit trafen.

Für den Nationalsozialismus war der Kampf um Körper und Sexualität keine Nebensächlichkeit. Das Regime führte ihn in der Erziehung ebenso wie in der Leistungspropaganda der Arbeitsdienste. Seinen Körper in Schuss zu halten war Pflicht, Voraussetzung für die kriegerische Mobilisierung. Hitler hatte 1937 anlässlich des Baus des Reichsparteitagsgeländes seine Sicht des «neuen Menschen» unmissverständlich formuliert: «Die größte Revolution aber hat Deutschland erlebt durch die in diesem Lande zum erstenmal planmäßig in Angriff genommene Volks- und damit Rassenhygiene. Die Folgen dieser deutschen Rassenpolitik werden entscheidendere sein für die Zukunft unseres Volkes als die Auswirkung aller anderen Gesetze. Denn sie schaffen den neuen Menschen. [...] Kommen Sie und sehen Sie nun selbst, ob er unter der nationalsozialistischen Führung schlechter oder ob er nicht besser geworden ist. Messen Sie nicht nur die Zahl der mehr geborenen Kinder, sondern messen Sie vor allem das Aussehen unserer Jugend. Wie schön sind unsere Mädchen und unsere Knaben, wie leuchtend ist ihr Blick, wie gesund und frisch ihre Haltung, wie herrlich sind die Körper der Hunderttausenden und Millionen, die durch unsere Organisationen geschult und gepflegt werden. Wo gibt es heute bessere Männer, als sie hier zu sehen sind? Es ist wirklich die Wiedergeburt einer Nation eingetreten durch die bewußte Züchtung eines neuen Menschen.»[68]

Dieser «neue Mensch» sollte Ebenbild der neuen völkischen Ordnung sein. Aber wie passten dazu Lust und sexuelle Leidenschaft? Privatsache, Teil einer überkommenen bürgerlich-kirchlichen Prüderie? Innerhalb des Regimes gab es unterschiedliche Vorstellungen, wie mit dem Thema Sexualität umzugehen war. Sexualität, Leistungsfähigkeit und Rassismus waren im NS-Staat aufs Engste miteinander verflochten. Fortpflanzung war in diesem Sinne keine individuelle Entscheidung, sondern Teil volksgemeinschaftlicher Pflichterfüllung und Sexualität primär Teil einer übergeordneten Bevölkerungspolitik. Repressiv war die Gesetzgebung insbesondere, wenn es um sexuelle Kontakte zwischen Volksgenossen und Juden ging. Sich für eine aufgeklärte, angstfreie Sexualität mit dem Wunsch der gegenseitigen Erfüllung im «Liebesleben» ohne Zwang einzusetzen, wie dies der einflussreiche Psychotherapeut Johannes Heinrich Schultz[69] tat, stand nicht im Widerspruch zu seiner wissenschaftlichen Expertise für die Verfolgung Homosexueller und Behinderter, an der er aktiv beteiligt war.[70] Sein Rat an Mütter, mit Nähe zu den Kindern nicht zu geizen, klang derweil anders als der Ton Johanna Haarers und zeigt, dass im Nationalsozialismus durchaus vielschichtig über Liebe, Ehe und Sexualität debattiert wurde. Den Vertretern bürgerlich-christlicher Moral dürften dabei die Ohren geklungen haben. Sexualität gehörte in ihrem Sinne weiterhin einzig und allein in die Ehe. Einrichtungen wie die SS-Lebensborn-Heime standen sie mit großen Vorbehalten gegenüber, schufen diese doch für Frauen die Möglichkeit, anonym zu entbinden, außereheliche Sexualität zu legalisieren und ihren Nachwuchs im Sinne der NS-Bevölkerungspolitik an «gute Volksgenossen» zur Adoption weiterzuvermitteln. Männern ließen diese Kreise angesichts ihrer vermeintlichen Triebhaftigkeit mehr durchgehen. Aber anders als die SS wollten sie nicht so weit gehen, die Erzeugung von «arischem» Nachwuchs ganz in die Hoheit der Partei zu stellen und die Ehe damit als Wesen der bürgerlichen Ordnung aus den Angeln zu heben. Die Zeitschrift «NS-Frauenwarte» hielt beispielsweise manche allzu freizügigen Darstellungen der SS für unangemessen: «Ein schönes Mädchen ist gewiss nicht zur Nonne erschaffen – allerdings, und das ist der Unterschied zwischen gestern und heute, auch nicht zur Kokotte! Die leichte und frivole Erniedrigung der Frau zum Vergnügungsobjekt, die widerwärtige Verfälschung eines gesunden, natürlichen Körpergefühls im Sinne platter und unverhüllter Geschlechtsgier, diese ganz verzerrte, ungesunde Atmosphäre gehört ausschließlich in das Kapitel der jüdischen Zersetzungspropaganda! Wir werden ein wachsames Auge darauf haben, dass sich solche Tendenzen nicht unter irgendeinem verfälschten Vorwand wieder bei uns breit machen.»[71]

Sexuelle Gefahren lauerten überall – und es waren die Juden, die in dieser Lesart alles Verderbliche über das deutsche Volk gebracht hatten. Zur antisemitischen Propaganda gehörten immer wieder hetzerische Geschichten über vermeintliche jüdische

Lustmörder, Kinderschänder und Homosexuelle, die sich über Unschuldige hergemacht hätten. In den christlichen Kirchen gab es Stimmen, die nicht den rauen Ton, wohl aber die antisemitische Stoßrichtung guthießen und ebenfalls das körperlich Freizügige letztlich als «jüdische» Lebensform ablehnten. Auch gegen allzu viel sportliche Freikörperkultur in engen Hosen und den nationalsozialistischen Leibes- und Körperkult gab es bei Kirchenführern Bedenken, ob hier nicht letztlich doch «semitischer» Einfluss spürbar werde. Umgekehrt galt zu viel bürgerliche Moral, zu viel christliche Weichlichkeit führenden SS-Größen als kleinlich und hinderlich, um einen Krieg führen zu können.

Die Verfolgung Homosexueller stand in einer längeren Tradition gesellschaftlicher Homophobie, die bereits in den Schlachten der Weimarer Republik immer wieder als politisches Argument hergehalten hatte, um den ideologischen Gegner zu diskreditieren.[72] In Deutschland wurde wie in keinem anderen Land der Welt der Streit um den Charakter gleichgeschlechtlicher Liebe ausgetragen: Waren Homosexuelle ein «drittes Geschlecht», wie das der Pionier der Sexualforschung und von den Nationalsozialisten ins Exil getriebene Magnus Hirschfeld propagierte? Oder waren Homosexuelle gefährlich, weil sie keinen Beitrag zur «Aufwertung des Volkes» leisteten und sich der völkischen Pflicht zur Kinderzeugung entzogen? SS-Chef Heinrich Himmler gab seinen Männern 1937 mit auf den Weg: «Es gibt unter Homosexuellen Leute, die stehen auf dem Standpunkt: was ich mache, geht niemand etwas an, das ist meine Privatangelegenheit. Alle Dinge, die sich auf dem geschlechtlichen Sektor bewegen, sind jedoch keine Privatangelegenheit eines einzelnen, sondern sie bedeuten das Leben und Sterben eines Volkes, bedeuten die Weltmacht [...].»[73] Die Politisierung des Privaten, von Ehe, Familie und Sexualität, gehörte damit zu einem der Wesensmerkmale nationalsozialistischer Politik. Homosexuelle, so die dominierende Deutung, gefährdeten durch die «Verführung» junger Männer die gesunde Volksentwicklung. Damit waren Homosexuelle Staatsfeinde, ihr Verhalten krank und mit den Instrumenten des Strafrechts und der Polizei zu verfolgen. Seit 1934/35, mit und nach dem Mord an Ernst Röhm, intensivierte das Regime die Verfolgung und konnte sich dabei der Unterstützung weiter Teile der bürgerlichen Gesellschaft sicher sein. Mit der Verschärfung des Paragraphen 175 im Jahr 1935 dehnte das NS-Regime den Verfolgungsdruck auf die homosexuellen Subkulturen aus, ohne sie vollständig zerschlagen zu können. Vermutlich bis zu 50 000 Männer wurden verurteilt, vermutlich gegen doppelt so viele Verfahren eingeleitet.

Innerhalb der SA und der SS gab es Strömungen, die in den homoerotischen Männerbünden eine «arische», gleichsam an die Kämpfer Spartas erinnernde Lebensform erkennen wollten und eine «natürliche» Verbindung männlicher Gemeinschaft und rassischer Auslese erkannten. Dominant waren diese Deutungsmuster indes nicht. Was als männlich galt, hing auch davon ab, welche Rolle der deutschen Volksgenossin zugewiesen wurde. Die polare Gegenüberstellung von Frauen als Opfer oder Täterinnen beschreibt die vielfältige weibliche Lebenswirklichkeit nur unzureichend.[74] Die nationalsozialistische Propaganda ließ den Mutterkult aufblühen und machte aus den Frauen Kameradinnen an der Heimatfront – politisch einflussreiche Positionen blieben ihnen aber versagt. Staatsbürgerinnen sollten nur solche Frauen sein, die sich als Mütter und Ehefrauen in den Dienst der Volksgemeinschaft stellten. Doch sosehr die NS-Führung die patriarchalische Geschlechterdifferenz zementierte, so sehr bot die Partei doch mit ihren Frauenorganisationen, mit dem wachsenden Markt karitativ-nationalsozialistischer Organisationen und dem hohen Bedarf an Arbeitskräften neue gesellschaftliche Partizipationsangebote. Bis Kriegsbeginn waren zwölf Millionen Frauen Mitglied einer der Massenorganisationen des Dritten Reiches, in der NS-Frauenschaft oder in der Nationalsozialistischen Volkswohlfahrt. Frauen waren aktiv im Deutschen Roten Kreuz, im Deutschen Frauenwerk, im Hilfswerk Mutter und Kind oder dem

Bund Deutscher Mädel. Die bereits während der Weimarer Republik und in anderen westlichen Ländern geführte Debatte darüber, welche Berufe der weiblichen Natur entsprachen, setzte sich im NS-Staat fort. Und die Antwort darauf war keineswegs einfach. Hausarbeit stand an erster Stelle, und die rassistische Aufwertung der Mutterrolle gab den Volksgenossinnen zusätzlich Bedeutung. Doch Frauen verschwanden keineswegs vom Arbeitsmarkt, im Gegenteil: Die Zahl berufstätiger Frauen stieg im Laufe der 1930er Jahre weiter an, darunter besonders die Zahl der Mütter und Ehefrauen. Innerhalb der NS-Führung ebbte der Streit über die Notwendigkeit weiblicher Mobilisierung für den Arbeitseinsatz nicht ab. Das Regime erwies sich hier flexibel und keineswegs eindeutig in seiner Haltung. Die Nationalsozialisten hatten zwar anfangs den Zugang zur Hochschule für «arische» Frauen mit einem eigenen Numerus clausus stark reglementiert, doch bereits 1935 die Regelung wieder zurückgenommen und eingesehen, dass sie auf weibliche Akademikerinnen nicht verzichten konnten. Auch wenn öffentliche Spitzenpositionen unerreichbar blieben – das waren sie vor 1933 im Übrigen auch gewesen –, so boten doch die unterschiedlichen NS-Frauenorganisationen eine bis dahin ungekannte Chance zum Mitmachen. Damit war keineswegs, wie manche der Aktivistinnen später behaupteten, ein idyllisches, unpolitisches Kaffeekränzchen gemeint. Auf allen Ebenen bot das NS-Regime an, sich zu engagieren und politisch aufzusteigen. Viele Frauen nutzten dies, um im begrenzten Sinne Karriere im neuen Staat zu machen: Die Gaufrauenschaftsleiterinnen der NS-Frauenschaft stammten beispielsweise überwiegend aus der Mittel- und Oberschicht, gebildete Frauen mit eigener Berufserfahrung oft im karitativen Bereich, die bei Dienstantritt etwa um die 40 Jahre alt waren und sich durchaus für die Politik des NS-Staates interessierten. Mehr noch: Sie verstanden sich als wichtige Mitstreiterinnen auf dem Weg zur Verwirklichung der Volksgemeinschaft, der sie durch Treue, Opferbereitschaft und Selbstverleugnung dienen wollten.

Kleine «Führerinnen» reisten durch die Region und warben für die neuen NS-Rassegesetze. Sie schulten die Schwestern der Caritas und der Inneren Mission, des Roten Kreuzes und der Krankenhäuser und erläuterten die Notwendigkeit der Sterilisationspolitik. Frauen seien besonders geeignet, anderen Frauen die Beweggründe der NS-Politik zu erklären, wie die Reichsfrauenführerin Getrud Scholtz-Klink den DAF-Männern 1936 erklärte: «Nachher, meine Männer, kommt der Schritt, die Mutter an die Hand zu nehmen, mit ihr und ihrem Kinde dann ins Krankenhaus zu gehen und dieses Kind dort letzten Endes durch Sterilisation aus dem Leben auszulöschen. Das bringt kein Mann einer deutschen Frau bei [...].»[75] Was der NS-Staat den «arischen» Frauen anbot, war die Chance, ihren eigenen Aktionsradius zu entwickeln und auszubauen. Als Mutter, Kameradin, Führerin und Volksgenossin. Manches blieb hohle Propaganda, und «nichtarische» Frauen erlebten eine doppelte Diskriminierung. Aber für all diejenigen, die sich als Teil der rassistischen Volksgemeinschaft verstanden, zählte einmal mehr die individuelle Leistungsfähigkeit.

Glaube, Volk und «Führer»

«Sie halten jetzt die Schnauze oder Sie fliegen raus», pöbelte der NS-Gauleiter und Reichsstatthalter von Oldenburg, Carl Röver, den Zwischenrufer an. Dann rief er die SA – aber der Zorn der Zuhörer ebbte an diesem Tag im Spätherbst 1936 nicht mehr ab.[76] Ganz im Gegenteil: Gelächter hörte man an diesem 25. November in der Cloppenburger Münsterlandhalle, tief im Herzen des katholischen Milieus und immer lauter werdende Stimmen, die deutlich machten: Hier ging es ums Ganze – jedenfalls für einen erheblichen Teil der Katholiken. Die NS-Regierung hatte Anfang 1936 verfügt, in den Schulen die Kruzifixe und Lutherbilder abnehmen und dafür ein «Führer»-Porträt aufhängen zu lassen. Heftige Konflikte um den Religionsunterricht und die Konfessionsschulen hatte es seit 1933 gegeben, Kirchentüren waren verschmutzt, Jugendgruppen bedrängt, Pfarrer verhaftet worden. Nun auch noch die Kruzifixe. Für den zuständigen Bischof von Münster, Clemens August Graf von Galen, schien das die Gelegenheit, den Protest gegen die aggressive Religionspolitik des Regimes zu mobilisieren. Er, der überzeugte Antibolschewist, wusste seine gläubige Landbevölkerung hinter sich, für die das Kreuz zentrales Symbol ihres katholischen Selbstverständnisses war, und rief – unter Verweis auf die spanischen Putschisten Francos und ihren moralisch ehrenwerten Kampf gegen die «ungläubige Regierung» der Republik – zum Protest auf. Tatsächlich kochte der katholische Volkszorn, Priester mobilisierten zu Wallfahrt und «Gebetssturm», NS-Politiker fanden sich auf einmal in Münster vor blockierten Plätzen wieder. Die Veranstaltung in Cloppenburg mit Carl Röver hatte die Gemüter beruhigen sollen und war dabei gründlich gescheitert. Jedenfalls nahm der Gauleiter angesichts des vehementen Protestes die Verordnung unter lautem Beifall zurück – und trottete geschlagen aus dem Saal.

Diese öffentliche Niederlage zog rasch weite Kreise, als Sieg der Katholiken gegen das Regime und als drohende Warnung, wie ernst man die Gefahr katholischer Widerspenstigkeit nehmen und wie hart man ihr begegnen müsse. So jedenfalls wünschten es zahlreiche hochrangige NS-Funktionsträger. Dass einige der Verantwortlichen verhaftet und die Entfernung der Kruzifixe auf bürokratischem Weg weiter vorangetrieben wurde, stand auf einem anderen Blatt. Der Oldenburger Kreuzstreit machte aber deutlich, was passieren konnte, sofern das katholische Milieu geschlossen gegen das NS-Regime protestierte, und wie empfindsam die NS-Führung die Antennen an der «Volksmeinung» ausrichtete. Nur: Der Aufschrei im November 1936 blieb eine Ausnahme im Verhältnis der Kirchen zum Dritten Reich. Vorbehalte, auch scharfe Kritik gegenüber den religionspolitischen Zielen und der antikatholischen Hetze der NS-Bewegung bestanden seit Langem. Aber es gab doch nicht wenige, wie den Vorsitzenden der Fuldaer Bischofskonferenz, Breslaus Erzbischof Adolf Bertram, die Hitlers Werben um einen kirchlichen Segen allzu gerne nachgaben – darauf hoffend, dass das katholische Kirchenvolk auch im Dritten Reich seinen Glauben unbehelligt werde praktizieren können, sofern man sich aus den politischen Angelegenheiten heraushielte. Am 28. März 1933 erklärten die Bischöfe deshalb, sie würden die früher ausgesprochenen «Verbote und Warnungen» gegenüber dem Nationalsozialismus aufheben. Immerhin gab es einen gemeinsamen Feind, den Bolschewismus, und den gemeinsamen Wunsch nach einer neuen, stabilen Ordnung; eine Sehnsucht nach «Reich» und «Gemeinschaft», getragen von der Hoffnung, als Katholiken Teil des nationalen Aufbruchs zu sein.

Die kampflose Selbstpreisgabe des politischen Katholizismus und auch die Zustimmung des Zentrums zum «Ermächtigungsgesetz» hatten hier ihre Ursache. Auch Katholiken wollten, wie es der Vorsitzende des Zentrums, Ludwig Kaas, in einem Telegramm zu Adolf Hitlers 44. Geburtstag am 20. April 1933 formulierte, «am großen Werk der Schaffung eines innerlich geeinten, sozial befriedigten und nach außen freien Deutschlands» mitwirken.[77] Kurze Zeit später lösten sich das Zentrum und die christlichen Gewerkschaften sang- und klanglos auf. Über die Frage nach dem Zusammenhang zwischen der Zustimmung zum Ermächtigungsgesetz und dem am 20. Juli 1933 zwischen Heiligem Stuhl und dem Dritten Reich verabschiedeten Reichskonkordat ist in der Vergangenheit heftig gestritten worden.[78] Hitler hatte sich in den Tagen seit seiner Ernennung zum Reichskanzler ganz staatsmännisch als Sachwalter eines neuen christlichen Staates inszeniert und den Kirchen heftig geschmeichelt. Gespräche über eine vertragliche Regelung liefen schon seit Längerem, und mit dem Abschluss der italienischen Lateranverträge gab es ein Vorbild, wie künftig die Beziehungen zwischen katholischer Kirche und faschistischen Staaten geregelt werden könnten. Für Hitler war entscheidend, die Kirchen aus der Politik herauszudrängen. Umgekehrt wollten die Bischöfe angesichts wachsender Repressionen gegen Laien und Priester eine dauerhafte Absicherung ihres religiösen Bewegungsraumes. Der Staatskirchenvertrag schützte die katholischen Organisationen, die Schulen und die öffentliche Religionsausübung – um den Preis des Verzichts aller Geistlichen, sich politisch zu betätigen. Manchem der radikal kirchenfeindlichen Kräfte innerhalb des Regimes ging die Vereinbarung dennoch deutlich zu weit; Hitler jedenfalls feierte die Unterzeichnung als ersten großen außenpolitischen Erfolg und als Legitimation seiner neuen Regierung. Rom und die deutschen Bischöfe hofften hingegen, ein dauerhaftes Arrangement mit dem Dritten Reich gefunden zu haben. Nun werde das Ungehobelte der Revolution gezügelt, und die neue staatliche Ordnung verspreche eine wahrhaft christlich-nationale Zukunft.

Dieses Gefühl war innerhalb der protestantischen Kirchen noch deutlich leidenschaftlicher. Für die meisten Protestanten war die «Machtergreifung» zunächst vor allem eines: ein Akt der Befreiung von der ungeliebten Demokratie, ein göttlicher Fingerzeig für eine christlich-autoritäre Erneuerung im deutsch-protestantischen Geiste. Die wenigsten Protestanten hatten sich zum NS-Staat bekehren müssen – sie hatten ihn von Beginn an gefeiert. 1933 war deshalb auch ein «Glaubenserlebnis» (Manfred Gailus) in einem Land, in dem die Kirchenbindung nach wie vor eine zentrale Rolle spielte. Der Streit um die Kruzifixe berührte eine besonders sensible Frage, ging es doch dabei um die Autonomie religiöser Praktiken und das Recht auf Transzendenz. Die Legitimität des neuen Staates stand nicht zur Disposition. An der gab es weder bei den Bischöfen noch bei der Mehrheit des Kirchenvolkes Zweifel. Strittig waren die neuen Grenzen des sakralen Raumes, die der NS-Staat zunehmend enger zu ziehen versuchte. Kein Zweifel: Innerhalb des Katholizismus überwogen die

Vorbehalte gegenüber der völkisch-rassistischen Erlösungsrhetorik. «Braune Pfarrer» gab es, auch solche, die theologische Brücken zum neuen NS-Staat zu schlagen versuchten. Aber sie blieben eine kleine Minderheit, anders als im protestantischen Lager, in dem es mit den «Deutschen Christen» (DC) eine mächtige Gruppe begeisterter Hitler-Jünger gab.

Die Katholiken mit der päpstlichen Autorität im Rücken galten den weltanschaulichen Scharfmachern wie Alfred Rosenberg, Joseph Goebbels und Heinrich Himmler von Beginn an als gefährliche Gegner.[79] Aber auch innerhalb der NS-Bewegung gab es unterschiedliche Strömungen und neben den scharfen Kritikern und Germanenbewunderern auch diejenigen, die sich stärker als nationalsozialistische Christen verstanden und sich eine neue deutsche Kirche wünschten, treu zu Staat und Hitler, aber ohne «jüdische Wurzeln». Insgesamt war die religiöse Landschaft des Dritten Reiches deutlich vielfältiger, als es im Nachhinein wirken könnte. Das lag an der Heterogenität der NS-Bewegung und ihrem völkisch-germanischen Ideengemisch, welches sowohl Raum für christliche Nationalsozialisten wie für aus der Kirche ausgetretene «Gottgläubige», für evangelische Deutsche Christen und deutschnationale Katholiken bot. Während die katholische Kirche trotz mancher unterschiedlichen bischöflichen Charaktere, regionalen Prägungen und politischen Haltungen weitgehend als homogener Block agierte, galt dies für die 28 evangelischen Landeskirchen mit ihren unterschiedlichen Traditionen und theologischen Prägungen in deutlich geringerem Ausmaß.

Zwischen den Konfessionen überwogen die gegenseitigen Ressentiments und eine bewusste Distanz, obwohl es doch auch Gemeinsamkeiten gab. Die Kirchen sprachen – in unterschiedlicher Lautstärke – die Sprache der antiliberalen, antiwestlich-autoritären Sinnsucher. Doch Religion ging gerade nicht in der Utopie völkisch-immanenter Erneuerung auf. Der christliche Glaube zielte auf Transzendenz, der neue NS-Staat auf die Umgestaltung des Diesseits. Bischöfe und katholische Laien waren vielerorts –

ähnlich wie 1914 – von einem christlichen Nationalismus geprägt, der sich gleichermaßen vom nationalsozialistischen Antibolschewismus angezogen wie von seinem radikalen Rassismus und seinem «Neuheidentum» abgestoßen fühlen konnte. Der radikale nationalsozialistische Herrschaftsanspruch umfasste dagegen den Kampf um die Kruzifixe in den Schulen ebenso wie die Schlacht um die «Seele» der Volksgenossen. Das volksgemeinschaftliche Heilsversprechen ließ auf die Dauer keinen Raum für kultische Konkurrenz.[80]

Die nationalsozialistische Religionspolitik war widersprüchlich, situationsabhängig und voller Angst vor der Kraft des «alten Glaubens». Im Kern zielte der NS-Staat deshalb von Beginn an darauf ab, das Verhältnis von Staat und Kirche von Grund auf neu zu regeln. Nationalsozialistische Religionspolitik umfasste nicht nur die Versuche, den Aktionsradius der christlichen Kirchen sowie ihrer vielfältigen Vereine und Verbände einzuschränken und lautstark gegen die «Pfaffen» zu hetzen. Vielmehr ging es darum, ihnen auch die sakrale Kernkompetenz für Liturgie und Heilsversprechen zu entwenden. Leicht war das nicht, vor allem nicht in den dichten, oft ländlichen katholischen Milieus mit ihren eigenen Informationskanälen und Autoritäten.

Was Religion ausmachte, war allerdings keineswegs klar umrissen und überdies täglich neu umkämpft. Vor den Politischen Leitern der NSDAP in der Ordensburg Sonthofen markierte Hitler, der in Kirchenfragen immer mehr Machtpolitiker als Ideologe war, lediglich eine klare Grenze sehr genau: «Heute vollzieht sich eine neue Staatsgründung, deren Eigenart es ist, daß sie nicht im Christentum, nicht im Staatsgedanken die Grundlage sieht, sondern in der Geschlossenheit das Primäre sieht. Es ist daher entscheidend, daß das ‹Germanische Reich Deutscher Nation› diesen tragfähigsten Gedanken der Zukunft nun verwirklicht, unbarmherzig gegen alle Widersacher, gegen alle religiöse Zersplitterung [...].»[81] Religiöse Pluralität galt als Gift für die nationalsozialistische Idee einer geeinten Volksgemeinschaft. Aber es war nicht die radikale Ausschaltung der Kirchen, die Hitler hier vor seinen gläubigsten Jüngern propagierte. Die Deutschen sollten, wenn sie es denn wollten, ihrem Glauben weiter anhängen. Nur: Dieser Glaube durfte den innerweltlichen Machtanspruch des Nationalsozialismus, seine Idee der «Volksführung» nicht unterspülen. Darin lag die besondere Gefahr allen voran des Katholizismus: sein innerweltlicher Ungehorsam und seine Verpflichtung auf eine autonome Wertesphäre. Die neue deutsche Ordnung werde dagegen allein durch den Willen des «Volkes» – und seiner «Führer» – repräsentiert. «Wir geben Euch», rief Hitler den Kirchen zu, «unbedingte Freiheit in eurer Lehre oder in eurer Auffassung der Gottesvorstellung. [...] Eines sei aber ganz klar entschieden: Über den deutschen Menschen im Jenseits mögen die Kirchen verfügen, über den deutschen Menschen im Diesseits verfügt die deutsche Nation über ihre Führer. Nur bei einer so klaren und sauberen Trennung ist ein erträgliches Leben in einer Zeit des Umbruchs möglich.»[82]

Seit Juli 1935 gab es mit dem «Reichsministerium für kirchliche Angelegenheiten» eine neue Institution, die half, die kirchlichen Einflusszonen zu beschneiden und völkisch umzudeuten. Mit Hanns Kerrl stand ein im Machtgeflecht des NS-Staates eher schwächlicher Minister an der Spitze, der – anders als mancher Blut-und-Boden-Ideologe – eine enge Bindung von nationalem Christentum und Nationalsozialismus für möglich hielt. Seine Aufgabe bestand darin, den «evangelischen Kirchenstreit» zu beenden und die rivalisierenden Flügel aus Deutschen Christen, «Bekennender Kirche» und nicht gebundenen Kirchenmitgliedern zu versöhnen. Die «Bekennende Kirche» hatte sich 1934 als innerkirchliche Opposition und Reaktion auf die Einführung des «Arierparagraphen» gebildet, der getaufte Juden aus den Pfarrämtern und Leitungspositionen der Kirche verbannte. Mitgliedschaft in der «Bekennenden Kirche» war aber nicht gleichbedeutend mit Ablehnung des NS-Systems oder lauter Kritik an der Verfolgung der Juden. Auch hier gab es Abstufungen, unterschiedliche Schmerzgrenzen und Loyalitäten. Das Regime verfolgte die innerkirchlichen Konflikte genau, vor allem jene Stimmen, die in ihrem Glauben die Quelle des Widerspruchs gegen den nationalsozialistischen Hegemonieanspruch sahen. Für solche aktive «Gegnerverfolgung» gab es im Sicherheitsdienst und bei der Politischen Polizei Kirchenreferate, die sich auf die Verfolgung von Pfarrern oder Vertretern katholischer Laienorganisationen wegen angeblicher politischer Aktivitäten konzentrierten. Katholische Verbände wurden bekämpft und aufgelöst, exponierte katholische Publizisten eingeschüchtert, und auch die Orden gerieten wegen vermeintlicher Devisendelikte ins Fadenkreuz der Polizeibehörden. 1936/37 nutzte das Regime die insbesondere vor dem Bonner und Koblenzer Landgericht verhandelten «Sittlichkeitsprozesse» gegen katholische Priester und Ordensleute dazu,[83] die Kirche insgesamt als Hort moralischer Verkommenheit und homosexueller Umtriebe zu diskreditieren. Ganz offenkundig war es – neben homosexuellen Handlungen – auch zu Übergriffen gegen Schutzbefohlene gekommen. Die Gestapo dehnte die Recherchen auf einen denkbar weiten Personenkreis aus, und Goebbels persönlich ließ sich die Gelegenheit für heftige Attacken nicht nehmen. Der Schutz des Konkordates jedenfalls war für die Katholiken bereits nach kurzer Zeit aufgebraucht.

Indes: Nicht etwa die «Vernichtung» der beiden Kirchen stand in den Anfangsjahren im Mittelpunkt, sondern die schrittweise Zurückdrängung ihres öffentlichen Einflusses und die Integration in den neuen NS-Staat. Das unterschied sich deutlich von der Verfolgung der politischen Linken. Wie eine solche Integration aussehen konnte, ließ sich beispielsweise in der Berliner protestantischen Gemeinde «Zum guten Hirten» beobachten.[84] Die Gemeinde lag im Bezirk Schöneberg, und schon vor der «Machtergreifung» hatte eine Gruppe der Deutschen Christen mit enger Bindung an die NSDAP-Ortsgruppen in den kirchlichen Gremien Fuß fassen können. In Berlin gehörten etwa ein Viertel der Gemeinden zu den Deutschen Christen; mehrheitlich dürften etwa 50 Prozent aller Berliner Gemeinden in deren Hand gewesen sein. In anderen Gemeinden, wie in Dahlem, gab es Orte innerkirchlicher Opposition. Ebenso existierten Gemeinden, in denen die Grenzen zwischen Deutschen Christen und «Bekennender Kirche» fließend waren.

Oberwasser erhielten die Deutschen Christen seit dem Frühjahr 1933, als sie aggressiv versuchten, die Mehrheitsverhältnisse zu kippen. Pfingsten 1933, noch vor den allgemeinen Kirchenwahlen, kam es während eines Gottesdienstes zu Tumulten, als sie, teils in SA-Uniformen, die Gläubigen lautstark dazu aufforderten, dem Pfarrer Paul Vetter nicht mehr länger zuzuhören. Vetter hatte einen Aufruf der kirchlichen Opposition unter Friedrich von Bodelschwingh vorlesen wollen. Die gezielte Provokation war aber nur der Auftakt zu einer systematischen Übernahme der Gemeinde, bei der sich bereits wenige Wochen später Gemeindevorstand und Pfarrer ganz in den Dienst des neuen nationalsozialistischen Staates stellten. In seiner Predigt anlässlich des «Dankgottesdienstes» am 2. Juli 1933 ließ Pfarrer Siegfried Nobiling keinen Zweifel an seiner Begeisterung: Das Dritte Reich bedeute keineswegs ein «Rütteln am Fundament des Glaubens. Christus ist und bleibt der Herr der Kirche und der Herr des Staates. Er, der zuließ, daß das deutsche Volk bald dem Antichrist zum Opfer gefallen wäre, will jetzt das deutsche Volk durch den von ihm berufenen «Führer» zur Erneuerung seiner Volksgemeinschaft führen. Dieses Ziel wird im Staat, wie in der Kirche gelingen. Die neuen Führer der Kirche sind treu im Glauben und wollen des Volkes Bestes. Dies Werk kann aber nur gelingen, wenn das Volk, wenn das evangelische Kirchenvolk, nicht abseitssteht. Jede Revolution brauchte Soldaten, jede Reformation gläubige Kämpfer.»[85] Die «Kämpfer» eroberten beides zugleich: Kanzel und Gemeinderäume. Feierlich zelebrierten die Deutschen Christen die neue Zeit, und so marschierten beim Festgottesdienst zum 1. Mai neben den drei Pfarrern auch die Vertreter der lokalen

NS-Gliederungen: drei Abteilungen der SA, die Friedenauer NSDAP-Ortsgruppe und die «nationale Jugend». Der Zug begann vor dem Gemeindehaus und stoppte, umweht von den Fahnen des Regimes, am Altar. Luther-Lied und «Horst-Wessel-Lied» erklangen gemeinsam, gespielt auf der Orgel der Friedenauer Kirche, auf der Straße begleitet von der SA-Musikkapelle. Partei und Gemeinde zogen Seite an Seite durch die Straßen des Viertels, begleitet von Fahnen und Standarten, die auch symbolisch Nationalsozialismus und Protestantismus verschmelzen ließen – getragen von einem neuen Geist der Missionierung, der dem neuen religiösen Geist zugleich einen heroischen, männlich-soldatischen Anstrich gegen die «weichen» und «weiblichen» Kräfte der «Bekennenden Kirche» gab.

In den Gemeindeversammlungen, in denen es für oppositionelle Stimmen kaum mehr Gehör gab, ging es um «Martin Luther-Adolf Hitler» oder um «Deutsche Christen an die Front». Für die Gemeinde gab es «Unterhaltungsabende», in denen dann der BDM «deutsche Volkstänze» oder das Orchester der benachbarten NSDAP-Ortsgruppe Stücke von Schubert und Wagner aufführten. An Festtagen wehte die Hakenkreuzfahne am Kirchturm, und das Hakenkreuz hatte seit 1935 auch seinen festen Platz in den Konfirmandensälen. Für die «Jünglingsbücherei» schaffte die Gemeinde im August 1933 «Mein Kampf» und das «Horst-Wessel-Buch» zur Lektüre an, die Reihe «Das Dritte Reich» füllte die Regale ebenso wie die neue «Rassekunde des deutschen Volkes».[86] Das Buch konnte man gut gebrauchen, denn schließlich mussten die Gemeinde und der Pfarrer mit darüber entscheiden, wie mit «Nichtariern» oder mit evangelisch-jüdischen «Mischehen» umzugehen war. Im kirchlichen Alltag kam es darüber immer wieder zu Konflikten, selbst in Gemeinden, in denen die Deutschen Christen die Mehrheit stellten. Dabei ging es nicht zuletzt um die Rolle, die das «jüdische» Alte Testament in Liturgie und pastoraler Praxis haben sollte. In der Kinderkatechese wollte Pfarrer Nerger künftig auf alles «Hebräische» verzichten und nicht mehr wie früher von Jehova, David und der Tochter Zions sprechen. Antisemitisch geprägt war ein erheblicher Teil des protestantischen Milieus schon vor 1933. Nach der «Machtergreifung» radikalisierten sich diese Überzeugungen zu einem gefährlichen Gemisch. In den Kirchengemeinden stapelten sich seit Frühjahr 1933 Anträge, um Auskunft aus den Taufregistern zu erhalten. Die Volksgenossinnen und Volksgenossenen brauchten ihren «Ariernachweis», um Mitglied einer NS-Organisation zu werden, um eine Befreiung vom Schulgeld zu bekommen oder ihre Arbeit beim Staat zu behalten. Eine Nation machte sich auf die Suche nach seiner völkischen Vergangenheit. Und dafür brauchte es die Hilfe der kirchlichen Archive. Mit den «Nürnberger Rassegesetzen», die 1935 aus den Juden Staatsangehörige zweiter Klasse machten und den neuen Status des deutschen «Reichsbürgers» einführten, erhöhte sich der Druck, eine «arische» Biografie vorweisen zu müssen. Die Unterscheidung machte aus Deutschen «Christen jüdischer Herkunft», «Mischlinge» ersten und zweiten Grades, Ehepartner von «Mischlingen». Tatkräftige Unterstützung fanden die NS-«Rassesachverständigen» in Pfarrern wie Karl Themel, einem Vertrauten des NS-Reichsbischofs Ludwig Müller. Themel diente sich dem Regime auf eigene Faust an und wollte dabei helfen, das Berliner Kirchenbuchwesen zu einer eigenen «Sippenkanzlei» zusammenzufassen – mit dem Ziel, die Arbeit der staatlichen Behörden auf ihrer Suche nach «Gemeinschaftsfremden» proaktiv zu unterstützen. Künftig sollten die umfassenden personenbezogenen Daten gesichtet, Informationen massenhaft in einem eigenen Karteikartensystem gefiltert und dann im Sinne der NS-Bevölkerungspolitik ausgewertet werden können. In der Berliner Kirchengemeinde St. Georgen bezog die kirchliche Sippenkanzlei im Februar 1936 mit ihren bis zu 50 Mitarbeitern Quartier. Sie sammelte in ihrer eigens entworfenen «Judenkartei» Informationen und leitete diese an die staatlichen Stellen weiter. Die rassistische Erfassung fand hier ihre kirchlich-professionelle Amtshilfe, so erfolgreich, dass auch der

«Völkische Beobachter» in einem Bericht über die «Kirchenbuchstelle Alt-Berlin» frohlockte. «Hier werden täglich drei, vier Fälle einer nicht arischen Abstammung aufgedeckt.»[87] Das war ein Resultat, das auch die Bamberger Bistumszeitung «St. Heinrichsblatt» zu schätzen wusste. Denn auch die katholische Kirche trage, hieß es dort, durch ihre Tauf- und Ehebücher seit Jahrhunderten dazu bei, «unsere einheimische Rasse» zu schützen. Und heute, im Jahr 1937, würden die Register «als alleinige Zeugen für die arische Abstammung herangezogen». Das unterstreiche, dass die katholische Kirche eben keine «Judenkirche» sei.[88]

In beiden Kirchen gab es nur wenige mutige Stimmen, die wie die evangelische Lehrerin Elisabeth Schmitz den alltäglichen Antisemitismus, das beredte Schweigen und die offene Zustimmung zur Ausgrenzung beklagten.[89] Als Mitglied der Bekennenden Kirche schrieb sie 1935/36 eine aufrüttelnde und klarsichtige Analyse antijüdischer Gewalt und verschickte sie dann an rund 200 Personen. Der große Aufschrei gegen die Verfolgung, den sie sich aus der Bekennenden Kirche erhofft hatte, blieb indes aus. Ihr Bericht über die «Lage der verfolgten Nichtarier» war ein Dokument darüber, dass, wer wollte, auch ohne Geheimkontakte wissen konnte, mit welcher Gewalt die Nationalsozialisten die Juden drangsalierten. Allemal verstörend blieb die Gleichgültigkeit gegenüber dem Schicksal der früheren Kollegen, Vereinskameraden und Kommilitonen.

Auch innerhalb des Katholizismus wussten Klerus und Laien frühzeitig von der Gewalt gegen Juden. Aber richtig zuhören wollte man den Stimmen derer nicht, die sich über die wachsende antisemitische Gewalt und das Schweigen ihrer Kirche beklagten. Mutige Bischöfe wie der Berliner Konrad Graf von Preysing, der sich aktiv für verfolgte Juden einsetzte, blieben in der Minderheit. Der Schutz der jüdischen Mitbürger oder der Protest gegen die «Nürnberger Rassegesetze» hatten aus Sicht der Kirchenoberen keine Priorität. Außenpolitisch eilte das Regime von Erfolg zu Erfolg. Die Revision der Versailler Friedensordnung fand unter den Bischöfen ebenso Zustimmung wie der Kampf an der Seite Italiens im Spanischen Bürgerkrieg. Religionspolitik umfasste das «eigene» Lager, nicht das bedrohter Minderheiten. Auch wenn sich die Bischöfe gegen eine vermeintliche «Verjudung» des Alten Testamtens wehrten, so waren doch antijüdische Vorbehalte ebenfalls im katholischen Milieu verbreitet – die Vorstellung beispielsweise, dass es zwar falsch sei, mit Gewalt gegen Juden vorzugehen, aber doch angemessen, ihren Einfluss in Wirtschaft und Gesellschaft zurückzudrängen.

Deshalb war es nicht nur Angst vor den möglichen Sanktionen des NS-Staates, sondern auch Indifferenz gegenüber dem jüdischen Schicksal, die den öffentlichen Protest so vereinzelt und die Sprache so verklausuliert ausfallen ließ. Die päpstliche Enzyklika «Mit brennender Sorge» vom 21. März 1937 sprach weder von der Judenverfolgung noch von Antisemitismus. Gleichwohl war sie – als Antwort auf das wachsende Klima der Gewalt und der Verfolgung – eine grundsätzliche und außerordentliche Kritik des NS-Regimes, seines Führer- und Rassenkultes, seiner Kirchenfeindschaft und moralischen Hemmungslosigkeit. Das NS-Regime verstand das auf Deutsch verfasste Schreiben als offene Kampfansage und reagierte mit weiteren Restriktionen und Prozessen.

Für den religiösen Alltag der Gläubigen blieb das alles nicht folgenlos. Nach wie vor war Deutschland ein konfessionell geprägtes Land. Immerhin besuchten 1933 noch mehr als die Hälfte der deutschen Katholiken den sonntäglichen Gottesdienst. Katholisch zu sein beinhaltete die regelmäßige Beichte, Tischgebete, Teilnahme an Prozessionen und Einhaltung der Sonntagspflicht. Das schuf ein Umfeld, in das der Nationalsozialismus nicht so leicht eindringen konnte und das länger als das so brutal zerschlagene sozialistische Arbeitermilieu eigene Kommunikationsformen aufrechterhalten konnte. Außerhalb der Milieugrenzen galt es aber auch für Katholiken, ihren Platz im Dritten Reich zu suchen: in der Fabrik, im Büro, in der Verwaltung oder ihrem Geschäft. Katholiken waren nicht einfach nur katholisch, sondern fügten sich täglich ein in das Werte- und Moralsystem des Nationalsozialismus. Es war also durchaus möglich, als treuer katholischer Staatsdiener in Köln oder München an der Ausgrenzung der Juden mitzuarbeiten, zugleich aber seinen eigenen religiösen Alltag durch ein wachsendes Regelwerk staatlicher Restriktionen gestört zu sehen. Solche scheinbar widersprüchlichen Verhaltensformen waren eher die Regel als die Ausnahme und machen es im Nachhinein nicht leicht, mit starren Kategorien die unterschiedlichen Lebenswelten und Selbstwahrnehmungen angemessen zu beschreiben.

Die Zerschlagung wichtiger Milieustrukturen hatte zur Folge, dass sich viele unter klerikaler Führung noch enger um die Pfarrgemeinde scharrten und versuchten, den Verlust organisatorischer Vielfalt durch neue religiöse Praktiken zu ergänzen. Im Bistum Münster beispielsweise standen seit 1935 vermehrt Exerzitien auf dem pastoralen Programm: Einkehrtage, die gerade jungen Männern angesichts von Wehrpflicht und Reichsarbeitsdienst helfen sollten, Zeit für religiöse Innerlichkeit zu finden, und, besonders wichtig, Gemeinschaftsmessen. Angetrieben von einer jüngeren, katholisch-jugendbewegten Generation von Kaplänen, waren diese Gottesdienste der Versuch, Laien stärker als bisher an der Liturgie zu beteiligen. Priester und Gemeinde sprachen zusammen die deutschen – und nicht mehr die lateinischen – Texte der Heiligen Schrift. Die Gebetsrituale zielten nun weniger auf die Frömmigkeit des Einzelnen als auf das gemeinsame spirituelle Erlebnis.[90]

Liturgische Erneuerung und Laienapostolat hatten ihren Ursprung nicht in der Bedrohung der katholischen Verbände durch den Nationalsozialismus, aber der äußere Zwang forcierte doch die Suche nach neuer Orientierung außerhalb der zerschlagenen Verbandsstruktur. Ähnlich verhielt es sich mit Wallfahrten. Sie galten manchem Katholiken gar als «Glaubensfrühling», der es erlaubte, die öffentliche Auseinandersetzung mit dem «Neuheidentum» Alfred Rosenbergs und seines «Mythus des 20. Jahrhunderts» auf die Straße zu tragen.

Religion war jedenfalls in der Diktatur nicht verschwunden, im Gegenteil. Manch apokalyptische Vision und wundersame Erscheinung machte die Runde und ließ die Herzen frommer Katholiken wie im ostfriesischen Heede höherschlagen.[91] Argwöhnisch beobachteten Gestapo und NS-Behörden bereits im Juli 1934 den «nie gesehenen Zulauf» an Wallfahrern. Von bis zu 20 000 Teilnehmern war die Rede. Regelmäßig berichtete das Regime über die Wallfahrten im Bistum, besorgt nicht zuletzt darüber, wie hoch der Anteil der katholischen Arbeiter unter den Gläubigen sei. Ganz offenkundig schien die Zunahme der Teilnehmerzahlen auch eine Antwort auf den Verlust verbandlicher Eigenständigkeit. Das jedenfalls war die Deutung der Polizeibehörden, die hinter öffentlichen Glaubensbekenntnissen und lauten Gebeten «wachsende fanatische kirchliche Demonstrationen»[92] zu erkennen glaubten. Religion konnte jedenfalls immer beides zugleich sein: legitimatorische Stütze und Quell der Unruhe. Die Beziehung zu Gott ließ sich jedenfalls nicht so ohne Weiteres in die weltlichen Kategorien von «Führer» und «Gefolgschaft» pressen.

Träume und Albträume

Die täglichen Zumutungen der Diktatur, die das Wallfahrten erschwerten, reichten weit – und sie fraßen sich früh bis hinein in die Traumwelten derer, die untertags versuchten, sich irgendwie mit den neuen Verhältnissen zu arrangieren. Unmittelbar nach der «Machtergreifung» hatte die jüdische und mit Berufsverbot belegte Journalistin Charlotte Beradt teils über Mittelsmänner und einen befreundeten Arzt etwa 300 Personen privat nach ihren Träumen befragt und die Aufzeichnungen dann ins Ausland geschafft. Sie war auf der Suche nach den individuellen Folgen der totalitären Herrschaft und der intimen Wirkung der Gewalt. Ihre Auswahl war nicht systematisch, kein repräsentativer Querschnitt. Aber sie vermittelt doch eine Vorstellung davon, was die Veralltäglichung der Diktatur erfahrungsgeschichtlich bedeuten konnte. Unter ihren Gesprächspartnern waren Freunde und Bekannte, kleine Selbstständige, auch Unternehmer. Sie alle einte, dass sie keine flammenden Nationalsozialisten waren.[93] Es war vor allem die Bedeutung des Terrors, die Beradt interessierte, die monopolisierte Kontrolle öffentlicher Räume und die wachsende Atomisierung der Gesellschaft, die privaten Rückzug zunehmend unmöglich zu machen schien und selbst die Träume zu beherrschen begann.

Die Träume, die sie sammelte, erzählten Groteskes und Absurdes, Surreales und Fantastisches. In einigen spielten die nationalsozialistischen Führungsfiguren eine Rolle; Hitler natürlich, aber auch Goebbels oder Göring. In den Träumen ging es, wie Beradt in ihrer Auswertung deutlich machte, um das Verhalten des Individuums in der zwangsmobilisierten Gesellschaft der NS-Diktatur. Es ging um die Angst vor Haft, Verfolgung und Denunziation – und auch um die Folgen des Hitlergrußes. Ein der Sozialdemokratie nahestehender, etwa 60-jähriger Unternehmer war eines Morgens schweißgebadet aufgewacht und erinnerte sich dann beklommen an seinen Traum: «Goebbels kommt in meine Fabrik. Er läßt die Belegschaft in zwei Reihen, rechts und links, antreten. Dazwischen muß ich stehen und den Arm zum Hitlergruß heben. Es kostet mich eine halbe Stunde, den Arm, millimeterweise, hochzubekommen. Goebbels sieht meinen Anstrengungen wie einem Schauspiel zu, ohne Beifalls-, ohne Mißfallensäußerung. Aber als ich den Arm endlich oben habe, sagt er fünf Worte: ‹Ich wünsche Ihren Gruß nicht›, dreht sich um und geht zur Tür. So stehe ich in meinem eigenen Betrieb, zwischen meinen eigenen Leuten, am Pranger, mit gehobenem Arm. Ich bin körperlich dazu nur imstande, indem ich meine Augen auf seinen Klumpfuß hefte, während er hinaushinkt. Bis ich aufwache, stehe ich so.»[94]

Für Beradt war dies der Prototyp des «politisch-psychologischen Phänomens» Nationalsozialismus, das sich in den Träumen niederschlug. Ein Sozialdemokrat, öffentlich gedemütigt, vorgeführt, körperlich leidend an der eigenen Demutsgeste. Der Hitlergruß als Distinktionsmerkmal, der Zwang zum volksgemeinschaftlichen Bekenntnis, die Mobilisierung der Betriebsgemeinschaft: All das waren Indizien für jene große gesellschaftliche Transformation, die sich – in der Sprache Beradts – als umfassende Entwurzelung, Selbstentfremdung und «Identitätsverlust» beschreiben ließ. Der Betrieb des Träumenden hatte ursprünglich als Ort sozialdemokratischer Gesinnung gegolten, doch über Nacht war ihm dieser Ort fremd geworden – eine Stätte öffentlicher Erniedrigung und der feindlichen Machtübernahme, erobert von Joseph Goebbels und seinem «Klumpfuß». Aus dem stolzen sozialdemokratischen Fabrikanten – von denen es schon vor 1933 nicht sehr viele gab – war im Traum ein Gebrochener geworden. Obwohl er sich dem Diktat des neuen Regimes – unter Schmerzen zwar, aber dann doch vollständig – unterwarf, wurde ihm als höchster Akt der Zurückweisung die Aufnahme in die Volksgemeinschaft verweigert.

Der böse Traum kehrte bald mit veränderten, bitteren Details wieder: Einmal brach er sich – nach seinem inständigen Versuch, den Arm zum Hitlergruß zu recken – das Rückgrat, ein andermal suchte er in den Gesichtern seiner Beschäftigten und Parteigenossen verzweifelt Rückhalt und fand nur Leere, Hohn und Spott. Im realen Leben hatte der Unternehmer mit solchen Schwierigkeiten, jedenfalls bis zum Beginn des Zweiten Weltkrieges, so viel ist bekannt, nicht zu kämpfen. Er blieb in seiner Position gefestigt. Der Traum hatte sich dennoch, wie er bemerkte, in sein Leben «eingekerbt».

Dass Goebbels oder andere führende Größen des Dritten Reiches Menschen im Traum erschienen, war keine Seltenheit. Klaus

Mann beispielsweise notierte am 21. Oktober 1933 in sein Tagebuch, das voll von Traumnotizen ist: «Geträumt [,] ich sollte mit Goebbels und Göring, die beide ganz munter waren, an einem Tisch sitzen; mit Goebbels ging es noch, aber als Göring kam, stand ich auf.»[95] Offenkundig schienen nicht alle Nationalsozialisten gleich; das galt für Hitler, der immer wieder als «guter» und merkwürdig gütiger Mensch Erwähnung fand, das galt aber auch für besonders umstrittene Figuren wie Göring, der in Klaus Manns Traumwelt als der personifizierte schmierige Nazi-Scherge präsent war.

Einen Hinweis darauf, wie groß der Druck war und wie sehr sich in der Wahrnehmung manches Zeitgenossen die privaten Schutzzonen veränderten, gibt ein weiteres Gespräch, das Charlotte Beradt mit einem Mann mittleren Alters führte: «Ich muß sonntags am Bahnhof Zoo für die Nazis sammeln. Denke mir: Ach was, ich will meine Ruhe haben, nehme Deckbett und Kissen mit, keine Büchse, und tue nichts. Aber nach einer Stunde erscheint Hitler. Er trägt hohe, lackiert glänzende Schaftstiefel wie ein Dompteur, zerknitterte, aber weithin blinkende lila Satinhosen wie ein Zirkusclown. Er geht zu einer Kindergruppe, neigt sich zu ihr mit unechten, übertriebenen Gebärden. Danach wendet er sich in ganz anderer, strammer Haltung zu einer Gruppe Halbwüchsiger. Dann zu einem Kreis alter Jungfern, Typ Kränzchenschwester, da ist er neckisch (ich habe wohl ausdrücken wollen, daß er die verschiedenen Gruppen der Volksgemeinschaft abgrast, immer mit berechneten Gebärden). Mir wird unbehaglich in meiner Lage unter dem Deckbett, ich habe Angst, er wird auf mich als Vertreter der Gruppe derer, die sich schlafend stellen, zukommen und merken, daß ich gar keine Büchse habe. Male mir aber einstweilen aus, was für eine heldenhafte Antwort ich parat haben werde, etwa: ich muß hier sein, aber ich weiß von KZs und bin dagegen. Hitler macht weiter seine Runde. Nanu, die anderen Leute haben gar keine Angst vor ihm, einer behält die Zigarette im Mund, als er mit ihm spricht, viele lächeln??? Meine vorgeschriebene Sammelzeit ist zu Ende. Ich nehme Bett und Kissen und gehe die große Treppe vom Bahnhof hinunter. Unten angekommen, sehe ich hinauf. Hitler steht oben und singt zum Abschluß seines Auftritts aus einer Oper ‹Magika› (so viele nannten das, was er machte, magisch), übertriebenste Gebärden, nur auf Publikumswirkung angelegt. Alles klatscht, er verbeugt sich, rast die Treppe hinunter, die lila Zirkushosen fallen mir nochmals auf (ich hatte am Tage gelesen, lila sei die englische Trauerfarbe, sah ihn also nicht nur als Clown, sondern brachte ihn mit Tod und Trauer zusammen). Aber, ich blicke mich um, wo ist seine berühmte Leibwache, er hat ja nur einen Chauffeur in Zivil bei sich, er geht an die Kleiderablage wie jeder, er wartet geduldig, bis er an der Reihe ist und die Garderobiere ihm seinen Mantel gibt ... Vielleicht ist er gar nicht so schlimm... Vielleicht mache ich mir die Mühe, dagegen zu sein, umsonst. Plötzlich merke ich, daß ich anstelle des Kissens und Deckbettes eine Sammelbüchse in der Hand habe.»[96] Auch wenn solche Traumerzählungen nicht eins zu eins genommen werden können, so lassen sie doch erahnen, wie groß der Druck und auch der schleichende Prozess der Zustimmung, der Integration durch Mobilisierung im Netz der Partei gewesen sein muss. Bemerkenswert war auch die Geschichte der Verwandlung Adolf Hitlers: vom Clown, von der öffentlichen Witzfigur zum charismatischen Herrscher.

Die unterschiedlichen Träume lassen sich als Teil jenes Aushandlungs- und Transformationsprozesses verstehen, der die Zonen des Privaten und des Öffentlichen in der Diktatur neu justierte. In Charlotte Beradts Sammlungen finden sich viele Hinweise auf die umfassende rassistische Transformation der deutschen Gesellschaft nach 1933. Eine 22-jährige nicht-jüdische junge Frau wird im Traum von ihrem vermeintlich jüdischen Aussehen heimgesucht. Eine stark gekrümmte Nase, so ihre Vorstellung, mache sie zur Außenseiterin. In ähnlichen Varianten träumte sie davon, sich für ihre Nase rechtfertigen zu müssen. Einmal legte sie auf einem in Wirklichkeit nie existierenden Amt für den

«Ariernachweis» Papiere ihrer Großmutter vor, die der Beamte dann in einem Akt nationalsozialistischer Amtsgewalt zerriss und ihr entgegenrief: «Na, bist Du jetzt immer noch rein arisch?»[97] In diesem Fall schien die Legitimität der «Rassengesetze» außer Frage zu stehen – und damit auch die administrative Absurdität ihrer Umsetzung. Gerade deshalb war die körperliche Bedrohung allgegenwärtig – so auch die Sorge, aufgrund eines äußerlichen «Makels» nicht mehr zur Volksgemeinschaft zu gehören. Sicher konnte man sich im Dritten Reich offenkundig nicht fühlen. Im «Dunkel der Nacht» konnten aus «Gemeinschaftsfremden» wieder Volksgenossen werden – und umgekehrt.

Bisweilen zeigen die Träume eine geradezu prophetische Kraft: Eine 35-jährige Hausfrau aus Berlin, mit einem deutschen Juden verheiratet, berichtete 1935, vermutlich geprägt durch die antisemitische Gewaltwelle des Jahres, folgenden Traum: «Beim Spazierengehen hören wir ein Gerücht auf der Straße, man soll nicht in seinen eigenen Wohnungen bleiben, es wird was passieren. Wir stellen uns auf die gegenüberliegende Seite der Straße und blicken sehnsüchtig zu unserer Wohnung hinauf, die Jalousien sind vorgezogen, sie sieht unbewohnt aus. Wir gehen zur Wohnung meiner Schwiegermutter, unserer letzten Zuflucht nun; die Treppe rauf, aber da wohnen ganz andere Leute, haben wir uns im Hause geirrt? Wir gehen die Treppe im Nebenhaus hinauf, aber auch falsch, das ist ein Hotel. Wir kommen an einem anderen Ausgang raus, versuchen, zurückzufinden, aber nun läßt sich die ganze Straße nicht mehr finden. Plötzlich glauben wir, doch das Haus, das wir so nötig brauchen, gefunden zu haben, aber es ist wieder das Hotel, das uns schon einmal irregeführt hat. Als sich das entnervende Herumirren zum dritten Mal wiederholt, sagt die Besitzerin des Hotels: ‹Selbst wenn Sie die Wohnung finden, das wird nichts helfen›.»[98]

Über die reale Geschichte der Träumenden ist nichts weiter bekannt. Aber offenkundig war schon 1935 das Thema der Vertreibung aus den eigenen vier Wänden, des Verlusts nachbarschaftlicher Nähe und der körperlich spürbaren Angst vor dem Verlust von Privatheit als Gegenentwurf zur nationalsozialistischen Gemeinschaft ein steter Begleiter; Fiktion, Realität und Prophetie waren in diesen Traumerzählungen so dicht wie in kaum einer anderen Quellengattung miteinander verwoben. Solche Träume hatten sich ins Gedächtnis eingebrannt; sie verwiesen auf die schleichende Verwandlung des Alltags, die Verschiebung der Grenzen zwischen Privatem und Politischem und die denkbaren Optionen unterschiedlicher Verhaltensmuster, die sich aus den Ansprüchen des Dritten Reiches an die individuelle Lebensführung ergaben. Die Träume sagen noch nichts darüber aus, ob es tatsächlich zu einer «totalen Durchdringung» der Gesellschaft kam. Tatsächlich könnte man sie auch als Versuch lesen, gerade im Sprechen darüber Grenzen der Privatheit zu verteidigen. Bemerkenswert bleibt, wie intensiv das Spannungsverhältnis zwischen Individualität und Kollektivität in der Mehrzahl der Träume erlebt und erzählt wurde. Gewalt jedenfalls spielte dabei eine zentrale Rolle und konnte in sehr unterschiedlicher Gestalt auftreten. Das deutet darauf hin, dass das innere Verhältnis zur imaginierten Volksgemeinschaft tatsächlich auch eine individuelle Entscheidungskategorie werden konnte, die die Verhaltensformen in der Diktatur prägte. Das Dritte Reich zog jedenfalls die Grenzen zwischen Privatem und Öffentlichem, zwischen individuellem Vergnügen und kollektiver Konformität neu. Das betraf auch solche vermeintlich unpolitischen Feste wie den Karneval, Fußballspiele oder Schützenfeste.

Feiern, reisen und marschieren

Als wäre nichts passiert, marschierten in den westfälischen Schützenfesthochburgen im August 1933 die Grenadiere und Jäger, die Edelknaben und Artillerie-Corps. Die Bürger in Bielefeld feierten ihr Heimatfest als «Schützenfest der nationalen Erhebung» – und mit Adolf Hitler als Ehren-Schützenkönig.[99] Ab sofort waren neben «den grünen Röcken der Schützen auch die braunen und schwarzen Uniformen der SA und SS und die feldgrauen Röcke des Stahlhelms zu sehen»,[100] wie Bielefelds Oberbürgermeister Paul Prieß verkündete. Das Hakenkreuz rollte im bunten Blumengesteck beim Festumzug mit, die Arme waren zum «deutschen Gruß» emporgestreckt, ein Meer an Fahnen und Girlanden zierte den Prachtboulevard Ostwestfalens. Die Farben waren nicht nur im Weiß-Rot der Schützengesellschaft gehalten, sondern auch im Braun der Partei und im Schwarz-Weiß-Rot der Reichskriegsflagge. Schützenoberst Delius marschierte Seite an Seite mit der SS, dem BDM, der HJ, und die jungen Schützen reihten sich ein. Treueschwur, dreifaches «Sieg Heil» und zum Schluss das «Horst-Wessel-Lied»: Die «neue Zeit» war angebrochen, und das Bürgertum der Stadt wollte nicht abseitsstehen. Das Schützenfest war vielerorts der heimliche (oder nicht ganz so heimliche) Höhepunkt des Jahres. Heimatvereine und lokale Honoratioren, Kirchengemeinden und Musikkapellen bereiteten sich auf ihren Auftritt monatelang vor. Sie polierten Uniformknöpfe, probten Märsche, steckten die Blumen; und das alles im Geiste von «Wehrhaftigkeit», «Gemeinschaftspflege» und «Bürgersinn».

Das Schützenfest war Teil lokaler Selbstvergewisserung und nationales Treuebekenntnis. Das neue Deutschland zeigte Flagge und spielte in seinen Festen noch einmal die rituelle «Machtergreifung» durch. Die örtlichen Honoratioren, Handwerkerinnungen, Vereine und die Partei organisierten den Blumenschmuck und die Festwagen, sie sorgten für das leibliche Wohl, legten die Marschroute und die Zahl der Fackeln fest. Die Konflikte, die es dabei gab, betrafen weniger den Streit um den Charakter der Volksgemeinschaft als Verteilungs- und Machtfragen. Auf den Festplätzen und in Bierzelten suchten NS-Bewegung und nationales Bürgertum den Schulterschluss. Hunderttausende marschierten in diesen frühen Tagen des Dritten Reiches. Die Umzüge beschworen die Zeitenwende: den «Führer», der Erlösung aus der Krise versprach, die Hoffnung auf die Rettung des Mittelstandes, die Beseitigung der Arbeitslosigkeit, das Ende des «Parteiengezänks». Nun herrschten, nachdem in der Weimarer Wirtschaftskrise manches Fest ausgefallen war, wieder Frohsinn und Hoffnung auf den «starken Mann».

Die Feiern des Jahres 1933/34 waren für die Mehrheit der Deutschen, die sich dem neuen Regime verbunden fühlten, gleichsam ein ritueller Moment des Übertritts, ein «rite de passage»,[101] der die Teilnahme an etwas Neuem ermöglichte, ohne die alten Gewissheiten aufgeben zu müssen. Dabei beschreibt der Begriff der «Gleichschaltung» bürgerlicher Vereine und Verbände das Problem nur unzutreffend. Denn die Vereine, so wie die Schützen, sahen sich keineswegs in der Opposition zum Regime. Mancher katholische Schützenbruder erlebte das vor Ort anders und geriet später ins Visier der Gestapo. Aber in ihrer Mehrheit galt der «Führer» den bürgerlichen Honoratioren doch als bestmögliche Antwort in schwierigen Zeiten und Garant gegen den politischen Einfluss der Linken. Den Nationalsozialismus zu unterstützen war also auch möglich, ohne sich selbst als überzeugter Nationalsozialist zu fühlen. Die Schützen- und Dorffeste waren der Ort, das sichtbar zu machen. Solche Feste waren deshalb von so großer Bedeutung, weil sie eben gerade keine reinen Parteifeiern waren und sich auch nicht vollständig dem Rhythmus der NSDAP unterwarfen. Sie behielten ihre regionale Eigenlogik und ihre Zeichen, nun aber ergänzt und erweitert durch ein verändertes Vokabular und neue Mitmarschierer, die neben den Schützen ihren Platz im Zug und in der Bürgergesellschaft beanspruchten. Es war diese feine Balance deutschnationaler und nationalsozialistischer Feiergemeinschaften, die gerade in den Anfangsjahren half, gemeinsam die Geschichte der «alten» Stadt, die bürgerliche Selbstverteidigung, regionale Identitäten und das Dritte Reich zu feiern. Mancher Schützenverein wehrte sich erfolgreich gegen die

Forderung, die eigene Uniform, den eigenen Frack, Schärpen und Schleppsäbel gegen eine einheitliche Uniform einzutauschen. Der Erfolg des NS-Regimes gründete gerade darauf, solche Autonomiezonen zu belassen und gleichzeitig die Mobilisierung weiter zu forcieren.

In einer kleinen Stadt wie dem westfälischen Blomberg, nicht weit von Detmold, konnte man beobachten, wie sehr sich der Nationalsozialismus mit den Jahren seinen Platz im Festkalender eroberte, ohne dass dies zunächst besonders auffiel. Nach wie vor feierten die bürgerlichen Vereine im Jahr 1935 ihre Maskenbälle und Liederabende, der Schützenverein lud zum Tanz, die Gastwirte zum Weinfest, die Jungbauern zum Winterfest und die evangelische Gemeinde zur «Bach- und Händelgedenkfeier». Gerne verwiesen die Redner zur Eröffnung auf die großen Leistungen des Nationalsozialismus, lobten die Verdienste des «Führers» und machten schon den «fleißigen Besuch der Gesangsstunden»[102] zum täglichen Dienst an der Volksgemeinschaft.

Neben die traditionellen traten nun noch weitere Feste, die in der Hand der NS-Organisationen lagen und den Jahreskalender um wichtige Einträge erweiterten: das Konzert für das Winterhilfswerk auf dem Marktplatz, die Saar-Feier, die Aufnahme der Pimpfe in die HJ auf dem Eichberg, die Geburtstagsfeier für den «Führer», das Winzerfest, das die NSDAP gemeinsam mit den Gastwirten veranstaltete, die Heldengedenkfeier am 9. November und natürlich auch der 1. Mai. Die Jugend pflanzte den Maibaum, HJ und BDM versammelten sich, und auf dem Wagen zogen Maikönigin und Maikönig zum Festplatz. Dann tanzte die neue deutsche Jugend Frühlingsfeste, Musik spielte auf, und das Dorf lauschte der Radioübertragung aus Berlin. Aber hauptsächlich ging es schließlich ums Feiern und um das Motto: «Freut Euch des Lebens».

Der «Tag der Arbeit» hatte zuvor im Zeichen der «roten» Arbeiterbewegung gestanden, doch seit 1933/34 gehörte er Hitler und der «Werksgemeinschaft». Aufmärsche gab es noch immer, aber es waren eben Paraden, keine Demonstrationen politischer Opposition. Der 1. Mai war nun der Tag, an dem man, nach dem Umzug, oft den zweiten Teil des freien Tages in den Betrieben verbrachte. Die altgedienten Beschäftigten erhielten dann ihre Auszeichnung für langjährige Betriebszugehörigkeit, der «Betriebsführer» weihte – mit Gottes Segen und geistlicher Unterstützung – neue Maschinen ein, er lobte die betrieblichen Leistungen und besonders engagierte Mitarbeiter; insofern war der 1. Mai auch der Tag für den «Mitarbeiter des Jahres», eine Leistungsschau der Sieger im «Reichsberufswettkampf» und ein Tag des steten Ansporns zu noch mehr Einsatz für Betrieb und Volksgemeinschaft. War dieser Teil der Feier überstanden, so gab es endlich auch Bier, Schnaps, Essen und manchmal auch Pralinen für die Damen auf Kosten des Unternehmens – und dazu sang dann als Begleitung der Werkschor oder auch einmal eine Operettensängerin. Mindestens in der Erinnerung scheinen diese 1.-Mai-Feiern jedenfalls vielen Malochern besser gefallen zu haben als die eher wortlastigen früheren SPD-Kundgebungen.[103]

Die eigene Leistung und die der Gemeinschaft zu feiern stand dabei im Mittelpunkt. Das knüpfte an bestehende betriebliche Traditionen an, ließ aber auch Raum für Neues. In den Festen zwischen 1933 und 1935/36 war jene von Max Weber beschriebene «Veralltäglichung» charismatischer Herrschaft zu beobachten: Nach dem Versuch revolutionärer Umdeutung des Jahres 1933 stand die Legitimation der neuen Ordnung im Vordergrund, ein Prozess, der alte und neue Feierrituale verschmolz und für einen erheblichen Teil der deutschen Bevölkerung große Anziehungskraft besaß – gerade weil es nach den großen «Führerfeierlichkeiten» des Jahres 1933 auf den Schützen-, Heimat- und Stadtfesten mit etwas weniger lautem Parteigebrüll und etwas mehr bürgerlicher Routine weitergegangen war. Aber in der Übernahme und beständigen Wiederholung nationalsozialistischer Deutungsangebote lag ein Moment umfassender Veränderung und radikaler Dynamik.

Das galt auch dort, wo in Deutschland am liebsten geschunkelt und «jebützt» wurde: im Kölner Karneval. An Weiberfastnacht 1936 feierten die Karnevalisten am Rhein erstmals die Amtseinführung des Prinzen als großes Gesellschaftsereignis in der Kölner Messehalle. Kölns nationalsozialistischer Oberbürgermeister ließ es sich nicht nehmen, das Dreigestirn höchstpersönlich auszurufen, der Rundfunk übertrug den organisierten Humor live ins Reich, und eine strenge Marschregie lenkte jeden Jecken durch die prachtvoll dekorierte Halle. Nun durften die Funkenmariechen aber keine Männer mehr sein, darauf hatte Kölns Gauleiter Josef Grohé persönlich gedrängt, und künftig sollte auch die männliche «Jungfrau» im Dreigestirn nicht mehr von einem Mann gespielt werden – zu viel homosexuelle Ausschweifung aus Sicht der NSDAP. Es waren die kleinen Schritte, die den Karneval an die Leine nahmen, teils bereitwillig und mit vorauseilendem Gehorsam übernommen, teils gegen den Widerstand manches Jecken durchgesetzt. Köln als nationalsozialistische Rosenmontags-Stadt ließ ihr Image reichsweit vermarkten, und je länger die Partei in Köln regierte, desto weniger Freiräume blieben dem Einzelnen beim Feiern in den Straßen und Kneipen.

In Köln erhielten die anreisenden Volksgenossen schon am Bahnhof eine Kappe zum Mitfeiern. Auch ein Teil der öffentlich Bediensteten musste die Hütchen tragen. Niemand durfte mehr seine eigene selbstgebaute Tribüne aufstellen, um den Zug anzusehen. Die Nationalsozialisten drängten die Karnevalsgesellschaften, sich einem einheitlichen Dachverband unter Führung des KdF anzuschließen. Wichtig für die NS-Organisation war nicht nur ihr Einfluss auf die logistische Gestaltung der Massenveranstaltung, sondern auch auf die Verteilung der Tickets. Geschunkelt wurde nun für die Volksgemeinschaft. Der NS-Staat tat alles dafür, auch im Karneval eine «neue Zeit» des völkischen Frohsinns anzukündigen – getragen von einem neuen antisemitischen Sound:

«Hurra, mer wäde jetzt die Jüdde los,
die janze koschere Band trick nohm jelobte Land,
mir laachen uns for Freud kapott,
der Itzig und die Sara trecken fott.»[104]

So hallte es 1936 durch die Kölner Gassen und Karnevalssäle. In den Rosenmontagsumzügen zwischen Rhein, Main und Donau rollten zwischen Clowns und Cowboys frisch dekorierte Umzugswagen mit antisemitischer Hetze und volksgemeinschaftlichem «Humor». In Köln hatte sich ein «Palästina-Wagen» das Motto gegeben: «Die Letzten ziehen ab», 1936 «erklärte» ein Wagen die «Nürnberger Gesetze» mit dem lapidaren Satz «Däm han se op d'r Schlips getrodde» und zeigte einen karikierten Juden und einen noch größeren, in Stiefel gekleideten Paragraphen, der bedrohlich nahe rückte.[105] Besonders hässlich war der «Nürnberger Narrenumzug» im Jahr 1938, an dessen Ende eine «Todesmühle» begeisterten Applaus erhielt: ein Galgen, an dem Judenpuppen aufhängt waren und vor sich hin baumelten – ein Schauspiel, das offenkundig für große Begeisterung beim Publikum sorgte.[106]

Einhegung unkontrollierter, berauschter Massen und ein Stück individuellen Vergnügens: Beides schloss sich nicht aus. Im Gegenteil: Das Propagandaministerium selbst gab für den Karneval die Devise aus, dass nur diejenigen «die höchste Leistungsfähigkeit» erreichen und ihre Pflicht für die Gemeinschaft erfüllen könnten, denen auch angesichts ihrer harten Arbeit ein Stück «Lebensfreude» ermöglicht würde. Daran wollte Goebbels mitwirken. Frohsinn als Voraussetzung für den Dienst in der rassistischen Leistungsgesellschaft.[107] Ganz zu packen war der Eigensinn manches Jecken allerdings nicht, und so blieb der Karneval doch, wie in Mainz, bisweilen auch eine Quelle der Unruhe, in der vorsichtige Kritik am Regime geübt wurde – mit drakonischen Strafen als Folge. Spaß jedenfalls verstanden die ansonsten schon nicht besonders humorvollen Nationalsozialisten auch und gerade im Karneval nicht, jedenfalls dann nicht, wenn sich jemand wie der Kölner Büttenredner Karl Küpper immer wieder über den Hitler-Gruß lustig machte. Der Straßenkarneval und seine Emotionen waren ähnlich wie das Massenvergnügen Fußball nicht auf Knopfdruck steuerbar, unterlagen sie doch eigenen Gesetzen, die der NS-Staat zwar durch Disziplinierung, Lenkung und Propaganda zu steuern versuchte, aber eben nicht vollkommen gleichzuschalten vermochte. Volksgemeinschaftliche Fußballeuphorie ließ sich jedenfalls nicht herstellen, wenn die nationalsozialistischen Sportfunktionäre zweitklassige Teams gegeneinander spielen ließen. Der Mutschmann-Pokal, benannt nach Sachsens Gauleiter, fand im April 1934 vor gähnend leeren Zuschauerreihen statt,[108] weil eben nicht die eleganten Kicker von Schalke 04, sondern eine politisch genehme, aber rumplige Auswahl aus dem Saarland aufgelaufen war. Auswahlspiele von Mannschaften aus dem «Heim ins Reich»-Sudetenland fanden in Dresden beinahe unter Ausschluss der Öffentlichkeit statt – Fußballfans jedenfalls wünschten sich lieber lokale Derbys. Da konnte auch die Werbetrommel der Partei nur wenig ändern. Anders war es, wenn der faschistische Bruder die Profis von Lazio Rom schickte. Dann fügten sich der Hitler-Gruß und die Beschwörung der faschistischen «Gemeinschaft» mit den Gesetzen des sportlichen Massenereignisses zusammen.

Andere Massenveranstaltungen fanden indes ganz nach den neuen Regeln statt – und das Regime legte von Beginn an Wert auf die Herrschaft über Bilder, Zeitrhythmen, öffentliche Räume, Symbole, Sprache und Gefühle. Das Ende der Meinungs- und Pressefreiheit stand am Beginn des Dritten Reiches. Das im März 1933 neu gegründete «Reichsministerium für Volksaufklärung und Propaganda» unter Joseph Goebbels war die zentrale staatliche Instanz, die aus einer pluralen Öffentlichkeit eine zunehmend diktatorisch überformte, manipulierte und gleichgeschaltete Medienlandschaft machte, in der für kritische Journalisten und Künstler kein Platz blieb. Der mächtige NS-Presseapparat und die mit ihm geschaffene Reichskulturkammer übernahmen die Macht in Verlagen, Radiostationen und Zeitungshäusern. Seit 1935/36 setzte das Regime parallel zur politischen Konsolidierung darauf, so etwas wie völkische «Normalität» zu inszenieren – mit dem «Genie» Hitler im Mittelpunkt; gleichzeitig verstärkte es seine Hetze gegen Juden und «Gemeinschaftsfremde» und legte damit den Grundstein für die kriegsbereite Volksgemeinschaft.

Einheitlich war die nationalsozialistische Propaganda indes nicht; auch hier konkurrierten ebenso wie auf anderen politischen Feldern unterschiedliche Kräfte und Personen, etwa der Reichspressechef Otto Dietrich, der Chef des Franz-Eher-Verlages, Max Amann, der Stellvertreter des «Führers», Rudolf Heß, oder Alfred Rosenberg neben und unter Joseph Goebbels um Einfluss und Deutungsmacht. Über die Art und Weise, über Ausrichtung und Zielsetzung der NS-Propaganda gab es bis in den Krieg hinein immer wieder erhebliche Konflikte: Wie sollte über «die Juden», wie über England, wie über die USA, wie über Rüstung, Schule und Kirchen, über Streit zwischen Partei und Staat, über das Kulturleben oder das Militär berichtet werden? Deshalb mag es auch nur auf den ersten Blick merkwürdig erscheinen, von einer «Öffentlichkeit in der Diktatur» zu sprechen. Denn damit ist Unterschiedliches gemeint: Die Herrschaft über die öffentliche Meinung war für den NS-Staat nicht nur ein Anliegen unter vielen, sondern zentraler Bestandteil des politischen Selbstverständnisses einer «geführten Volksgemeinschaft». Sensible Gegner des Regimes wie Victor Klemperer bemerkten schon frühzeitig den neuen Kampf um Wörter, die der Nationalsozialismus forcierte; er führte in eine Sprache, die keineswegs völlig «neu» war, sondern deren imperativer Nominalstil viele Zeitgenossen schon aus der Weimarer Zeit kannten – nun zunehmend angereichert durch die militaristische Sprache des Krieges und des Judenhasses. Der «fanatische Antisemit» war kein Schimpfwort mehr, sondern eine Selbstbeschreibung Hitlers, und der Fanatiker ein leidenschaftlicher Nationalsozialist, der für das «Gute» stand. Aus den

«Auslandsjuden» wurden schon in den Anfangsjahren des Dritten Reiches die «Weltjuden» und das «Weltjudentum», und die immer wieder zu lesende Unterscheidung von «arisch» und «nichtarisch» schuf die neue rassistische Wirklichkeit mit.[109] Ähnliches galt für die Inflation des «Völkischen», des «Volkes» und der Volksgemeinschaft, die helfen sollten, Gemeinschaft zu stiften und zugleich andere zu stigmatisieren. Sprache war Teil dieser aktiven Grenzziehung. Alte Wörter verschwanden oder galten, wie die «Demokratie» oder die «Republik», als verkommen; neue Wörter setzten sich durch: Aus dem Juristen wurde der «Rechtswahrer», aus Dienstvorgesetzten kleine «Führer». Alles war zum «Schlachtfeld» geworden; das Konzentrationslager als «Sicherungs- und Erziehungslager» fand Einzug in die deutschen Lexika, und viele biologistische Begriffe machten Karriere, die dem politischen Gegner das Menschliche absprachen und zugleich die wissenschaftliche Bedeutung von «Rasse» und «Art» zu belegen versuchten. Sprache markierte und denunzierte – und sie hüllte die Gewalt in einen Mantel der Harmlosigkeit, wenn von «Sonderbehandlung», «Evakuierung» oder «auf der Flucht erschossen» die Rede war. Die NS-Propaganda verstand sich als Teil einer großen Erlebnis- und Gefühlsmaschine der Massenmobilisierung, in deren Zentrum der «Führer» und seine Erlösungskraft standen. Die faschistischen Bewegungen in Europa hatten diese neuen Formen der Massenmobilisierung bereits in den 1920er Jahren erprobt; im «neuen Deutschland» waren es die seit 1933 in Nürnberg inszenierten Reichsparteitage, die der Welt das strahlende Gesicht völkischer Utopie und der «modernste[n] Demokratie der Welt», wie NS-Pressechef Otto Dietrich sie 1936 genannt hatte, zeigten.[110]

Die Reichsparteitage veränderten im Laufe der Jahre ihren Charakter: Zuerst ganz auf die Partei konzentriert, marschierte seit 1934 auch das Militär, später dann überdies Abordnungen des Reichsarbeitsdienstes und Polizeieinheiten neben den Parteigliederungen wie HJ, SA und SS mit. Wer wo marschierte und wer an den Vorbereitungen welchen Anteil hatte, spiegelte immer zugleich die unterschiedlichen Machtverhältnisse im NS-Staat wider. Hitler griff in die kleinsten Details der Gestaltung ein. Seit 1936 – im Jahr der Olympischen Spiele in Berlin – sollte die sakrale Parteitagsinszenierung nicht zuletzt im Ausland als machtvolle Demonstration gelebter Volksgemeinschaft und Hitlerbegeisterung empfunden werden.

Die NS-Führung nutzte die Veranstaltungen als Chance, die «Bewegung» gegen die Überreste des «alten Staates» in Position zu bringen und ihren eigenständigen Charakter zu verdeutlichen. Der Nationalsozialismus sollte als Zustand permanenter Hochspannung und militärischer Disziplinierung erscheinen, der eine neue soziale Ordnung zu schaffen imstande war. Zur sorgsam komponierten Struktur der Parteitage gehörten – neben Hitlers Erscheinung und Rede zum Schluss – die Vorbereitung und Anreise ebenso wie die Unterbringung in Zeltstädten, die Uniformierung und paramilitärische Zeiteinteilung in Auf- und Abmärsche, Essensausteilung und Freizeitgestaltung. Denn gerade dieser Moment des «Unterwegsseins» spielte für jüngere HJ-Mitglieder eine erhebliche Rolle. Für viele war die Reise nach Nürnberg tatsächlich die erste Bahnfahrt ihres Lebens, Sonderzug um Sonderzug brachte sie zum Reichsparteitagsgelände, um dort den «Führer» zu sehen und mit anderen Nationalsozialisten das Dritte Reich zu feiern. Die Reisen waren für die selektiv ausgewählten Teilnehmer aufregend, ein Ausnahmezustand, aber durch die langen Anmärsche bisweilen auch anstrengend und chaotisch. Hinter den Kulissen gab es immer wieder Streit: um Zuständigkeiten, um die Finanzierung, um die wachsende Zahl an «Ehrengästen», die mit der Partei nichts zu tun hatten, und um die Auswahl derer, die als NSDAP-Mitglieder mit nach Nürnberg fahren durften. Was tun, wenn man beispielsweise als Politischer Leiter nicht die Mindestgröße von 1,70 Meter (bei den Frauen 1,65 Meter) hatte und deshalb nicht beim Fackelzug mitmarschieren durfte?[111]

Dennoch: Wirkung entfalteten nicht nur die Bilder, die Regisseurin Leni Riefenstahl produzierte, sondern ganz offenkundig auch die «persönliche» Begegnung mit Hitler und das gemeinsame Unterwegssein. Die Informanten der SPD trauten der Inszenierung kaum, ihre Einschätzungen blieben widersprüchlich, und obwohl nach ihrer Beobachtung das Interesse der Bevölkerung oft nur mäßig war, konnten sich offenkundig auch Teile der Arbeiterbewegung dem Rausch der Aufmärsche nicht entziehen. Mit Entsetzen hieß es in einem Bericht aus Sachsen im Nachgang des Reichsparteitages von 1937: Kohlearbeiter, die erst kürzlich in die Partei eingetreten waren, seien «wie betäubt» zurückgekehrt. Sie wollten zwar nach wie vor keine Nazis werden, so jedenfalls erzählten sie es dem Sopade-Berichterstatter, «aber solche Massenaufmärsche, solche Organisationsleistungen» seien «wie Hypnose». Diese Machtdemonstration trage dazu bei, «jeden Glauben» daran zu verlieren, «daß dieses System noch einmal gestürzt werden» könne. «Insbesondere», so notierte der SPD-Mann nach dem Gespräch mit den Kumpeln, «hatte der gemeinsame Marsch von reich und arm, Vorgesetzten und Gefolgsleuten Eindruck gemacht. Diese scheinbare Kameradschaft gibt eine gute Reklame für die ‹Volksgemeinschaft› ab.»[112]

Auch die Begegnung mit ausländischen Staatsgästen, allen voran mit Italiens Duce Benito Mussolini, bot Hitler und der NS-Bewegung Gelegenheit, sich in Szene zu setzen und alles an blitzenden Uniformen, strammen, hochgewachsenen SS-Männern und Parteikadern aufzubieten, was beispielsweise die «Hauptstadt der Bewegung» zu bieten hatte. Hier lief die Feiermaschinerie besonders hochtourig, und hier gedachte der Nationalsozialismus am 9. November der «Gefallenen der Bewegung» vor der Feldherrnhalle ebenso wie der «Deutschen Kunst». Offenkundig schien es diese «Wucht der Veranstaltungen» zu sein, die selbst dem Regime gegenüber Distanzierte durch das schiere Ausmaß des pompösen Aufmarsches für sich einnahm. Über ein Gespräch mit einem grantigen Hausbesitzer, der gegenüber den Nationalsozialisten und dem Duce gleichermaßen voller Vorbehalte war, notierte ein Sozialdemokrat: «Als Mussolini kam, ging selbstverständlich auch er auf die Straße, um ‹ein bissl zu schauen›. Aber noch während er schimpft und in die Stadt pilgert, vollzieht sich in seinem Inneren sichtlich eine Wandlung; er fängt an zu staunen. Er staunt über die mächtige Wirkung der Dekoration, und wie riesig schnell das alles fertig geworden ist, und den ganzen Hauptbahnhof haben sie ausgeräumt, und die riesigen Fahnenmasten, und wie man das nur so schnell herbringt. Und diese Farben und diese Girlanden und diese SS, woher die nur gerade so schnell gekommen ist. Er ist erschlagen von diesem Schwung und dieser Aufmachung. [...] Und dann der Augenblick, wo Mussolini da ist. Der Mann sieht ihn einen Augenblick im Auto vorüberfliegen, aber das hat ihm genügt, um zu urteilen: ‹Anders schaut er aus, unser Hitler. Nicht so eingebildet und so frech wie Mussolini. Der ist mir unsympathisch [...]› Und dann ging das Bewundern und Staunen über die imponierende Aufmachung und Organisation von neuem los.» Ein Berichterstatter hatte das alles im gleichen Jahr auf die einfache Formel gebracht: «Das Volk schimpft, steht und staunt.»[113]

Die vielbeschworene Achse Rom–Berlin war indes mehr als in den Nachthimmel projizierte Propaganda. Hitler bewunderte den Duce, und angesichts des Spanischen Bürgerkrieges und des italienisch-deutschen Engagements aufseiten der Putschisten unter General Franco bekam die Vision deutsch-italienischer Waffenbrüderschaft im Kampf gegen den «Bolschewismus» durchaus realen Gehalt. Dass die NS-Bewegung die Nase gegenüber Rom allzu hoch trug, war vielfach erst ein Ergebnis des Krieges. In den späten 1920er und 1930er Jahren schauten deutsche Nationalsozialisten und konservative Intellektuelle auch deshalb begeistert nach Italien, weil sich hier einiges darüber lernen ließ, wie ein neuer faschistischer Staat geschaffen und die demokratische Ordnung besiegt werden konnte. Mochte auch nicht alles glänzen, so war doch auch überall Respekt vor dem in Italien Erreichten spürbar. Das galt für die neue Staatsjugend ebenso wie für Fragen von Kunst und Kultur und auch für so neue Techniken der «Gegnerbekämpfung», wie die deutsche Polizei sie aus Abessinien und dem dortigen «Rassekrieg» nach Berlin importierte. Besonders die Frage, wie sich künftig die hart arbeitenden faschistischen Arbeiter erholen und für den neuen Staat gewonnen werden könnten, trieb beide Seiten um. Dafür hatten die italienischen Faschisten bereits 1925 mit der Freizeit- und Massentourismusorganisation «Opera Nazionale Dopolavoro» eine Einrichtung geschaffen, die moderne Elemente betrieblicher Sozialpolitik aufgriff und zugleich die Tradition gewerkschaftlicher Freizeitgestaltung zu zerschlagen versuchte. Die neue, durch den Kampf um den Acht-Stunden-Tag erreichte freie Zeit – sie galt es neu zu formen. Viele europäische und amerikanische Sozialpolitiker verstanden Freizeit nicht mehr einfach als bloße Erholung vom Arbeitsleben. Freizeit – das sollte Teil eines veränderten Lebensrhythmus im Zeitalter der Massenproduktion sein, und das hieß: mehr Konsum, mehr betriebliche Unterstützung und rationelle Arbeitsmethoden, zugleich aber auch der Verzicht auf revolutionäre Umgestaltung des Kapitalismus und die Integration der Arbeiter in das neue Lebensmodell. Dazu gehörte der Sport ebenso wie Musik, Wohnen, Reisen oder die Parzelle, auf der man sein Gemüse anbauen konnte. Insofern lag die faschistische Freizeitpolitik ganz im Geist der Zeit. Schließlich setzten auch die schwedischen Sozialdemokraten der 1930er Jahre auf eine produktive Freizeitgestaltung des Einzelnen, mit Studienzirkeln und Heimwerkerclubs.

Doch während sozialistische Sozialreformer auf die freiwillige Partizipation des Individuums setzten, stritten die faschistischen Experten daheim und auf der internationalen Bühne für ihr antisozialistisches Programm, in deren Mittelpunkt Partei und faschistischer Staat und die sozial zwangsbefriedete, rassisch homogene Volksgemeinschaft standen. Die Vorstellung, es habe lediglich zwei Wege aus der Krise der 1920er Jahre gegeben, einen diktatorischen und einen demokratischen, ist indes trügerisch. Gerade das Beispiel Schweden zeigt, dass auch demokratische Ordnungen auf Instrumente totaler gesellschaftlicher Durchdringung setzten und mit ihnen die Ambivalenzen der Moderne zu lösen versuchten. Die Idee der Volksgemeinschaft war jedenfalls nicht allein nationalsozialistisch. Vorstellungen von «Gemeinschaft», von Familie und nachbarschaftlichen Zellen als organischen und natürlichen Einheiten fanden sich auch im schwedischen Konzept des «Volksheims», allen voran mit der Idee eines starken, zentralen Staates mit umfassenden Eingriffsrechten in familiäre Beziehungen. Und doch basierten die Kompetenzen auf demokratischen Willensbildungsprozessen; sie mussten sich öffentlich legitimieren und fußten nicht auf rassistischer Gewalt.

Die italienischen Erfolge in der Massenmobilisierung strahlten weit nach Europa aus und standen auch bei der Gründung des deutschen Pendants, der zur DAF gehörenden Organisation «Kraft durch Freude» (KdF), Pate. Es gab Unterschiede im Detail – die Erfassung nach Betrieben, die Zwangsmitgliedschaft aller DAF-Mitglieder. Aber die Fluchtpunkte waren ähnlich: Im Kampf um die Herzen der Arbeiter sollten die neuen massentauglichen Freizeitaktivitäten, die Ausflugsfahrten, Wanderungen, Reisen und Bildungsangebote die entrechtete Arbeiterbewegung entschädigen und ihr das Gefühl geben, das Dritte Reich mache tatsächlich Schluss mit den bornierten bürgerlichen Privilegien.

Urlaub mit dem KdF – das war, selbst wenn nicht immer vordergründig Propaganda eine Rolle spielte, doch von der Erwartung begleitet, dass sich der Arbeiter von den – seit 1936 steigenden – Arbeitszeiten erholen würde, um den Belastungen nicht nur am Arbeitsplatz, sondern auch im möglichen militärischen Ernstfall gerecht zu werden. Auch der Feierabend gehörte nicht mehr den Volksgenossen – in der Freizeit gab es eine Pflicht zur schnellen Erholung. Schließlich sollten die Arbeitnehmer nach ihrer Rückkehr in die Betriebe wieder neue Spitzenleistungen vollbringen, um Deutschland wehrfähig zu machen. Auch im Urlaub sollten die deutschen Arbeiter «der Stirn und der Faust» Bella Figura machen, nun an den Stränden Capris und Madeiras. Volksgenossen auf Reisen – das waren immer auch Botschafter des «neuen Deutschland», hart arbeitende Männer und Frauen, die sich für das Dritte Reich krumm machten, dafür aber belohnt wurden. So malte es jedenfalls die nationalsozialistische Propaganda.

Tatsächlich war die Volksgemeinschaft unterwegs – und so stieg die Zahl der Teilnehmer aller KdF-Programme von 1934 bis 1938 von rund 2,6 Millionen auf über 10 Millionen.[114] Mit dem Luxusdampfer Richtung Capri oder Lissabon: Das schien jetzt für alle möglich, und damit die Volksgemeinschaft auch auf hoher See Wirklichkeit werden würde, hatte die KdF die alten Bordklassen aufgehoben und bessere Kabinen unter den Reisenden verlost. Nur: 99 Prozent der deutschen Arbeitnehmer kamen nie in den Genuss eines kühlen Getränks auf hoher See oder eines eleganten Captains-Dinner. Die meisten Deutschen hatten weder das Geld noch so lange Urlaub, um sich für eine der 14-tägigen Reisen zu bewerben. Robert Leys vollmundig verkündete Vision eines drei- bis vierwöchigen Urlaubs blieb nichts als heiße Luft; sechs Tage Mindesturlaub und zusätzlich, je nach Betrieb und Alter, weitere ein bis zwei Wochen standen den Arbeitnehmern in der Regel zu. Der NS-Staat gewährte seinen Arbeiterinnen und Arbeitern Urlaub, oft mehr, als es zuvor gab, aber ein individuelles Recht leitete sich daraus nicht ab. Von einer «Demokratisierung» des Reisens unter faschistischen Vorzeichen kann also keine Rede sein.

Strandkorb und Skipiste blieben auch im Dritten Reich vor allem ein bürgerliches Vergnügen. Ein Vertrauensmann der Sopade notierte über eine der gediegenen KdF-Winterreisen: «Schon an der Ausgangssituation, vor Abgang des Zuges, kann man sich nur immer wieder über die Zusammensetzung des Publikums wundern: auffallend schöne und kostspielige Wintersportbekleidung, viele Pelzmäntel. Nirgendwo jemand, der aus dem Arbeiterstand zu stammen scheint. Und wirklich, wenn ich mir durch den Kopf gehen lasse, welche wirtschaftlichen Positionen meine bisherigen zufälligen KdF-Kameraden hatten – aus welchen Berufen und Kreisen stammten sie? Bessere ‹höhere› Töchter, Privatsekretärinnen, ein Oberingenieur, ein Apotheker nebst Gattin, eine Juweliersgattin, der Besitzer eines Pelzgeschäftes, der Inhaber einer gutgehenden Wirtschaft, mehrere selbständige Kaufleute, meist Autobesitzer, ein städtischer Bühnenregisseur, mittlere und höhere Beamte, kaufmännische Angestellte in guter Position. Ab und zu mal ein kleiner Angestellter, der sich mühselig sein Geld für die Fahrt zusammengespart hatte, niemals ein Arbeiter in den ganzen Jahren.»[115]

Darüber ließ sich vortrefflich meckern. Für die kleinen Angestellten und Arbeiter blieb die Kreuzfahrt ein Traum; realer waren da schon die kürzeren Ausflüge und Kurzreisen, die die Mehrheit des KdF-Tourismusprogramms ausmachten und auch für kleinere Geldbeutel erschwinglich waren. Beim Ausflug mit dem KdF-Sonderexpress in den Schwarzwald oder zum Oktoberfest nach München waren selbst frühere Sozialdemokraten mit einem Mal «hoch befriedigt» über diese einmaligen kostengünstigen Angebote. Früher waren sie mit den «Naturfreunden» unterwegs gewesen, nun mit der KdF – und das zu unschlagbar günstigen Preisen. Solche Reisen ließen offenkundig, wie es ein Vertrauensmann der Sopade notierte, das Herz «des kleinen Mannes» höherschlagen, «der auch einmal herauskommen und an den Genüssen der ‹Großen› teilnehmen» sollte. Damit würden, wie es in der klassenbewussten Sprache der alten Genossen hieß, «die kleinbürgerlichen Neigungen der unpolitischen Arbeiter» und die Suggestion befriedigt, auf «der sozialen Stufenleiter eine Sprosse höher gekommen» zu sein.[116] Wirkung hatte dies ganz offenkundig auch für viele, die bis dahin mit den alten Wandergruppen der Arbeiterbewegung in die Berge gefahren und bisweilen darüber erstaunt waren, dass die Fahrten oder die Schwimmkurse der KdF keineswegs etwas «Nationalsozialistisches» hätten, sondern man hier einfach viele Freunde von früher aus der Arbeiterbewegung treffe. «Heil Hitler» hörte man hier bisweilen seltener,[117] und es war durchaus möglich, dass die Versuche, Arbeit und Freizeit im Sinne des Regimes miteinander zu verschmelzen, gezielt unterwandert wurden.

Dass die KdF-Fahrten und Sportaktivitäten trotz allem für viele so attraktiv waren, lag wohl auch daran, dass trotz aller politischen Überfrachtung Raum blieb – oder sich die Volksgenossen diesen Raum selbst nahmen –, um sich zu vergnügen und auf den Reisen fröhliche Zerstreuung vom Arbeitsalltag zu finden. Sichtlich indignierte Sopade-Vertrauensleute berichteten immer wieder über heftige Alkoholexzesse, auch davon, dass auf den Schiffsfahrten Richtung Madeira «die Erotik wahre Triumphe feierte»[118] oder sich manch Wohlbetuchter deshalb von KdF-Reisen fernhielt, weil es hier doch allzu proletarisch zuging. KdF-Touristen würden, so hieß es, «wie die Heuschrecken über einen Ort» herfallen, «sich sinnlos» besaufen und «nachts einen greulichen [sic] Lärm» machen.[119] Nichts für feine Leute!

Auch in anderer Hinsicht deuten die Reiseaktivitäten der Volksgenossinnen und Volksgenossen darauf hin, dass es neben all den Formen der Mobilisierung auch Restzonen des Privaten gab. Denn KdF-Reisen waren immer nur ein kleiner, wenn auch wichtiger Bestandteil des deutschen Tourismus der Vorkriegszeit. 1938 lag der Anteil der von der KdF organisierten Übernachtungen bei sieben Prozent;[120] trotz der Unschärfe der Statistik war jedoch klar, dass auch der private Tourismus während des Dritten Reiches keineswegs zum Erliegen kam, sondern – ganz im Gegenteil – stetig wuchs. Die deutschen Reisebüros konnten sich über mangelnde Nachfrage nicht beschweren und versuchten ihre Angebote – neben den staatlichen Programmen – weiter auszubauen. Der Trend zum individuellen Reisen ließ sich noch an anderen Faktoren ablesen, an steigenden Übernachtungszahlen in Jugendherbergen und der Nachfrage nach Zeltplätzen. Individuelles Reisen und volksgemeinschaftliches Versprechen, Mobilisierung und privates Vergnügen schlossen sich also nicht aus. Eine wirkliche Urlaubsidylle gab es für den, der hinschaute, sowieso nicht: Viele Kurorte hatten von sich aus und ohne staatlichen Druck ihre Badeanstalten stolz für «judenfrei» erklärt. Die «Sommerfrische» – darauf sollten nur mehr «Arier» ein Recht haben. Ob auf Sylt oder auf Norderney: Die kommunalen Behörden in Deutschland, nach 1938 auch in Österreich, scheuten sich nicht, in einen Wettbewerb darum einzutreten, wer als Erstes den jüdischen Gästen die Türen verschloss.[121]

Für die Außendarstellung des Dritten Reiches waren die Reisen Teil faschistischer Kooperationen und germanischer Träume. Die USA gehörten nicht zu den Verbündeten, und doch spielte Amerika in den Sehnsüchten und Projektionen, Abwehrreflexen und Visionen der Deutschen eine erhebliche Rolle.[122] Ob Film oder Musik, Wirtschaft, Wissenschaft oder Technik – das Dritte Reich (und auch Hitler persönlich) verfolgten, was in den USA vor sich ging. Nach 1933 breitete sich indes – zumindest bis zum Kriegseintritt der USA 1941 – zunehmend das Gefühl aus, das nationalsozialistische Deutschland habe die «Gefahren» des Amerikanismus per se bereits überwunden, und man brauche sich nicht mehr allzu sehr vor dem schlechten kulturellen Einfluss zu fürchten. Ein einheitliches Bild war das nicht, Faszination und Abscheu prägten die Diskussionen um den amerikanischen «way of life», über freizügige Frauen, turmhohe Wolkenkratzer, Verbrecherbanden und schier unerschöpfliche Bodenschätze. Hitler hielt die führenden amerikanischen Techniker allesamt für «schwäbisch-allemanische Menschen»[123] und damit für Menschen vom selben Blut wie seine Volksgenossen, wie er seinen Getreuen bekundete. Deshalb waren die fordistische Massenkonsumgesellschaft und ihre neuen Fließband- und Produktionssysteme bei den Experten der Deutschen Arbeitsfront (DAF) genau bekannt und wurden intensiv diskutiert. Für den antisemitischen Automobilfabrikanten Henry Ford konnte sich Hitler ebenso begeistern wie die Ingenieure der Großindustrie. Amerikanische Technik, Wohlstandsversprechen, Gemeinschaftsutopie und Rassismus ließen sich durchaus verbinden. Es war die nationalsozialistische Variante der Modernisierung. Das kapitalistische und liberale Amerika schien damit als Antipode volksgemeinschaftlicher Ordnung, ein Hassobjekt kultureller Dekadenz und «jüdischen» Einflusses. Gerade diese antisemitischen Deutungen der USA erhielten bis Kriegsbeginn immer mehr Gewicht. Dazu trugen – über Umwege – auch die Ableger der NSDAP in den USA und in den lateinamerikanischen Ländern bei, die im Laufe der 1920er Jahre entstanden waren und die ihr Kampf gegen die vermeintliche jüdische Verschwörung einte. Der Schlachtruf «Ein Volk, ein Reich, ein Führer» galt für Übersee, er galt aber umso mehr noch für die imperiale Sehnsucht nach dem «Großdeutschen Reich», das mit dem «Anschluss» Österreichs am 13. März 1938 ein gutes Stück näher gekommen zu sein schien.

III.

Kriegerische Volksgemeinschaft

Pogrom und Partizipation

Als Hitler mit Panzern, Soldaten und Polizeieinheiten im Rücken am 12. März 1938 über Braunau zuerst nach Linz und dann, zwei Tage später, weiter nach Wien fuhr, schlug ihm vielerorts eine Welle der Begeisterung entgegen. Kirchenglocken läuteten, jubelnde Menschenmassen säumten seinen Weg, die Plätze waren voll, um den heimkehrenden «Führer» zu hören, und als Hitler nach dem großen Aufmarsch wieder in sein Hotel fuhr, begleiteten ihn Sprechchöre wie: «Lieber Führer, bleib doch stehen, wir wollen Dich so gerne sehen.»[1]

Auf den großen Straßen wurde gejubelt – und in den Gassen verprügelte man Juden und zwang sie zur Straßenreinigung. Die Tage und Stunden des «Anschlusses» waren begleitet von heftiger antisemitischer Gewalt, von prügelnden SA-Männern und applaudierenden Nachbarinnen und Nachbarn. Hitler-Jungen und kleine Pimpfe sperrten den Platz und überwachten, ob, wie in Wien, jüdische Frauen und Männer die Straße mit den viel zu kleinen Bürsten oder Lappen, die man ihnen in die Hand gedrückt hatte, auch ordentlich schrubbten. Von hinten drängelten die Schaulustigen, um sich die besten Plätze zu sichern. Ein Spektakel, das sich vielerorts im neuen «Großdeutschen Reich» wiederholte. Das war es, was «Ein Volk, ein Reich, ein Führer» wirklich bedeutete.

In Linz hatte die SA noch vor Hitlers Eintreffen jüdische Geschäfte überfallen, und kurz nachdem Hitler die Stadt wieder verlassen hatte, beschlagnahmte die Gestapo Skihütten, Motorboote, Sportheime – alles, was sich in jüdischem oder anderweitig «staatsfeindlichem» Besitz befand.[2] Die SA überfiel jüdische Geschäfte, enteignete jüdischen Besitz, prügelte und demütigte auf offener Straße, nahm Sparbücher und Wohnungen weg und fiel systematisch über Waren, Schmuck und Kunstwerke her. Die Gewalt gegen Juden zählte ebenso zur Geschichte des «Anschlusses» wie die massive militärische Bedrohung durch die Hitler-Regierung. Denn die Ausschreitungen der SA und das selbstbewusst-brachiale Auftreten der bis dahin vielerorts noch verdeckten NSDAP-Aktivisten waren Teil einer revolutionären Bewegung, die den alten Staat gleichsam von innen aushöhlte und die Macht an sich riss. Am Wiener Ostbahnhof standen vor den Zügen in diesen Nächten lange Schlangen derer, die wie viele Juden und Sozialisten nicht schnell genug aus Wien hatten fliehen können, bevor sie mithilfe der eigens aus Berlin bereits am 12. März eingetroffenen SS- und Gestapo-Experten aufgespürt und verhaftet wurden.

Heinrich Himmler, Reinhard Heydrich und Kurt Daluege waren persönlich gekommen, um die österreichische Polizei mit den Fragen von Verfolgung und «Schutzhaft» vertraut zu machen – Wissen, das die neuen Beamten des «Großdeutschen Reiches» gerne aufnahmen. Überzeugt jedenfalls mussten weite Teile der österreichischen Beamten nicht werden, sich in den Dienst des Führerstaates zu stellen. Hitlers Druck auf die autoritäre Regierung Kurt Schuschniggs hatte seit 1935/36 beständig zugenommen; die Annäherung zwischen Berlin und Rom schwächte Österreich ebenso wie die fehlende Hoffnung auf Unterstützung aus Frankreich oder Großbritannien. Zusätzlich hatte die österreichische NS-Bewegung – mithilfe deutscher Unterstützung –

ihre Machtbasis zwischen Wien, Linz und Graz beständig erweitern können. Indem sie die Nationalsozialisten zu integrieren versuchte, hatte sich die Regierung Schuschnigg selbst erheblich geschwächt, und der Einmarsch der Wehrmacht schuf nun für die NSDAP den Raum, das Heft des Handelns in die Hand zu nehmen. Das hieß vor allem: Gewalt und Massenmobilisierung, unterstützt durch Bürokratie und Polizei. SS und NSDAP besetzten gleichsam über Nacht Regierungsgebäude, und bis dahin wegen illegaler NS-Aktivitäten zwangspensionierte Verwaltungsbeamte übernahmen nun wie in Kärnten die Regierungsgeschäfte. Vereinzelt kam es zu Zusammenstößen mit Gewerkschaftern und Sozialdemokraten, doch waren die Genossen offenkundig auch hier von der Geschwindigkeit und dem hohen Grad an Zustimmung vor allem unter jungen Österreichern überrascht. So konnte man in Graz, Linz und Klagenfurt gar nicht so schnell schauen, wie die neuen Machthaber Straßen umbenannten, die alten ständestaatlichen Symbole entsorgten und auf den neuen «Adolf-Hitler-Plätzen» aufmarschierten. Der Wiener Eislauf-Verein schickte im März 1939 ein lautstarkes Bekenntnis nach Berlin, seine «weltbekannten Schnellläufer» in den Dienst Deutschlands stellen zu wollen. Als «deutschvölkische Menschen» freue man sich darüber, wieder in die «angestammte große deutsche Heimat» zurückkehren und «den nationalsozialistischen Sportideen dienen» zu dürfen.[3]

Zwar erfolgte der «Anschluss» auf massiven deutschen Druck. Aber Hitler und seine Generäle und Polizeiführer waren von der großen Sympathiewelle doch überrascht, die ihnen entgegenschlug. Der Nationalsozialismus hatte in Österreich sein eigenes Fundament, das nicht zuletzt auf seinem radikalen Antisemitismus basierte. Dass die Volksabstimmung über die Vereinigung von Deutschem Reich und Österreich am 10. April 1938 mit einer über 99-prozentigen Zustimmung erfolgte, lag nicht nur an der Manipulation durch den neuen, von Hitler ernannten Gauleiter Josef Bürckel oder an den Prügeln, die es vor den Wahlkabinen von SA-Leuten setzte. Das alles hatte es gegeben: Verfolgung der politischen Opposition, Einschüchterung und Hetze. Aber die Vorstellung, Teil des «Großdeutschen Reiches» zu sein, war einem erheblichen Teil der österreichischen Gesellschaft nicht fremd – im Gegenteil. In der Zwischenkriegszeit gehörte die Vereinigung Deutschlands und Österreichs in fast allen politischen Lagern zum politischen Programm, und erst die «Machtergreifung» der Nationalsozialisten änderte dies zumindest punktuell. Gleichwohl blieb der Traum vom «alten Reich» gerade im konservativ-katholischen Lager und auch bei manchem Sozialdemokraten allgegenwärtig. Das ständestaatlich-autoritäre Regime hatte es anders als das durch die Rüstungskonjunktur «satte» Deutschland noch nicht geschafft, den Schein wirtschaftlicher Erholung aus den Krisen der 1920er Jahre zu vermitteln.

So erschien einem erheblichen Teil der Österreicher der «Anschluss» als ein vernünftiger Wechsel auf die Zukunft. Das galt auch für viele Katholiken, die sich dem neuen Regime ebenso andienten wie mancher Sozialdemokrat. Lachende und jubelnde Menschenmassen – diese Bilder waren keineswegs nur Propaganda, sondern spiegelten die bei einem erheblichen Teil der Bevölkerung vorhandene Sehnsucht nach dem «großen Führer» wider, der dazu auch noch aus Oberösterreich stammte und in seinen Reden davon fabulierte, dass ihn die «Vorsehung» endlich heimgeführt habe und sich das Schicksal der Nation erfüllen werde. Am Tag der Abstimmung hieß es für weite Teile Österreichs: Volksfeststimmung! Ein Villacher Eisenbahner schrieb seiner Schwester in der Schweiz nach der Wahl: «Bei uns, bei der Bundesbahn waren es zwölf solcher Juden und Ausländer, die nur ihre Säckchen gefüllt haben und dann gegangen sind. Diese Zeit ist vorbei. Bei uns in Deutschösterreich gibt es nur glückliche und zufriedene Menschen, deshalb ist die Wahl mit 100% für Hitler ausgegangen. Heil Hitler!»[4] Eine «neue Zeit» war in der Tat angebrochen, aber dies bedeutete eben nicht nur «glückliche und zufriedene Menschen».

Nur wenige Monate später, Hitler hatte sich in der Zwischenzeit für seine «friedliche» Revision des Versailler Vertrages feiern lassen, ließen Hitler-Jugend, SA und Parteikader ihrem antisemitischen Hass freien Lauf. Aus dem hessischen Bebra berichtete Gerda Kappes über die Ausschreitungen am 7. und 9. November 1938 an ihre Schwiegermutter: «In der Nacht vom Montag auf den Dienstag waren verschiedene Fanatiker der Partei in die Judenhäuser eingedrungen, haben die Juden aus den Betten geholt und alles kurz und klein geschlagen. Alle Möbel umgekippt, Porzellan, Glas, Fensterscheiben, überhaupt alles Erreichbare umgekippt und kaputt geschlagen. Vorhänge abgerissen, Stoffe und auch zum Teil Lebensmittel umhergeworfen, elektrische Lampen und Birnen, sogar die Lichtleitung kaputt geschlagen.»[5] Die ganze Nacht hörte sie den Klang berstender Glasscheiben, vermutlich war die halbe Stadt auf den Beinen. Gott sei Dank, dass die Wohnung der Schwiegermutter noch heil war. Denn auch in ihrem Haus hatte ein «Jud» gewohnt. Und der stand nun, wie Gerda berichtete, «inmitten der Trümmer». Nichts war mehr so wie vorher: Die Fensterkreuze waren fort, Türen gab es keine mehr, «ein Bild des Entsetzens und großen Jammers. Nachmittags sind dann die Juden alle von hier weg, sie mußten wohl auch, denn sie konnten sich ja nirgends aufhalten, noch nicht einmal ein Bett war ja noch ganz.»

Was sich hier vor den Augen der Bevölkerung in Bebra abspielte, geschah zeitgleich an Hunderten anderen Orten im Reich. Die «Reichskristallnacht», wie sie von Zeitgenossen euphemistisch genannt wurde, war ein öffentliches Pogrom; ein (vorläufiger) Höhe- und Wendepunkt antisemitischer Gewalt im Deutschen Reich. Wie Gerda Kappes sahen Tausende Deutsche, wie die Wohnhäuser ihrer Nachbarn und die Auslagen jüdischer Geschäfte in den Nächten zwischen dem 7. und 8. sowie dem 9. und 10. November geplündert, Synagogen in Brand gesteckt und jüdische Altenheime verwüstet wurden. Dabei gingen keineswegs nur Scheiben zu Bruch, sondern viele Juden mussten um Leib und

Leben fürchten – oder beendeten es selbst wie der Wiener Arzt Samuel Lampl. Im Bericht des Wiener Polizeipräsidenten stand dann als Motiv für den Suizid nur lapidar: «angebl. aus Kränkung» über die am 10. November erfolgte Hausdurchsuchung habe sich Lampl erhängt.[6]

Der erste Impuls ging wohl zunächst von unten aus – von NSDAP-Ortsgruppen und Kreisleitern, von SA und Hitlerjugend, «verschiedene Fanatiker», wie Gerda Kappes sie genannt hatte. Sie hatten das Attentat des jüdischen Jugendlichen Herschel Grynszpan auf den deutschen Diplomaten Ernst vom Rath in Paris am 7. November als Vorwand genutzt, um zuzuschlagen. Hitler hatte allerdings ausdrücklich seine Zustimmung zu den antijüdischen Aktionen gegeben und in München, wo sich am Abend des 9. November die NS-Spitze getroffen hatte, der Polizei befohlen, seine Rollkommandos gewähren zu lassen. Goebbels hatte mit einer flammenden antisemitischen Hetzrede den Parteifunktionären das Signal zum Zuschlagen gegeben, die dann in höchster Eile zu den Telefonen liefen und ihre Interpretation der Goebbels-Rede und des «Führer-Auftrages» an die Parteibasis weitergaben – allein in Berlin warteten bereits rund 10 000 SA- und SS-Angehörige darauf, unterstützt von der Hitlerjugend, endlich wieder einmal rücksichtslos zuschlagen zu können.

Göring und Himmler reagierten auf die ersten Berichte mit Skepsis gegenüber dieser Form der Gewalteskalation; nicht aber, weil sie die Juden mit mehr Nachsicht behandelt sehen wollten, sondern weil es, wie Göring glaubte, zu «volkswirtschaftlich unsinnige[r] Zerstörung von Sachwerten»[7] komme, die beendet werden müsse. Gewalttätige Übergriffe hatte es seit der «Machtergreifung» (und schon davor) immer wieder gegeben, in Österreich nach dem «Anschluss» vom 12. März 1938 und dann, mit besonderer Intensität, im Mai und Juni. Insofern gab es eine Kontinuität der Gewalt gegenüber Juden. Aber Ausschreitungen und offene Verfolgung wie in den Tagen im November? Das ging selbst über das hinaus, was die Deutschland-Berichte der Sozialdemokratie ein deutsches «Dauerpogrom»[8] seit 1933 nannten. Diese Gewalt entsprach vor allem dem Bedürfnis einer breiten Masse nationalsozialistischer Funktionsträger, die sich in der «Judenpolitik» nicht immer nur neue gesetzliche Repressionen, sondern handfesten Terror wünschte – und die Wellen der Pogrome mit ihren alltäglichen Routinen und kleinen und größeren Übergriffen stillten dieses Bedürfnis.

Gerda Kappes' Brief erzählt indes nicht nur von der Eruption der Gewalt in der hessischen Kleinstadt Bebra, in der 1938 etwa 5000 Einwohner lebten. Ähnliches passierte an vielen anderen Orten. Die Nachbarschaft wusste, was geschah: Man schaute nach, sah und hörte sich um. Manchmal machten, wie in Großen-Linden, ganze Schulklassen mit. In Kassel sollten es an diesem Abend des 7. November etwa 1000 Menschen gewesen sein, die sich die Übergriffe ansahen. Viele Menschen beobachteten dort am nächsten Tag, wie Juden nach den Pogromen durch die Stadt getrieben wurden. Auch in Bebra deutet einiges darauf hin, dass sich zu den Tätern aus dem Umfeld der NSDAP und der SA viele Schaulustige gesellten. Was diese genau dachten, ist nicht klar, aber aus Gerda Kappes' Brief spricht doch nicht nur das Entsetzen über das Schicksal, das der jüdische Nachbar erleiden musste, sondern auch der Zorn über die vermeintlichen Reichtümer, die die Juden angehäuft hätten: purer Luxus wie «Gänse, Täubchen, Hähnchen» und dazu noch unvorstellbare Summen an Geld – all dies eine «Gemeinheit». Es schien deshalb angemessen, dass sich die Nationalsozialistische Volkswohlfahrt (NSV) um das jüdische Vermögen kümmerte und es wieder an die Volksgenossen verteilte. Gerda Kappes war nicht völlig gleichgültig gegenüber dem Schicksal ihrer jüdischen Nachbarn, der Ausbruch der offenen Gewalt schien auch bei ihr einen gewissen Schrecken hinterlassen zu haben. Aber von Empathie, von Empörung, gar Protest war ihr Verhalten weit entfernt.

Die SS-Männer versuchten das Pogrom als angemessene Reaktion auf die jüdische «Bedrohung» darzustellen, hatten es allerdings nicht selten vornehmlich zur persönlichen Bereicherung genutzt. In der ostfriesischen Kleinstadt Norden etwa griff die SS einige Tage nach ihrem Überfall die Familie Samson noch einmal auf, zerstörte, was in der Nacht noch heil geblieben war, und misshandelte die Ehefrau so sehr, dass sie einen Schlaganfall erlitt. Der Grund für den neuerlichen Angriff: Frau Samson hatte die Polizei herbeigerufen, sie durch ihre zertrümmerte Wohnung geführt und aufgelistet, was ihr die Volksgenossen am Abend zuvor geraubt hatten: ein Herrenzimmer, ein Pferd mit Wagen, 15 bis 20 Hafersäcke – alles Gegenstände, die die Kripo schließlich beim Anführer des SS-Sturmbanns wiederfand.[9]

Beim Italiener in München sitzend, beschlossen Goebbels und Hitler schließlich, die Ausschreitungen zu stoppen. Sie hatten ihren Zweck erfüllt. Am 10. November meldete der Rundfunk: «Reichsminister Dr. Goebbels gibt bekannt: Die berechtigte und verständliche Empörung des Deutschen Volkes über den feigen jüdischen Meuchelmord an einem deutschen Diplomaten in Paris hat sich in der vergangenen Nacht Luft verschafft. In zahlreichen Städten und Orten des Reiches wurden Vergeltungsaktionen gegen jüdische Gebäude und Geschäfte vorgenommen. Es ergeht nunmehr an die gesamte Bevölkerung die strenge Aufforderung, von allen weiteren Demonstrationen und Aktionen gegen das Judentum, gleichgültig welcher Art, sofort abzusehen. Die endgültige Antwort auf das jüdische Attentat in Paris wird auf dem Wege der Gesetzgebung bzw. der Verordnung dem Judentum erteilt werden.»[10] Noch bevor diese Drohung verlesen war, hatte Goebbels die Gauleiter angewiesen, dass die Juden für alle Schäden, die an ihren Geschäften entstanden waren, selbst aufzukommen hatten – all das war erst der Anfang viel weiter gehender, sich wöchentlich radikalisierender antijüdischer Gesetzgebung, die das Leben für die deutschen Juden, das bis dahin schon äußerst schwierig geworden war, immer unerträglicher machte.

Insgesamt kamen bei den Pogromen nach Schätzungen des SD

36 Menschen ums Leben, 191 Synagogen waren ausgebrannt, 76 völlig unbrauchbar – und oft hatte die Feuerwehr ihren ganz eigenen Beitrag dazu geleistet, indem sie zwar die nahegelegenen Gebäude vor den übergreifenden Flammen schützte, die jüdischen Gotteshäuser aber brennen ließ. 815 Geschäfte und 171 Wohnhäuser waren überfallen und geplündert worden, so eine erste Bilanz am 11. November. Schon einen Tag später war bereits von 7500 zerstörten jüdischen Geschäften die Rede, und auch die Zahl der Todesopfer musste schnell nach oben korrigiert werden. Insgesamt muss man wohl – als direkte oder indirekte Folge der Pogrome – von etwa 1300 bis 1500 Todesopfern und 1406 zerstörten Synagogen ausgehen, 30756 jüdische Männer wurden verhaftet und in Konzentrationslager gesteckt.[11]

Wie *die* deutsche Bevölkerung auf die Ausschreitungen reagierte, ist nicht leicht auf eine einfache Formel zu bringen. Von einer ungeteilten Zustimmung zu den Pogromen wird man nicht sprechen können. Die sozialdemokratischen Informanten berichteten von zahlreichen Fällen, in denen sich «Arier» über die Behandlung der Juden empört hatten; aus Bayern bespielsweise hieß es, «daß die breiten Bevölkerungsschichten an diesem Treiben der Nazis keinen Anteil»[12] gehabt hätten. Ähnliches war aus Berlin, Köln, Westfalen oder Danzig zu hören. Dort, in Danzig, hätten sich die Leute den Überfall auf die Synagoge angesehen und bisweilen auch «wuterfüllte Bemerkungen» gemacht, seien aber insgesamt doch zu eingeschüchtert gewesen, offen gegen die Ausschreitungen zu protestieren. Bisweilen war von Scham oder Abscheu über den offenkundigen Sadismus der Parteiaktivisten die Rede.

Die Bandbreite der Reaktionen war groß, und so enthielten auch die lokalen Berichte, die auf Geheiß der Gestapo Bielefeld entstanden, unterschiedliche Einschätzungen: Manche hätten trotz aller Sympathie für die «Bekämpfung des Judentums» die brennenden Synagogen mit «eisigem Schweigen» begleitet, wie der Bürgermeister von Bielefeld berichtete; von Unverständnis gegenüber der «Zerstörung des Volksvermögen[s]» war die Rede. Offenbar fühlten sich viele von den Misshandlungen der Juden abgestoßen, und insbesondere Katholiken machten sich Sorgen darüber, dass Gotteshäuser offenbar keinen besonderen Schutz mehr besaßen. Bisweilen, so berichtete es der Landrat aus Höxter, habe der Anblick der verprügelten Juden die Menschen erschüttert und die Meinung vertreten lassen, dass eine solche Gewalt mit der «deutschen Würde» unvereinbar sei. Doch es gab auch andere Stimmen, die davon berichteten, wie zustimmend die lokale Öffentlichkeit die Pogrome aufgenommen habe – eine «wahre Befriedigung», wie der Bürgermeister von Detmold die Reaktion der Stadt zusammenfasste.[13]

Tatsächlich deuten auch die internen Berichte des NS-Regimes an, dass schon das «ruhige» Verhalten der Bevölkerung als Zustimmung galt. Insofern spiegelte sich in den Einschätzungen auch immer ein spezifischer Erwartungshorizont des Regimes selbst. Schließlich fühlten sich die parteiamtlichen Repräsentanten dafür verantwortlich, die Lage im «Griff» zu haben. Die Kritik richtete sich zumeist auf die Zerstörung des Eigentums und darauf, dass die Gewalt durch staatliche Stellen wie die Polizei legitimiert gewesen sei. Die Politik der kalten Ausgrenzung auf dem Gesetzes- und Verordnungswege traf dagegen auf breite Zustimmung. Selten waren solche kirchlichen Stimmen wie die des Berliner Domprobsts Bernhard Lichtenberg, der bereits am Abend des 9. November für Juden und «nichtarische» Christen seine Pforten öffnete, oder die des evangelischen Pfarrers Heinrich Grüber, der am 12. November Friedrich von Bodelschwingh schrieb: «Wir müssen die Gesetze des Staates beachten, aber diese können uns nicht dazu bringen, die Pflichten der Nächstenliebe außer acht zu lassen.»[14]

Dass das Regime Schweigen schon als Zustimmung wertete, darf nicht darüber hinwegtäuschen, dass die Gruppe derer, die sich an den Ausschreitungen beteiligten, größer war als lange vermutet. Das gilt nicht nur für die Parteikader, für SA und SS; es gilt auch für neugierige Gaffer, für Nachbarn und «Geschäftsfreunde», die die Gelegenheit nutzten, alte Rechnungen zu begleichen, oder geschiedene Männer, die sich an den jüdischen Anwälten ihrer Frauen rächten. Vielfach waren insbesondere junge Leute – mobilisiert durch die Hitler-Jugend – mit dabei, wenn es in den Nächten darum ging, Geschäfte zu plündern und Juden zu demütigen. Antisemitische Stimmungen und die Lust auf Gewalt ließen dann ein besonders gefährliches Gebräu entstehen. Zwar waren Plünderungen verboten, aber selten waren sie nicht. Sie geschahen in Dörfern ebenso wie auf dem Ku'damm in Berlin. Plünderer und Schläger konnten, sofern sie überhaupt erwischt wurden, mit milden Strafen oder Freisprüchen rechnen. Auch wenn manche Deutsche bei den üblen Szenen der Verfolgung hilflos wegschauten, so gab es doch auch viele Fälle, in denen das Publikum erst einen angemessenen Resonanzboden für die Gewalt schuf.

Die Pogrome bildeten den Auftakt zu einer Welle von Enteignungen. Nach der rohen Gewalt der Nächte setzte nun die kalte Bürokratie der Finanzbehörden ihr administratives Räderwerk in Gang, nicht so offen sichtbar, aber doch mit erheblicher Effizienz und Unnachgiebigkeit. Auf der einen Seite schien die antisemitische Politik bis 1938 mit ihrem Ziel weitgehender alltäglicher Einschränkungen und umfassender «Arisierung» jüdischer Betriebe deutsche Juden erfolgreich zur Auswanderung zu drängen. Gleichzeitig jedoch mussten die NS-Behörden erkennen, dass gerade die finanziell schwächeren Juden kaum eine Chance hatten, das Land zu verlassen, auch weil potentielle Aufnahmeländer diese Gruppen vielfach nicht haben wollten.

So hatten die Finanzbehörden beispielsweise die Aufgabe, solche Gegenstände in Verwahrung zu nehmen, die während der Pogrome «abhanden gekommen» waren und deren Besitzer «nicht mehr festzustellen» seien.[15] Die Finanzbehörden sollten die Gegenstände schätzen, den Fundort notieren und die Objekte sicher verwahren; nicht etwa bis der Besitzer ausfindig gemacht werden konnte, sondern bis über die weitere Verwendung entschieden war. Das hieß: Wertgegenstände wie Perlen oder Edelsteine gingen an die Pfandleihbüros, jüdische Wertpapiere an die Devisenstellen. Bis Anfang 1938 waren deutsche Juden von zahlreichen Sondergesetzen betroffen. Auch die Reichsfluchtsteuer schikanierte die Juden mit immer neuen Zumutungen, sodass der letzte Ausweg, die Ausreise, immer auch gleichbedeutend mit immensem Vermögensverlust war. Der deutsche Fiskus bereicherte sich nach Kräften an jüdischem Besitz, an Briefmarkensammlungen und Tafelsilber, an Schmuck und Kunst. Zahlreiche Deutsche hatten schon bis zu diesem Zeitpunkt ein gutes Geschäft mit dem jüdischen Elend gemacht und sich – auf verschiedenen Wegen – die schwache rechtliche Position und die alltäglichen Zumutungen zunutze gemacht, um sich an «Arisierungsgeschäften» eine goldene Nase zu verdienen. Tatsächlich prägte das Verhalten vieler Deutscher genau das: ein vom NS-Staat ermöglichter Imperativ des «Bereichert Euch».[16] Jenseits der nationalsozialistischen Gesetzgebung beteiligten sich verschiedene Gruppen am Verdrängungskampf gegen die Juden – und oft war es eine Mischung aus Antisemitismus und Profitgier, für die die «Machtergreifung» die Schleusen geöffnet hatte. Jetzt konnten «deutsche» Unternehmen ihre Konkurrenten als «jüdisch» denunzieren und vor dem Kauf von Produkten wie «Nivea» warnen. Apotheker warben für «deutsche» Produkte und warnten vor «jüdischen» Präparaten, und der Kleinhandel konnte immer lauter gegen große jüdische Handelsketten wettern und damit seinen bereits in der Weimarer Republik begonnenen antisemitischen Kampf fortsetzen.

Bis 1938 waren bereits rund 80 Prozent der jüdischen Geschäfte entweder geschlossen oder ihre Besitzer geflohen und die Unternehmen in die neuen Hände «arischer» Besitzer übergegangen. Wer bis dahin noch Schulden bei seinem jüdischen Geschäftspartner hatte, konnte jetzt getrost die ausstehenden Schuldscheine zerreißen, wusste er doch, dass er sich kaum Sorgen darüber machten musste, von seinen jüdischen Gläubigern noch belangt werden zu können. Besonders eifrig waren neben den Parteikadern der Mittelstand, Beamte und Angestellte, wobei der soziale Druck in Kleinstädten offenkundig deutlich massiver ausfiel als in Großstädten, in denen die nachbarschaftliche Überwachung geringer ausgeprägt war.

Das Jahr 1938 brachte, nicht zuletzt durch den «Anschluss» Österreichs, immer radikalere Versuche, sich das jüdische Vermögen anzueignen, und veränderte die Lebensbedingungen der deutschen Juden grundsätzlich. Die Politik der Verfolgung setzte nun auf eine doppelte Strategie: die Auswanderung der Juden zu forcieren und gleichzeitig ihren Ausschluss aus dem sozialen Leben der deutschen Gesellschaft voranzutreiben. Immer neue Verordnungen griffen auf das jüdische Eigentum zu und ließen die Behörden große Berechnungen anstellen, wie die Vermögenswerte am besten zu verwenden seien. Die Initiative für die rassistische Ausgrenzungspolitik lag vielfach in den Rathäusern und städtischen Behörden, die sich mit ihren kleinen und mittleren Angestellten und Beamten bisweilen geradezu einen rassistischen Überbietungswettkampf lieferten, wie Juden das Leben noch unerträglicher gemacht werden könnte.[17]

Die Novemberpogrome hatten das jüdische Eigentum endgültig zur volksgemeinschaftlichen Verfügungsmasse erklärt. Insgesamt lassen sich wohl drei von Zeit zu Zeit auch überlappende Verhaltensformen derer unterscheiden, die ein gutes Geschäft witterten: skrupellose, antisemitische Profiteure, die sich schamlos bereicherten, dabei ihre Beute als «Lohn» für ihre bereits in der «Kampfzeit» verdienten Meriten betrachteten und sich die lästigen Juden als wirtschaftliche Konkurrenten vom Halse schaffen wollten. Das konnte dann so weit gehen wie in Wien, wo die «Arisierungsstelle der Wiener Zunft der Juweliere und Uhrmacher und der Gilde des Uhren- und Juwelenfaches»[18] sich die 700 jüdischen Geschäfte einverleibte und die noch vorhandenen Warenlager unter den «arischen» Österreichern verteilte. Eine zweite

Gruppe exponierte sich weniger öffentlich beim Erwerb jüdischer Unternehmen; diese Personen blieben eher im Hintergrund als «stille Teilhaber» mit neuen Geschäftsanteilen, die sie indes zu unverhältnismäßig niedrigen Preisen erhalten hatten. Sie reihten sich damit ein unter die Nutznießer des Terrors. Schließlich gab es eine dritte Gruppe all jener, die aus Überzeugung und oft aus langjähriger Verbundenheit mit ihren jüdischen Geschäftspartnern versuchten, die repressiven Vorgaben der Geschäftsübergaben zu umgehen und sich dabei um angemessene Preise und bisweilen auch illegale Kompensationen bemühten. Diese Gruppe war indes die kleinste: Für Hamburg hat eine Untersuchung von dreihundert «Arisierungen» in den Jahren 1938/39 ihren Anteil auf etwa 20 Prozent geschätzt, etwa 40 Prozent zählten demnach zu den «stillen Teilhabern», weitere 40 Prozent zu den besonders Raffgierigen.[19] Für andere Städte ergibt sich ein ähnliches Bild. Dabei war der Antisemitismus zwar wichtig, aber nicht das einzige Motiv. Vielfach lässt sich beobachten, dass sich ideologische Motive mit einer kühl kalkulierten Kosten-Nutzen-Rechnung verbanden. Und so konnte ein staatlicher Schätzer seinem «arischen» Käufer auch offenherzig empfehlen, er solle «doch nicht blöde» sein und möge das jüdische Unternehmen für 10 bis 15 Prozent des Warenbestandswertes kaufen.[20] Offenkundig waren es insbesondere jüngere Käufer, die sich durch den Erwerb jüdischen Besitzes die Möglichkeit schufen, in einem bereits aufgeteilten Markt Fuß zu fassen und sich auf Kosten der beraubten Juden ihre eigene Existenz aufzubauen oder weitere Marktanteile zu erwerben. Skrupel waren jedenfalls nur selten. Je länger das Dritte Reich währte und je mehr es bei den Juden ganz konkret zu holen gab, desto umfassender stieg die Bereitschaft, bis 1933 gültige normative Grundregeln über Bord zu werfen und sich als Teil jener moralischen Wertegemeinschaft zu empfinden, in der recht und richtig war, was dem Volkgenossen nützte. Und dazu gehörte auch der Krieg.

Die Deutschen und der Kriegsbeginn

«Keinerlei Zweifel, daß es losgeht», notierte der Breslauer Schriftsteller Walter Tausk am 1. September 1939 in sein Tagebuch. «Das gesamte jüdische Krankenhaus, bis auf die Gynäkologie, Siechenhaus und Altersheim, ist Knall und Fall evakuiert worden, um dreihundertachtzig Betten freizumachen. Hat man schon in der vergangenen Woche in anderen hiesigen Krankenhäusern rigoros gewirtschaftet, hier machte Gestapo und Militär eine ‹negative Ausnahme›, das heißt: sie überbot sich in der Unmenschlichkeit; was kein Fieber hatte, wurde nach Hause entlassen, auf die Straße gesetzt oder sonstwie ‹umgelegt› [...]; man evakuierte Frischoperierte, zum Beispiel Blinddärme, die kaum transportfähig waren. Man warf alte Leute, über achtzig, die in ausgebauten Mansarden des Krankenhauses ihre Tage beschließen sollen [sic], mit Sack und Pack raus und brachte sie bei den Siechen mit unter: alles wahllos durcheinandergemengt, hierzu kamen Irre und Halbirre. Und nachmittags ein langer Gewitter-Platzregen, als die Evakuierung mitten im Gange war.»[21]

Der nationalsozialistische Krieg begann in den frühen Morgenstunden des 1. September 1939. Seine logistische Vorbereitung machte deutlich, dass dies kein «gewöhnlicher» Krieg werden sollte. Als Vergeltungsakt inszeniert, ging es beim Überfall auf Polen um den, wie Hitler es immer wieder formulierte, «Kampf um Lebensraum». Das betraf nicht nur die Kriegführung und künftige Okkupationspolitik, sondern die systematische Verdrängung der Alten, Schwachen und der jüdischen Bevölkerung, die ihre Krankenbetten und ihre Zimmer im Altersheim zugunsten der Wehrmachtssoldaten räumen mussten. Dies sollte ein charakteristisches Merkmal für die Politik der rassistischen «Leistungsauslese» werden, die schon am Beginn des Krieges die Zuteilung von lebensnotwendigen Ressourcen von der Zugehörigkeit zur Volksgemeinschaft abhängig machte – und davon, ob der Einzelne seine körperliche Tüchtigkeit für den nationalsozialistischen Kriegsstaat zur Verfügung stellen konnte.

Walter Tausk bemerkte dies mit Grauen und ahnte, wohin dieser Krieg führen würde. Wie so viele erlebte er diesen Tag in Angst und Sorge. Seine Hausmeisterin erschien bereits gegen halb neun Uhr morgens mit einem Schreiben der Polizei, die alle dazu aufforderte, sich für mögliche Fliegerangriffe und für die Verdunkelung fertig zu machen. Dann hörte er im Radio Hitlers Rede aus dem Reichstag: «Die Stimme: gurgelnd, röchelnd, sich verschluckend, dröhnend, jammernd, betend, Mitleid erregend, dann wieder lostobend, um bald wieder zu ersticken. Und an allem hat der Pole natürlich schuld.» Hitler als Friedensstifter, der Krieg als Verteidigungsfall, der Überfall lediglich der Versuch, Sicherheit zu schaffen und die «Volksdeutschen» vor polnischen Übergriffen zu schützen: So begründete Hitler den Krieg, den er von langer Hand vorbereitet und auf den er das deutsche Militär eingeschworen hatte. Schon im Mai 1939 hatte Hitler vor der Wehrmacht erklärt: «Weitere Erfolge können ohne Blutvergießen nicht errungen werden. Die Grenzziehung ist von militärischer Wichtigkeit. [...] Danzig ist nicht das Objekt, um das es geht. Es handelt sich für uns um die Erweiterung des Lebensraumes im Osten und Sicherstellung der Ernährung.»[22] Wohlweislich sprach Hitler öffentlich nicht darüber, sondern ließ seine Propaganda die vermeintliche polnische Aggression herausstellen. Doch schon fünf Wochen nach dem Überfall, am 6. Oktober, erklärte der «Führer» den Deutschen vor dem Reichstag, worum es in diesem Krieg eigentlich ging: um die rassistische Neuordnung Europas.

Die Stimmen, die den Kriegsausbruch mit lautem Geschrei johlend begrüßten, waren indes im Spätsommer 1939 längst nicht so laut wie 1914; natürlich, die NSDAP und mancher Hitlerjunge jubelten, aber schon innerhalb der Kirchen gab es Unterschiede. In der evangelischen Kirche, insbesondere bei den Deutschen Christen, waren deutlich mehr Euphorie und Rachedurst gegenüber den polnischen «Verbrechern» zu spüren, während die Aufrufe und Predigten katholischer Bischöfe zwar keinen Zweifel an ihrer «Vaterlandsliebe» ließen, aber doch im Ton zurückhaltender blieben. Der Erste Weltkrieg blieb in vielerlei Hinsicht der zentrale Erfahrungsraum für den Krieg der Zukunft. Clemens August Graf von Galen, der Münsteraner Bischof, schwor seine westfälischen Gemeinden auf das Kommende ein: «Der Krieg, der 1919 durch einen erzwungenen Gewaltfrieden äußerlich beendet wurde, ist aufs Neue ausgebrochen und hat unser Volk und Vaterland in seinen Bann gezogen. Wiederum sind unsere Männer und Jungmänner zum großen Teil zu den Waffen gerufen und stehen im blutigen Kampf oder in ernster Entschlossenheit an den Grenzen auf der Wacht, um das Vaterland zu schirmen und unter Einsatz des Lebens einen Frieden der Freiheit und Gerechtigkeit für unser Volk zu erkämpfen.»[23] Der Krieg als Verteidigungsfall für das bedrohte Deutschland, die Notwendigkeit, seinen Dienst an der Waffe zu tun – all das schien selbst für diejenigen letztlich unumstößlich, die, wie von Galen, durchaus heftige Konflikte mit der NS-Diktatur ausfochten, sich aber gleichzeitig als Bestandteil der deutschen Volksgemeinschaft fühlten. Die Signale aus den unterschiedlichen Schichten der Bevölkerung waren ähnlich: «Nirgends wirkliche Begeisterung»,[24] vermerkten die Informanten der sozialistischen Exilberichte. Die Zuträger des Sicherheitsdienstes (SD) beobachteten am Beginn des Krieges mehr Ruhe und Gefasstheit denn Euphorie, während die ausländischen Beobachter in die Heimat kabelten, der Krieg werde, wie es der dänische Gesandte in Berlin vermerkte, «vom deutschen Volk – ja nicht einmal von der deutschen Armee und Marine – nicht mit Begeisterung begrüßt [...]. Einen Kampf an zwei Fronten haben die deutschen Militärs nicht gewünscht»[25] – und das war auch eine Sorge, die sich in vielen Stimmungsberichten niederschlug: Was, wenn es zum Krieg nicht nur mit Polen, sondern auch noch mit Frankreich und Großbritannien kommen würde? Ausländische Beobachter sprachen in diesen ersten Septemberwochen immer wieder von einer gewissen «Apathie» der Deutschen, der

US-Korrespondent Shirer war fassungslos, wie ein Land einen Krieg beginnen könne, dessen Bevölkerung «so dead against it», so grundsätzlich dagegen sei.[26]

Was genau «die Stimmung» der Bevölkerung ausmachte, ist indes rückblickend nicht einfach zu sagen. «Stimmung» und «Moral» waren schon zeitgenössisch aufgeladene Begriffe, die von der spezifischen Erwartungshaltung derer abhängig war, die über sie berichteten. Die Sopade-Berichterstatter vermerkten in ihrer Bilanz vom 24. Oktober 1939 etwas ratlos: «Das Vorgehen gegen Polen hat denn auch nicht etwa zur Verschlechterung der Stimmung im Volke geführt. Erst nachdem es sich trotz aller Radiosperren immer deutlicher herausstellte, daß damit auch der Krieg im Westen begonnen hat, entstand eine etwas gedrücktere Stimmung. Man muß aber bei Feststellungen dieser Art immer beachten, daß die Stimmung heute in den einzelnen Kreisen derart unterschiedlich ist, daß man eine allgemeine Aussage darüber kaum abgeben kann.»[27]

Besonders hohe Zustimmung schien es im Bürgertum, bei den Wirtschafts- und Kleinbürgern wie auch bei den besonders Gebildeten zu geben. Endlich werde die «Schande von 1918» revidiert. Zurückhaltender schien die Landbevölkerung zu sein: empfänglich für die nationalsozialistische «Blut und Boden»-Ideologie und die Sehnsüchte nach neuem «Lebensraum» im Osten, aber doch in ihrem Alltag gefangen, der sich vor allem um Zwangsbewirtschaftung, Erbregelungen und die schlechte Bezahlung ihrer Produkte drehte.[28] Auch die Einschätzungen aus der Arbeiterschaft waren ambivalent: Vereinzelt hatte es mutige Protestaktionen gegen den Krieg gegeben, Parolen an den Wänden, Flugblätter. Und doch blieb es in den Betrieben zumeist still. Das lag am Fahndungsdruck des nationalsozialistischen Terrorapparates, aber auch an der überwiegenden Haltung der Arbeiterschaft, deren Loyalität zum Regime vor allem von der Höhe des Lohnes und der Zuteilung des Brotes abhing.[29] Auch hier gab es Unterschiede nach Generationen, Konfessionen und Regionen, in denen die

Milieukerne immer stärkeren Abschleifungen ausgesetzt waren. Es spricht dennoch vieles dafür, dass die Integration weiter Teile der deutschen Gesellschaft in den NS-Staat bei Kriegsbeginn bereits weit fortgeschritten war.

Mochten also im Herbst 1939 viele Deutsche nicht lauthals «Hurra» geschrien haben so scheint doch Victor Klemperers Beobachtung nicht völlig aus der Luft gegriffen zu sein, als er am 3. September kurz und knapp festhielt: «Nachrichten und Maßnahmen ernst, Volksstimmung absolut siegesgewiß, zehntausendmal überheblicher als 14. Dies gibt entweder einen überwältigenden, fast kampflosen Sieg, und England und France sind kastrierte Kleinstaaten, oder aber eine Katastrophe, zehntausendmal schlimmer als 1918.»[30] Es gibt gute Gründe für einige Skepsis gegenüber der lange dominierenden Einschätzung, das Verhältnis der Deutschen zum Kriegsbeginn sei von einer nur «widerwilligen Loyalität» (Helmut Krausnick) geprägt gewesen. Denn damit wird der hohe Grad der Konsensbereitschaft weiter Teile der deutschen Bevölkerung unterschätzt, einen Krieg gegen Polen als letztlich angemessene Form der Wiedergutmachung und nötige Revision des Versailler Vertrages zu erachten.

Vorurteile gegen die «Polacken» gab es – nicht zuletzt innerhalb der Arbeiterschaft – seit dem Kaiserreich, und gezielt hatte die Propaganda die antipolnischen Ressentiments weiter geschürt. Berühmt geworden ist in der Rückschau besonders das Bild der fröhlich lächelnden deutschen Soldaten, die mit leichter Hand den polnischen Schlagbaum beiseiteschoben und die Grenzverletzung zum Bubenstück verklärten – eine Szene, mehrfach nachgestellt, bis sie für die Propaganda richtig ins Bild gesetzt war, inszeniert mit schon abgebrochenem Schlagbaum und als Beleg für die Heimat, dass dieser Krieg im Handumdrehen, gleichsam ohne Aufwand und nicht etwa mit rund 1,5 Millionen Soldaten, 2500 Panzern und knapp 2000 Flugzeugen erfolgte. Als ebenbürtig galten die Polen nicht, eher schon, wie es Berichte für das sozialistische Exil festhielten, «[f]ür den kleinen Mann» als «unsympathisch, schmutzig», faul und «gegenüber dem übrigen Europa [...] zurückgeblieben».[31] Jedenfalls schien es den Polen insgesamt zu Recht an den Kragen zu gehen. «Man muß», so das Urteil im März 1939, «es als Tatsache hinnehmen, daß im deutschen Volke unter Einschluß der Nazigegner ein Vorgehen gegen Polen, und wenn es Krieg wäre, allgemein auf Zustimmung stoßen würde.»[32]

Nun war Krieg, und was offenkundig vor allem Sorge bereitete, war der drohende Verlust des bisher Erreichten. Im Jahr vor Kriegsbeginn hatten die Löhne langsam wieder das Niveau des Jahres 1929 erreicht. Die Deutschen starben im Vergleich zu ihren europäischen Nachbarn früher, und ihre Kinder waren kleiner – ein deutlicher Hinweis auf die nach wie vor angespannte Versorgungslage und die noch immer spürbaren Folgen der wirtschaftlichen Krisenjahre, die die nationalsozialistische Kriegswirtschaft keineswegs beseitigt hatte.[33] Viele glaubten jedoch tatsächlich daran, dass es aufwärtsging – und konnten dies auch ganz konkret erfahren: Die Volksgenossinnen und Volksgenossen gönnten sich wieder mehr Bier, Schnaps, Wein und Zigaretten.[34] Einige, wenn auch eine Minderheit, konnten sich ein Auto leisten, sodass die Zahl der Besitzer von 560 000 im Jahr 1933 auf 1,3 Millionen im Jahr 1939 stieg.[35]

Dass es sich dabei eher um eine Angleichung an den Lebensstandard der Weimarer Jahre und an europäische Trends handelte, stand auf einem anderen Blatt, ebenso wie die erhöhte Arbeitsintensivität und der politische Druck. Noch immer waren die Schrecken des Ersten Weltkrieges nicht vergessen. Ein künftiger Krieg, darauf hatte die umfassende Luftschutzpropaganda ohne Unterlass verwiesen, werde mit Millionen Tonnen Bomben aus der Luft geführt. Theoretisch hatten die Deutschen den Krieg der Zukunft schon kennengelernt. Bereits 1933 hatten die Nationalsozialisten beispielsweise in München die Bevölkerung durch mit Sand gefüllte Papierbomben auf den Luftkrieg vorbereitet: «Luftschutz ist Selbstschutz», lautete die Devise und sollte künftig für jeden Bürger des Dritten Reiches selbstverständliche Pflicht werden.[36] Dahinter steckten nicht nur Aktivismus und plumpe Propaganda, sondern auch die Erwartung, die Masse durch Erziehung und Disziplin zur neuen Luftschutzgemeinschaft zusammenschweißen zu können. Rund 6,5 Millionen Menschen, so jedenfalls gab es der Reichsluftschutzbund anlässlich seines fünfjährigen Bestehens zu Protokoll, hatten bis 1938 Luftschutzkurse besucht, und etwa 630 000 Amtsträger waren durch das enge Schulungswerk mehrfach fortgebildet worden.[37] Das mochte etwas übertrieben sein. Mancher hielt wie der sozialdemokratische Justizbeamte Friedrich Kellner die Treffen für Zeitverschwendung.[38] Doch die Übungen hatten schon vor dem September 1939 darauf vorbereitet, dass ein neuer Krieg wahrscheinlich sei; eine Schlacht, die frühzeitig auch in den Klassenzimmern geführt wurde: Im Kunst- und Werkunterricht malten Schüler bereits Bomben, Bunker und brennende Baracken, und städtische Schulämter organisierten Luftschutzübungen, die den Ernstfall simulieren sollten. Mochte sich ein Krieg zu diesem Zeitpunkt für die meisten nur sehr schemenhaft abzeichnen, so ließen die Kurse doch kaum einen Zweifel, wie ernst es dem Dritten Reich war, wenn es von Wehrwillen und Kriegsmoral der Volksgemeinschaft sprach: Das meinte Mobilisierung, nicht zuletzt der weiblichen Bevölkerung, die in eigenen Kursen der NS-Frauenschaft und des Deutschen Frauenwerkes das nötige Know-how erhielt und zu «Selbstschutzkämpferinnen» an der «Heimatfront» ausgebildet werden sollte.

In allen gesellschaftlichen Bereichen begann das Regime, den kleinen und großen Volksgenossen die Verantwortung für den Krieg zu übertragen. Bereits seit März 1939 gab es die «Jugenddienstpflicht», sodass eine immer größere Zahl an Jugendlichen der HJ oder einem ihrer Verbände angehören musste. Der Kriegsbeginn veränderte die Aufgaben und Einsatzfelder der HJ: Manche meldeten sich freiwillig zum Dienst in der Marine oder der Flieger-HJ; immer häufiger verpflichtete die Reichsführung ihren

Nachwuchs dazu, «Kriegshilfsdienst» zu leisten, und das hieß: Mitarbeit auf dem Feld, in Behörden oder im Krankenhaus. Glaubt man den Zahlen der Reichsjugendführung, waren Ende September 1939 1,1 Millionen Jugendliche zwangsverpflichtet und damit dem direkten Zugriff der HJ unterworfen. Die Jugendlichen waren damit nicht nur wichtiger Baustein der Kriegführung und ersetzten das rekrutierte Personal, sondern sie waren nun – neben Schule und Elternhaus – zunehmend der Disziplinargewalt der HJ unterworfen.[39] Ausbildung, Schulung und Organisation, mithin weite Teile des Alltagslebens, lagen seit Herbst 1939 in den Händen der Hitler-Jugend, die ihrerseits mit großer Energie die Instanzen zur Überwachung und Disziplinierung ausbaute und die Jugendlichen selbst als eigenmächtige Vollstrecker der nationalsozialistischen Sozialkontrolle einband.

Dieser Transformationsprozess der deutschen Gesellschaft in eine «kriegerische Volksgemeinschaft» musste keineswegs immer erzwungen werden. In der HJ, aber auch in anderen nationalsozialistischen Organisationen wie der NSV oder der NS-Frauenschaft, war große Bereitschaft zu spüren, sich für «Volk» und «Führer» zu engagieren und nicht nur auf Befehle zu warten. Druck von oben und Begeisterungsfähigkeit von unten gehörten zusammen.

Die Vorzeichen des Krieges waren unübersehbar. Die Wehrmacht hatte bereits zum 1. August 1939 ihre Einsatzbereitschaft sichergestellt und knapp zwei Wochen später Anweisungen für die «Mobilmachung ohne öffentliche Verkündigung» erteilt. Die Wehrmacht hatte sich ganz in den Dienst des neuen nationalsozialistischen Staates gestellt und sich – mit wenigen Ausnahmen – bereitwillig Hitlers Machtanspruch unterworfen. Nach der Einführung der allgemeinen Wehrpflicht 1935 (ein offener Verstoß gegen den Versailler Vertrag) war die Zahl der Soldaten rasch auf bereits 520 000 im Jahr 1937 angewachsen. Die Militarisierung der deutschen Gesellschaft war angesichts umfangreicher Wehrübungen und Einberufungen allgegenwärtig; bei Kriegsbeginn verfügte alleine das Heer über eine Mannschaftsstärke von 2758000 Mann. Der Wandel von der kleinen Berufsarmee der Weimarer Republik zur modernen Massenarmee des Dritten Reiches ging vor allem am Offizierskorps nicht spurlos vorbei. Die alte Exklusivität des Zugangs zu den begehrten Führungspositionen ließ sich angesichts des riesigen Personalbedarfs nicht weiter aufrechterhalten; die militärische Kaste der Soldatenfamilien musste zusehends beobachten, wie die jungen, nationalsozialistisch geprägten Eliten aufstiegen. Ungeahnte Karrieren öffneten sich – zum Leidwesen der traditionellen Führung, die überall einen Qualitätsverlust beklagte, aber sehr zur Freude der NS-Führung, die schon lange auf eine stärkere Konformität des militärischen Führungspersonals gedrängt hatte.

Hitler war auch die Projektionsfläche für nationale Sehnsüchte und Erlösungsutopien vom Wiederaufstieg des Deutschen Reiches, getragen von emotionaler Zuneigung und der Begeisterung über den «Staatsmann», der mit viel Geschick die Revision des verhassten Versailler Vertrags betrieb. Die Liebesbriefe und Unterwerfungsgesten, die Hitler zu seinem 50. Geburtstag am 20. April 1939 erhielt, waren, wie ein staunender Beobachter der Sopade bemerkte, keineswegs nur pure Propaganda, sondern seien «zum Teil gewiß auch einer naiven Gläubigkeit entsprungen, die sich nicht so leicht geschlagen gibt».[40] Fast drei Millionen Reichsmark erhielt Hitler geschenkt, ein beachtliches Vermögen, das er an die diversen nationalsozialistischen Wohlfahrtseinrichtungen weiterreichte; dazu konnte sich Hitler noch über Gemälde aus der «Hauptstadt der Bewegung», Schmuck und Vasen, Honig und Schokolade, manches feurige Gedicht und rund 10000 handgestrickte Socken freuen.[41]

Die Logistik des Krieges lief seit dem Sommer auf Hochtouren, sodass etwa sechs Millionen Menschen bei Kriegsbeginn einsatzbereit waren.[42] Für die «Heimatfront» entscheidend waren zudem die Veränderungen der Ernährungswirtschaft. Noch unmittelbar vor dem Überfall auf Polen schuf das Regime per Verordnung regionale Ernährungsämter, die mit weitreichenden Vollmachten für die Versorgung ausgestattet und beispielsweise dazu ermächtigt waren, landwirtschaftliche Produkte mithilfe der Polizei zu beschlagnahmen. Trotz mancher Aufregung und Kritik seitens der Verbraucher – nicht zuletzt an den eingeführten Bezugsscheinen – regelten die neuen Ämter doch den institutionellen Übergang von der Friedens- in die Kriegswirtschaft und waren mit dafür verantwortlich, dass die Versorgungslage im Reich – bei allen Schwierigkeiten – beinahe bis zum Ende des Krieges für die Volksgenossinnen und Volksgenossen erträglich blieb. Anders als zwischen 1914 und 1918 wurde nicht gehungert. Dass sich die Truppen von Anfang an aus den besetzten Gebieten selbst versorgten und damit der Krieg immer auch ein Hungerkrieg gegen die besetzten Länder war, gehörte mit zur Logik der nationalsozialistischen Versorgungspolitik.[43] Die Ernährungsfrage knüpfte die Zuteilung der knappen Güter mit Kriegsbeginn an das volksgemeinschaftlich «richtige» Verhalten und machte die Versorgung zu einem dringlichen politischen Thema. Die Bevölkerung für den Krieg zu begeistern erschien insbesondere vor dem Hintergrund der bitteren Lehren aus dem Ersten Weltkrieg unabdingbar. Und so hörte das Regime genau hin, wie laut das Stöhnen an der heimatlichen «Ernährungsfront» war.[44]

Sollte es Skepsis gegenüber der Notwendigkeit des Krieges gegeben haben, so verschwand diese spätestens zum Jahreswechsel 1940 immer rascher. Die heilsbringende Suggestionskraft des «Führer-Glaubens» hatte eine immer breitere Basis geschaffen. Mit den militärischen Erfolgen kam nun seit dem Sommer 1940 noch ein weiteres Attribut hinzu: Hitler als großer Feldherr, als derjenige, der nicht nur Polen, sondern auch Frankreich in die Knie gezwungen hatte und Großbritannien sehr bald in die Knie zwingen werde, ein kühner Lenker des deutschen Schicksals, der indes für die alltäglichen Sorgen der Kriegswirtschaft nicht verantwortlich sei. «Wenn der Führer spricht», so hieß es in einem vom SD gesammelten Bericht aus Schwerin im November 1940, «dann fallen alle Bedenken weg und man schämt sich, daß man überhaupt jemals daran zweifeln konnte, ob auch wohl immer der richtige Augenblick für unsere Aktionen ausgenutzt werde.»[45] Polen hatte der Übermacht der Wehrmacht nichts entgegenzusetzen gehabt. Im April 1940 eroberten deutsche Truppen Dänemark und Norwegen, und im Mai begann der Westfeldzug. Die Niederlande, Belgien und Luxemburg wurden überrannt, am 14. Juni besetzte die Wehrmacht Paris und zwang Frankreich zum Waffenstillstand – das Deutsche Reich war zur europäischen Kolonialmacht geworden. «Ein Volk, ein Reich, ein Führer» – im Sommer 1940 schien die volksgemeinschaftliche Wunschformel des Dritten Reiches Wirklichkeit zu werden. Hatte sich Hitler selbst noch nach Kriegsbeginn als großer Friedensgarant inszeniert, so galt er nun nicht nur seinen militärischen Satrapen in der Wehrmachtsführung als «größter Feldherr aller Zeiten» und konnte sich einer schier grenzenlosen Begeisterung der siegesentwöhnten deutschen Bevölkerung sicher sein. Erste Versorgungsengpässe fielen da kaum ins Gewicht, zumal die Rationierungen und die Ressourcenknappheit nie das Niveau des Ersten Weltkrieges erreichten. Noch war der Krieg weit weg von daheim und hatte kaum nennenswerte Verluste gefordert. Die Gewalt, mit der Polen besetzt und ausgebeutet wurde, sorgte für kein größeres Kopfzerbrechen. Kaum jemand hatte sich jedenfalls die Geschwindigkeit vorstellen können, mit der die Wehrmacht im Westen von Sieg zu Sieg geeilt war. Hitlers Krieg war der Krieg der Deutschen, und in diesem Krieg schien Verlass auf das militärische Genie des «Führers».

Richten, vernichten, denunzieren

Knapp drei Wochen nach dem deutschen Überfall auf Polen verlud der SS-Wachsturmbann Eimann eine Gruppe von Psychiatriepatienten aus der Klinik Konradstein, die im «einzudeutschenden» Reichsgau Danzig-Westpreußen lag, auf einen LKW, um sie in einen nahe gelegenen Wald zu fahren – ein Mordkommando. Auf der Hinrichtungsstätte, dem Ziel der Fahrt, waren zuvor schon andere Polen von den deutschen Besatzern umgebracht worden. Jetzt kamen an diesem 22. September 1939 noch die Kranken dazu.[46] Gestapo-Offiziere ermordeten die Gruppe per Genickschuss, die Leichen wurden verscharrt – und all das war erst der Auftakt zur «Räumung» psychiatrischer Kliniken im besetzten Polen, in Pommern und Ostpreußen, für die NS-Gauleitungen, Einsatzgruppen, Polizei und «Volksdeutscher Selbstschutz» verantwortlich waren – etwa 13 000 Menschen kamen dabei ums Leben.

In den annektierten Gebieten begann der systematische Krankenmord. Im «Altreich» liefen Vorbereitungen seit dem Sommer 1939, die «rassischen» Feinde des Nationalsozialismus nicht mehr nur zu verfolgen, auszugrenzen und zu demütigen, sondern gezielt zu ermorden. Der Boden dafür war schon länger bereitet. Den Anlass für den Mord an Kindern und Jugendlichen gab womöglich eine Anfrage des Direktors der Leipziger Universitätskinderklinik, Werner Catel.[47] In einem Gesuch an Hitler hatte er offenkundig um eine positive Antwort auf die Frage gebeten, ob eine bis dahin strafbare Tötung eines schwer behinderten Kindes unter bestimmten Voraussetzungen nicht doch möglich sei. Angeblich hatten ihn die Eltern des Kleinkindes selbst um diese Entscheidung gebeten. Hitler reichte das Gesuch an seinen Arzt Karl Brandt weiter, der den Fall prüfte und vermutlich grünes Licht für die Tötung gab. Im Anschluss daran soll Hitler Brandt und Philipp Bouhler, den Chef der Kanzlei des «Führers», einen mündlichen

Befehl erteilt haben, künftig in vergleichbaren Fällen die Tötung zu erlauben. Ganz geklärt ist der Entscheidungsprozess für die «Kindereuthanasie» nicht. Aber sicher ist doch: Im August 1939 verfügte das Reichsinnenministerium eine Meldepflicht für behinderte Säuglinge und Kleinkinder. Ein bei der Kanzlei des «Führers» angesiedelter «Reichsausschuss zur wissenschaftlichen Erfassung erb- und anlagebedingter schwerer Leiden» übernahm es, Gutachten über die erfassten Kinder auszuwerten und damit das Urteil über das «lebensunwerte Leben» zu fällen. Die zur Ermordung bestimmten Kinder wurden in eigens eingerichtete «Kinderfachabteilungen» der Heil- und Pflegeanstalten überwiesen. Ärzte experimentierten an ihnen, bevor sie durch Medikamente oder durch gezielten Nahrungsentzug umgebracht wurden. 5000 bis 10 000 Kinder und Jugendliche fielen nach bisherigem Kenntnisstand der Selektion durch den «Reichsausschuss» und der Ermordung durch ihre Ärzte, Schwestern und Pfleger zum Opfer.

Kurz nach dem Entschluss zur «Kindereuthanasie» begannen die Planungen für den Mord an erwachsenen Psychiatriepatienten. Das Programm trug den Tarnnamen «Aktion T4». Die Bezeichnung «T4» stand für den Sitz der Euthanasie-Zentrale in der Berliner Tiergartenstraße 4, mitten im Zentrum der Stadt. Hitler hatte nach einigem Kompetenzgerangel die Verantwortung für das Euthanasie-Programm in die Hände Philipp Bouhlers und Karl Brandts gelegt. Der Plan: «nutzlose» Patienten der Psychiatrien umzubringen, um in den Anstalten Lazarettraum für den kommenden Krieg und die «wertvollen» Soldaten zu schaffen. Hitler selbst unterstrich den Zusammenhang von Krieg und Euthanasie ausdrücklich, indem er schließlich im Oktober die bereits laufenden Vorbereitungen von Medizinern, Anstaltsleitungen und Verwaltung legitimierte und das Entscheidungsdatum für das Euthanasieprogramm auf den 1. September 1939 zurückdatierte.[48] Auf seinem persönlichen Briefpapier ermächtigte er Bouhler und Brandt, «die Befugnisse namentlich zu bestimmender Ärzte so zu erweitern, dass nach menschlichem Ermessen unheilbar Kranken bei kritischster Beurteilung ihres Krankheitszustandes der Gnadentod gewährt werden kann».[49] Kriminaltechniker prüften derweil, welches die wirkungsvollsten Mittel waren, um die Patienten umzubringen, und die Heil-und Pflegeanstalten waren dazu aufgefordert, in neuen Meldebögen potentielle Opfer zu benennen.

Mehrere Institutionen waren neben der T4-Zentrale, die aus Mitteln des NSDAP-Reichsschatzmeisters finanziert wurde, beteiligt: Die rund 300 bis 400 T4-Mitarbeiter erhielten ihr Geld von der «Gemeinnützigen Stiftung für Anstaltspflege», ihrem offiziellen Arbeitgeber. Alle Kostenfragen regelte ab 1941 die «Zentralverrechnungsstelle Heil- und Pflegeanstalten», und eine Abteilung der «Gemeinnützigen Krankentransport GmbH» sorgte für den Transport der Patienten aus ihren Heimen in die Tötungsanstalten – mit gelegentlichen Zwischenstopps in anderen Einrichtungen, um die Verlegungen zu verschleiern und die Gaskammern und Krematorien reichsweit effizient zu nutzen. Grafeneck, Brandenburg, Hartheim bei Linz, Sonnenstein bei Pirna, Hadamar, Bernburg: Das waren die Zentren der Vernichtung. Die Spielräume gerade auch der Heil- und Pflegeanstalten waren deutlich größer, als viele der Ärzte und Verwaltungsleiter nach 1945 behaupteten. Manche Initiative zum Mord kam aus den Anstalten selbst und brauchte nicht noch einen Befehl «von oben». Insgesamt fielen in dieser ersten Phase, die bis zum 21. August 1941 reichte und auf Befehl Hitlers gestoppt wurde, rund 70 000 Patienten der Euthanasie zum Opfer; eine Phase, die zugleich auch das Experimentierfeld für den Genozid an den Juden darstellte. Beides, Kranken- und Judenmord, hingen eng miteinander zusammen. Schätzungen gehen davon aus, dass insgesamt, einschließlich der besetzten Gebiete und der zweiten Kriegsphase, vermutlich bis zu 300 000 geistig und körperlich behinderte Menschen ermordet wurden.

Zeitgleich mit der Deportation der deutschen Juden erfasste

die T4-Zentrale auch die jüdischen Anstaltspatienten – über 1000 von ihnen kamen dabei ums Leben. Seit April 1941 reisten zudem T4-Gutachter in die Konzentrationslager und selektierten, nach Vorauswahl durch die Lagerkommandanten und auf der Grundlage des T4-Meldebogens, besonders geschwächte und kranke Häftlinge. Einer der beteiligten Ärzte schilderte seiner Frau seine Arbeit, bei der etwa 20 000 KZ-Häftlinge bis Kriegsende starben. «[...] Zunächst gab es noch ca 40 Bögen fertig auszufüllen von einer 1. Portion Arier, an der schon die beiden andern Kollegen gestern gearbeitet hatten. Von diesen 40 bearbeitete ich etwa 15. [...] Anschließend erfolgte dann die ‹Untersuchung› der Pat.[ienten], d. h. eine Vorstellung der Einzelnen u. Vergleich der aus den Akten entnommenen Eintragungen. Hiermit wurden wir bis Mittag noch nicht fertig, denn die beiden Kollegen haben gestern nur theoretisch gearbeitet, so daß ich diejenigen ‹nachuntersuchte›, die Schmalenbach (u. ich selbst heute morgen) vorbereitet hatte u. Müller die seinigen. [...] Als 2. Portion folgten nun insgesamt 1200 Juden, die sämtlich nicht erst ‹untersucht› werden, sondern bei denen es genügt, die Verhaftungsgründe (oft sehr umfangreich!) aus der Akte zu entnehmen u. auf die Bögen zu übertragen. Es ist also eine rein theoretische Arbeit, die uns bis Montag einschließlich ganz bestimmt in Anspruch nimmt, vielleicht sogar noch länger. Von dieser 2. Portion (Juden) haben wir heute dann noch gemacht: ich 17, Müller 15. Punkt 17 h ‹warfen wir die Kelle weg› und gingen zum Abendessen [...].»[50]

Massenmord vor dem Abendessen. Rassistische Selektion und ökonomisches Nützlichkeitsdenken spielten bei der Frage, welche Patienten in die Tötungsmaschinerie der T4-Aktion gerieten, eine entscheidende Rolle. Wer noch arbeiten konnte, hatte bessere Überlebenschancen als derjenige, der als unproduktiv galt.[51] Die Ärzte bewerteten das Verhalten der Patienten und notierten, ob sie sich besonders «störend» oder sonst auffallend verhielten. Und sie urteilten über den Pflegebedarf. Gab es Schwierigkeiten mit der Sauberkeit, mussten die Patienten liegen? Vegetierten sie einfach «stumpf» vor sich hin, oder aber waren sie «angenehm», pflegeleicht, «reinlich» – und damit kostengünstig? Dann erhöhten sich die Überlebenschancen. Die Arbeitsleistung von Frauen galt den Ärzten tendenziell als deutlich schwächer als die von Männern. Frauen wurden durch die (männlichen) Ärzte auch deutlich häufiger als «unruhig» oder auffällig diagnostiziert, sodass die weiblichen Überlebenschancen geringer waren als die der Männer. Wer zudem keine Familie oder nur wenige Kontakte zu Angehörigen hatte, musste ebenfalls häufiger fürchten, in eine der Tötungsanstalten verlegt zu werden.

Die Euthanasie trug den Stempel einer «Geheimen Reichssache» – und doch war sie alles andere als geheim. Zahlreiche Institutionen waren daran beteiligt. Vielfach verfügten Familien und Nachbarn über ein mehr oder weniger ahnungsvolles Wissen darüber, was mit ihren Liebsten passierte. Es gab Fälle wie den der Eltern der dreijährigen Jutta aus der Anstalt Langenhorn, die ihr behindertes Kind nicht bei sich zu Hause aufnehmen wollten und erklärten, das eheliche Glück sei in Gefahr, «würde uns das unheilbare Kind zwangsweise wieder zugeführt werden».[52] Ein Arzt konnte ruhigen Gewissens notieren: Die Mutter habe das Kind «inzwischen nicht besucht, um sich über den Anblick nicht aufzuregen. Der Vater ist mit einer erfolgreichen Behandlung des Kindes einverstanden.» Solch eine aktive Unterstützung war die Ausnahme. Das Spektrum der Reaktionen war breit: ängstliche Sorge, Unverständnis, Zorn über die kühlen Reaktionen der Anstaltsleitungen, Verzweiflung angesichts der vermissten Angehörigen, deren Überreste aus «seuchenpolizeilichen Gründen» umgehend eingeäschert worden waren, selten Widerstand und oft jedoch eine «passiv duldende Hinnahme».[53] Den Betroffenen war vielfach bewusst, was mit ihnen geschah – und ihre (selten überlieferten) Briefe zeugen von ihrer Not: «Liebe Schwester!», schrieb ein Patient aus Stetten am 10. November 1940: «Da ja bei uns die Angst und Not immer größer wird, so will ich Dir auch mein Anliegen mitteilen. Gestern sind wieder die Auto [sic] dagewesen und vor acht Tagen auch, sie haben wieder viele geholt wo man nicht gedacht hätte. Es wurde uns so schwer, daß wir alle weinten und vollends war es mir schwer, als ich M. S. nicht mehr sah... Nun möchte ich Dich bitten, daß Du für mich einstehen würdest, daß ich zu Dir kommen dürfte, denn wir wissen nicht, ob sie die nächste Woche nicht wieder kommen. – Wenn wir je einander nicht wiedersehen würden, so will ich meinen herzlichen Dank aussprechen für alles was Du an mir getan hast.»[54]

Das Regime beobachtete die gesellschaftlichen Reaktionen auf die Tötungen und die Angst vor den «grauen Bussen» genau. Der laute kirchliche Protest, den insbesondere der Bischof von Münster, Clemens August Graf von Galen, von seiner Kanzel formulierte, sprach aus, was sich an vielen Orten bereits herumgesprochen und bei vielen Katholiken für Empörung gesorgt hatte. In der Münsteraner Lambertikirche klagte von Galen im August 1941 gegen «eine furchtbare Lehre, die die Ermordung Unschuldiger rechtfertigen will, die die gewaltsame Tötung der nicht mehr arbeitsfähigen Invaliden, Krüppel, unheilbar Kranken, Altersschwachen grundsätzlich freigibt!»[55] – und stellte Strafanzeige wegen Mordes. Das Regime selbst stand auf der Anklagebank und reagierte äußerst empfindlich auf die Anschuldigungen. Denn Galens Predigt hatte öffentlich gemacht, was doch ein Geheimnis sein sollte, und sie hatte ausgesprochen, was doch unvorstellbar schien: dass das Regime Kranke systematisch ermordete. Konnte das wahr sein? Jedenfalls verbreitete sich die Predigt rasch durch das gesamte Reich und machte einen zunächst regionalen Protest zu einem reichsweiten Skandal. Gestapo, Propagandaministerium und NS-Funktionäre spielten unterschiedliche Varianten durch: Galen verhaften? Das hätte bei der katholischen Bevölkerung erheblichen Widerstand zur Folge gehabt, denn schließlich galt es, alles daranzusetzen, die Kräfte für den Krieg gegen die Sowjetunion zu bündeln. Ihn laufen lassen? Das hätte dann bedeutet, dass seine Vorwürfe am Ende wahr seien. Oder, auch das war eine Alternative, die «Euthanasie» auf eine neue gesetzliche

Grundlage stellen, den Massenmord legalisieren und Schluss machen mit der Geheimhaltung – zu dem Preis, dass das Regime offen für den Krankenmord hätte einstehen müssen? Letzteres aber wollte Hitler, der unmittelbar nach den insgesamt drei Predigten von Galens über die Entwicklung informiert wurde, auch nicht. Dass er sich schließlich für einen (vorläufigen) Stopp der Euthanasie entschied, lag an mehreren Faktoren: Der kirchliche Protest hatte ein solches Ausmaß erreicht, dass es aus der Sicht des Regimes problematisch zu sein schien, darauf keine Rücksicht zu nehmen; lieber wollten führende Nationalsozialisten wie Goebbels die endgültige Abrechnung auf die Zeit nach Kriegsende verlagern. In der schwierigen Situation des Sommers 1941 schien das Risiko zu groß, einen erheblichen Teil der Zustimmung zum Krieg durch ein allzu hartes Vorgehen gegen den populären Bischof aufs Spiel zu setzen. Oberste Priorität hatte der Krieg gegen die Sowjetunion. Da konnte der Mord an den Kranken aufgeschoben werden – zumindest für den Augenblick. Insofern entsprach der Euthanasiestopp einem klaren Kalkül und machte den hohen Grad an plebiszitärer Zustimmung deutlich, den Hitler für notwendig erachtete, um seinen Rassekrieg im Osten führen zu können.

Gesundheitspolitische Priorität besaßen diejenigen, die arbeiten und weiter Krieg führen konnten, vor allem Wehrmachtssoldaten, deren Bedarf zulasten der Zivilbevölkerung ging. Ein tödlicher Verdrängungswettbewerb begann, an dem lokale Gesundheitspolitiker im Kampf um Ressourcen einen entscheidenden Anteil besaßen. Die rassistische Arbeitsgesellschaft verteilte Medikamente wie Insulin im Kriegsverlauf immer stärker nach Alter und Leistungskraft und ließ gebrechliche und alte Patienten systematisch unterversorgt. Im Kampf um Pflegebetten verlegte das Regime Alterskranke aus den Hilfskrankenhäusern in Heil- und Pflegeanstalten, und von dort aus gerieten sie dann oft, wie beispielsweise auch Hamburger Senioren im Sommer 1943, in die Psychiatrien und in den Sog der Tötungsanstalten. Auf den

Diagnosebögen der Patienten notierten Ärzte «bombenverwirrt» oder «alterssenil»[56], oder es hieß, die Patienten hätten sich «homosexuell betätigt», «raue, bösartige Laute» ausgestoßen, seien unsauber, jammerten zu viel, seien mürrisch oder «zur Arbeit nicht zu gebrauchen».[57] Ärzte, Pfleger und Schwestern fällten mit ihren Urteilen über Charakter und Arbeitskraft das Todesurteil und sorgten für den reibungslosen Transport und die Verfügbarkeit von Betten. Ältere, nach Bombenangriffen verwirrte Frauen und Männer mussten ebenso um ihr Leben fürchten wie eine wachsende Zahl von Altenheimbewohnern. Ein Arbeiter der Tötungsanstalt in Meseritz-Obrawalde erinnerte sich unmittelbar nach dem Krieg an Patienten, die nach einem schweren Bombenangriff auf Berlin gar nicht mehr in den Stationen aufgenommen, sondern gleich ins Lazarett gebracht und noch am gleichen Tag umgebracht worden seien.[58] Ähnlich erging es etwa 500 älteren Frauen aus Stettin, die im Juni 1944 ausgebombt und in Meseritz-Obrawalde umgebracht wurden. In der Logik nationalsozialistischer Katastrophenmedizin dominierte nicht mehr die erbbiologische «Sanierung» des deutschen Volkskörpers, sondern es ging um die Kategorien Arbeitsfähigkeit, kostengünstige Behandlung, geringe Verweildauer. Die Chancen, dem Tod zu entgehen, erhöhten sich überall dort, wo Angehörige von der Vernichtung wussten und sich vehement für ihre Brüder, Schwestern oder Kinder einsetzten. Der Brief, den der 41-jährige Ernst Putzki aus der hessischen Landesheilanstalt Weilmünster an seine Mutter am 3. September 1943 schrieb, erreichte nie sein Ziel – die Anstalt hatte ihn abgefangen und in seiner Patientenakte abgelegt.[59] «Wir wurden nicht wegen der Flieger verlegt, sondern damit man uns in dieser wenig bevölkerten Gegend unauffällig verhungern lassen kann. Von den Warsteinern, die mit mir auf diese Siechenstation kamen, leben nur noch wenige. Die Menschen magern hier zum Skelett ab und sterben wie die Fliegen. Wöchentlich sterben rund 30 Personen. Man beerdigt die hautüberzogenen Knochen ohne Sarg. [...] Die Menschen werden zu

Tieren und essen alles, was man eben von anderen kriegen kann, so auch rohe Kartoffel und Runkel, ja wir wären noch anderer Dinge fähig zu essen wie die Gefangenen aus Rusland [sic]. Der Hungertod sitzt uns allen im Nacken, keiner weiß, wer der Nächste ist. Früher ließ man in dieser Gegend die Leute schneller töten und in der Morgendämmerung zur Verbrennung fahren. Als man bei der Bevölkerung auf Widerstand traf, da ließ man uns einfach verhungern. [...] Alle 14 Tage gibt es ein reines Hemd u. Strümpfe. Das ist Sozialismus der Tat!» Ernst Putzki überlebte den Krieg nicht. Am 9. Januar 1945 wurde er in der hessischen Anstalt Hadamar ermordet.

Mit der Nutzung von Heil-und Pflegeanstalten als Ausweichkrankenhäuser für körperlich Kranke und Soldaten verschlechterten sich die Lebensbedingungen psychiatrischer und altersschwacher Patienten. In der Amtssprache der öffentlichen Verwaltung klang das Ende November 1942 so: Diejenigen Insassen, «die nutzbringende Arbeit leisten, oder in therapeutischer Behandlung stehen, ferner die noch bildungsfähigen Kinder, die Kriegsbeschädigten und die an Alterspsychose Leidenden» sollten «zu Lasten der übrigen Patienten besser verpflegt werden».[60] Dieser «Hungerkosterlass» des Bayerischen Innenministeriums ging auf die Initiative mehrerer Anstaltsdirektoren zurück und war eine Form der Euthanasie mit anderen Mitteln – dem «Aushungern» und der «Entzugskost», wie es in der Sprache der Verantwortlichen hieß. Das bedeutete konkret: Die Schwachen sollten Nahrung ohne Fett und nur mit wenig Fleisch und Kohlenhydraten erhalten. Gekochtes Gemüse – viel mehr gab es nicht auf den eigens entworfenen Speiseplänen, die keineswegs einer Hungersnot geschuldet, sondern Teil einer mörderischen Strategie waren. Der «Hungerkosterlass» stand am Beginn einer zweiten Welle von Patientenmorden, die im Spätsommer 1942 begann und in der Endphase des Krieges beinahe alle Teile des Deutschen Reiches erfasste. Priorität hatten in dieser Phase nun nicht primär erbbiologische, sondern kriegswirtschaftliche und sozialutilitaristische Selektionskriterien, die die Sterberaten in den psychiatrischen Anstalten auch nach dem Stopp der Aktion T4 weiter in die Höhe steigen ließen. Versorgungsengpässe durch den Luftkrieg waren für die regionalen Akteure allenfalls ein Vorwand, um die geplante Ermordung der Psychiatriepatienten weiter voranzutreiben. Auch dafür brauchte es keine Anweisung Hitlers, aber Ärzte und Gesundheitspolitiker, die den Wert der Menschen – und die Essenszuteilung – an ihrer kriegswirtschaftlichen Leistungsfähigkeit maßen.

Die deutsche Justiz hatte für den weitgehend reibungslosen Ablauf der Euthanasie gesorgt. Selten waren Fälle wie der des Vormundschaftsrichters Lothar Kreyssig in Brandenburg an der Havel, der sich beim Reichsjustizminister Franz Gürtner persönlich über die ungesetzliche Behandlung der Kranken beschwerte und Transporte solcher Personen, deren Vormund er war, in die Tötungsanstalten untersagte.[61] Mit Kriegsbeginn stellte die Justiz alle Weichen für den Kampf an der «inneren Front». Reichsjustizminister Gürtner und Staatssekretär Roland Freisler ließen ihre Richter an den Sondergerichten wissen, was sie von ihnen erwarteten: Die Zeit der «Friedensmaßstäbe» sei vorbei; schon der Wille zur Straftat sei genauso abzuurteilen wie das Verbrechen gegen die Volksgemeinschaft selbst. Eine «Umwertung der Friedenswerte»,[62] eine neue nationalsozialistische Strafrechtsmoral – das waren die Zeichen der Zeit, und das hieß: Nicht mehr primär die Umstände der Tat, die Unterscheidung zwischen dem Versuch oder der Vollendung einer Tat standen im Mittelpunkt der Strafzumessung, sondern ihr präventiver Charakter, die Abschreckung und nötigenfalls auch die endgültige Ausschaltung von «Volksschädlingen» – jener «Täter», deren Taten die nationalsozialistische Kriminologie spezifische verbrecherische Eigenschaften zuwies und die sie mit Begriffen wie «Saboteur» oder «Plünderer» als Gegner der Volksgemeinschaft markierte.

Die Gerichte, insbesondere die für immer mehr Delikte zuständigen Sondergerichte, verstanden sich als Speerspitze im Abwehrkampf gegen «Defätisten» aller Art und leisteten einen wesentlichen Beitrag dazu, dass es nicht zu einem solchen Elend wie 1918 kam, als die Front, so die verbreitete Wahrnehmung, unter der schwächelnden «Heimat» zusammengebrochen war. Das Strafrecht galt als besonders scharfes Schwert für die Schlacht an der «inneren Front» und ließ die Zahl der Todesurteile zwischen 1939 und 1945 in die Höhe schnellen: von 664 vor 1939 auf rund 15 400 im Zweiten Weltkrieg. Entscheidenden Anteil daran hatte das neu geschaffene Kriegsstrafrecht mit seinen zahlreichen neuen Deliktfeldern. Fünf Tage nach Kriegsbeginn trat die «Verordnung gegen Volksschädlinge» (VVO) in Kraft – das Kernstück der Repression gegen den inneren Feind.[63] Das Ziel, wie Roland Freisler offenherzig bemerkte: «daß gewissenlosen Schädlingen, die im Abwehrkampf unseres Volkes nach Gelegenheiten zu verbrecherisch-eigennützigen Angriffen suchen oder die gar Handlungen begehen, die die Widerstandskraft unseres Volkes schädigen, ihr Handwerk gelegt wird, und daß sie rücksichtslos aus unserem Gemeinschaftsleben, das sie selbst verraten haben, ausgeschlossen und, wenn nötig, ausgerottet werden».[64] Mehrere Tatbestände umfasste die «Verordnung gegen Volksschädlinge»: Sie regelte die «Plünderung im frei gemachten Gebiet», «Verbrechen bei Fliegergefahr», «gemeingefährliche Verbrechen» und die «Ausnutzung des Kriegszustandes als Strafverschärfung». Der Passus über «Verbrechen bei Fliegergefahr» deutete bereits auf den kommenden Luftkrieg und die Sorge vor der fehlenden «Kriegsmoral» mancher Volksgenossen hin. Das Strafmaß sah bis zu fünfzehn Jahre oder lebenslange Haft im Zuchthaus, bei besonders schweren Fällen gar die Todesstrafe vor. Der «Plünderer», so Freisler, sei «das widerliche Spiegelbild des Leichenfledderers des Schlachtfeldes». Gnade könne es für ihn nicht geben. Das Kriegsrecht flankierte die neue Moral der «völkischen Kampfgemeinschaft». Die Projektion des «gesunden Volksempfindens» machte aus Einbrüchen während der Verdunkelungen «schamlose» Verbrechen, die nach der VVO geahndet wurden.

Neben der «Volksschädlingsverordnung» dehnten noch weitere repressive Gesetzesänderungen die Zonen der Verfolgung immer weiter aus. Die Kriegswirtschaftsverordnung vom 4. September 1939 stellte Vergehen gegen die zentralisierte Ernährungsversorgung und Kriegsökonomie unter Strafe. Wer also Fleisch, Milch oder Brot hortete, verschob oder verschwendete, dem drohten nun genauso Zuchthaus oder gar die Todesstrafe wie demjenigen, der bei den Bezugsscheinen für Nahrungsmittel betrog. Dafür galt nun eine eigene Verbrauchsregelungs-Strafverordnung. Seit Kriegsbeginn stellte zudem die «Verordnung über die Rundfunkmaßnahmen» das «absichtliche Abhören ausländischer Sender» unter Strafe,[65] und Jugendliche über 16 Jahren konnten seit Oktober 1939 nach Erwachsenenrecht verurteilt werden, sofern eine «verbrecherische Gesinnung» oder der «Schutz des Volkes» dies nötig machte. An allen Stellen expandierten die repressiven Instrumente des Terrorstaates, die Misstrauen sanktionierten und Loyalität, wo sie nicht vorhanden war, per Gesetz zu erzwingen versuchten. Nachdem die britischen Bomben das Reich seit 1942 immer häufiger trafen und die Zahl angeblicher «Plünderer» in die Höhe schnellte, drängten die Justizbehörden darauf, rasch zusätzliche Sondergerichte einzurichten,[66] um gleichsam «rund um die Uhr» den Kampf an der inneren Front führen und die Täter ohne lange Prozesse bestrafen zu können. Denn Milde schien in Zeiten des Krieges das völlig falsche Signal, wie der seit August 1942 neu amtierende Reichsjustizminister Thierack meinte. Aufgabe der Justiz im Kriege sei dagegen, «die Verräter und Saboteure der inneren Front zu vernichten».[67] Deshalb erwartete er von seinen Richtern Kampfbereitschaft, Härte und völkische Gesinnung – und das bekam er im Übermaß. Die Verwandlung des Rechts in ein Kampfinstrument des Führerstaates betraf aber keineswegs «nur» die neuen Kriegssonderverordnungen, und daran beteiligt waren keineswegs nur die Sondergerichte oder der Volksgerichtshof. Die Amtsgerichte und ihre Richter machten ebenfalls mit, selbst wenn ihre Fälle weniger gravierend waren oder für öffentliches Aufsehen sorgten. Ihre Funktion für die «Stabilisierung der Heimatfront» und die «Aufrechterhaltung der Moral» war gleichwohl immens, denn sie entschieden beispielsweise darüber, wie im Krieg mit «Asozialen» oder «Arbeitsbummelanten» umzugehen sei. Rund 15 000 Männer und Frauen wurden allein im Jahr 1942 wegen Verstößen gegen die Arbeitsdisziplin verurteilt.[68] Die Arbeitsmoral der Arbeiter galt als äquivalent zur Kampfbereitschaft der Soldaten, sodass ein unerlaubtes Fehlen am Arbeitsplatz als Verstoß gegen den Betriebsfrieden und damit als Gefährdung der Kampfbereitschaft der Heimatfront bewertet wurde. Die Kriminalisierung devianten Arbeitsverhaltens sollte, wie die NS-Funktionsträger glaubten, ein Bröckeln der Heimatfront wie im Ersten Weltkrieg verhindern helfen und den Volksgenossen klarmachen, dass Arbeit Teil des völkischen Pflichtenkanons war. Deshalb waren für die Bestrafung solcher Delikte nicht mehr die Arbeits-, sondern die Strafgerichte zuständig.

In seinem täglichen Kampf gegen «Faulenzer» konnte sich das Regime insgesamt aber einer hohen Zustimmung sicher sein. Dafür brauchte es Vertrauen und Loyalität. Das konnte über soziale Zuwendungen und Anerkennung oder die Imagination der Gleichheit laufen. Ein wichtiges Element im Kampf um Vertrauen an der «Heimatfront» war ein Gesetzeswerk, das weniger propagandistisch umjubelt und dennoch für die Volksgenossinnen und Volksgenossen von großer Bedeutung war. Das 1940 neu geschaffene Kriegsschädenrecht war ein wesentliches Element des nationalsozialistischen Kriegsstaates. Auf dem Höhepunkt der militärischen Expansion im Herbst 1940 verabschiedet und beseelt vom Glauben an den «Endsieg», regelte die Kriegssachschädenverordnung[69] die Frage, wie bedauerliche Kriegsschäden des Einzelnen durch den Staat beglichen werden sollten. Niemand glaubte in diesem Moment, dass sich der Krieg tatsächlich mit voller Wucht gegen das Reich wenden würde. Die Regelung ging davon aus, dass mit der Beute eines siegreichen Krieges die

Verluste entschädigt werden könnten. Die Zumutungen des Krieges benötigten eine materielle Kompensation. Wer sich für die Volksgemeinschaft aufopfere, habe Anspruch auf Unterstützung und dürfe nicht alleine gelassen werden. Es ging also um ganz handfeste Entschädigungen beispielsweise nach Luftangriffen: Wer zahlte für den Ausfall von Arbeits- und Betriebsstunden? An wen konnte man sich wenden, wenn bei einem Angriff das Mobiliar oder die Werkstatt zerstört worden waren? Gezahlt werden sollte all das, allerdings abhängig von der volkswirtschaftlichen Entwicklung. Bis 1942 jedenfalls arbeiteten die neu geschaffenen Kriegsschädenämter unter Hochdruck daran, den Betroffenen Ersatz (oder zumindest verbriefte Rechtsansprüche) für verlorenen Besitz zu besorgen und sie großzügig – oft aus dem geraubten jüdischen Besitz – zu entschädigen.

Die soziale Nähe nachbarschaftlicher Privatheit hatte sich durch «Machtergreifung» und Krieg grundlegend verändert. Der Nationalsozialismus war in die konfessionellen und politischen Milieus eingedrungen und hatte bestehende Bindungen zerstört – einer der Gründe, weshalb die Hemmschwelle sank, Konflikte nicht mehr unmittelbar, sondern über den Umweg der Denunziation auszutragen. Motive dafür gab es viele: die offene Rechnung, die Habgier, die enttäuschte Liebe oder den Neid. Manche Frauen zeigten ihre untreuen oder gewalttätigen Männer bei der Geheimen Staatspolizei an und nutzten damit die wenigen Spielräume, die ihnen die nationalsozialistische Gesellschaft bot. Dass Denunziation eine besonders weibliche Eigenschaft gewesen sei, gehört indes ins Reich der Legenden. Zumeist waren es Nachbarn, mal Freunde, mal Eheleute, die sich beschuldigten, ein «rassefremdes Verhältnis» eingegangen zu sein, gegen den «Führer» gemeckert oder einen ausländischen Sender abgehört zu haben, und damit alte Rechnungen beglichen. Goebbels hatte die Bevölkerung eindringlich dazu aufgerufen, diejenigen «Volksschädlinge» zu melden, die den verbotenen ausländischen Rundfunk hörten. Dass manche ihre Pflichterfüllung übertrieben oder gar die neuen Spielräume des NS-Staates zu ihren Gunsten zu nutzen versuchten, beobachteten die Polizeiinspektionen immer wieder. In einem Erlass Reinhard Heydrichs an die Leiter aller Staatspolizeileitstellen am 3. September 1939 hieß es dazu: «Gegen Denunzianten, die aus persönlichen Gründen ungerechtfertigte oder übertriebene Anzeigen gegen Volksgenossen erstatten, ist an Ort und Stelle in geeigneter Weise – durch eindringliche Verwarnung und in böswilligen Fällen durch Verbringung in ein Konzentrationslager – einzuschreiten.»[70] Aber der aufmerksame Volksgenosse, der mit seiner Anzeige Verstöße gegen die NS-Moral aufdeckte, der tat im Sinne des Regimes genau das, was er tun sollte: seine braune Pflicht.

Der nationalsozialistische Staat schüchterte seine Bürger ein und ermunterte sie zugleich, jeden Tag von Neuem am Dritten Reich mitzuarbeiten. Die Opfer der Denunziationen waren nicht beliebig. Juden, Sozialdemokraten und Kommunisten standen ganz oben auf der Verfolgungsagenda. Vielfach stand die Denunziation am Ende einer längeren Ausgrenzung. Die Deutschen selbst lieferten Definitionen neuer Straftatbestände wie «Rassenschade»und erläuterten, was im Dritten Reich «typisch jüdisch» sei. In einem anonymen Schreiben an die Berliner Kriminalpolizei hieß es im September 1941: Der «Jude G.» liege «alle Nächte mit einem arischen Frauenzimmer im Bett. Der Fabrik, wo er arbeitet, soll er auch vorgelogen haben, er sei arisch. Sie dürfen doch keine Juden beschäftigen, wo sie doch für das Militär arbeiten. Der Jude kann auf dem Bau arbeiten oder in Oranienburg [einem Konzentrationslager nahe Berlin], wo er hingehört.»[71]

Mancher im neuen «Großdeutschen Reich» schien förmlich darauf gewartet zu haben, endlich einen mächtigen Ansprechpartner für seine antisemitische Überzeugung gefunden zu haben. Der neue «Reichskommissar für die Wiedervereinigung Österreichs mit dem Deutschen Reich», Gauleiter Josef Bürckel, erhielt im Juni 1938 eines von vielen Schreiben, die ihn aufforderten, aktiv zu werden. «Ich möchte Ihnen einen Fall bekannt geben, der bezeichnend ist für die Mentalität der Halbjuden. Im Hause VIII. Feldgasse 13, Tür 14, wohnt eine Familie Taussig. Eduard Taussig, der Volljude war, ist vor ca. acht Jahren gestorben, war überzeugter Kommunist, Schieber und Kriegsgewinnler. Seine Frau ist Vollarierin, die drei Kinder sind Mischlinge ersten Grades, also Halbjuden. [...] Dieser Haushalt gilt nach den Nürnberger Rassegesetzen als jüdisch; sie aber tun, als ob sie Arier wären. [...] Die ganze Familie lebte früher [...] in ärmlichen Verhältnissen, heute geht es ihnen glänzend und das zu einer Zeit, in der manche alte Parteigenossen noch keinen Posten haben. Ich glaube, dass man diesen Fall einmal näher untersuchen sollte.»[72]

Mindestens so bedeutsam wie die Gestapo war die aktive Unterstützung der Verfolgungen durch zahlreiche andere Organisationen. Dazu gehörten die vielen kleinen und größeren Funktionäre der NSDAP, die es als ihre Aufgabe ansahen, jeden Tag von Neuem der Volksgemeinschaft Leben einzuhauchen – und dafür die Initiative ergriffen. Auch die Deutsche Arbeitsfront oder die Nationalsozialistische Volkswohlfahrt sahen sich in der Pflicht, Anschuldigungen nachzugehen und sich in den Prozess der Denunziation einzuschalten. Denunziationen waren keine Seltenheit, und sie sind ein Indiz für die partizipative Kraft des Nationalsozialismus. Ob sie tatsächlich ein Massenphänomen waren? Das wird man nicht mit letzter Bestimmtheit sagen können. Nicht alle Denunziationen führten schließlich auch zu einer Anzeige. Vielleicht liegt denn auch hier das Besondere: Neid, Missgunst und Intrigen gab es in Diktatur oder Demokratie. Aber es brauchte ein politisches System und einen Herrschaftsapparat, der den Einzelnen an der Überwachung seines Nachbarn beteiligte. In der Diktatur konnte die Denunziation zur tödlichen Waffe werden. Die Utopie der Volksgemeinschaft bot dafür die Legitimation und die moralische Richtschnur.

Den Krieg regieren

Um den Krieg nach innen und außen führen zu können, bedurfte es einer funktionierenden Verwaltung, eines Apparats, der den Ausnahmezustand in Papierform goss und für bürokratische Normalität sorgte. Und es brauchte Beamte, die sich anstrengten – so wie die Mitarbeiter des Finanzamtes Neumarkt in der Oberpfalz im Sommer 1942. Der Amtsvorsteher setzte sich in einem Schreiben an den Oberfinanzpräsidenten Nürnberg wärmstens für vier seiner besonders engagierten Kollegen ein. Zwanzig Reichsmark Sondervergütung schienen ihm für ihre auch körperlich harte Arbeit angemessen. Schließlich hatten sie sich mehr als zwei Monate lang mit der Registrierung und Verwertung des Vermögens deportierter Juden beschäftigt. Und die Zeit hatte es in sich gehabt: «Die von den Juden verlassenen Wohnungen befanden sich meistenteils in einem unbeschreiblichen Zustand. Sie starrten teilweise vor Schmutz, eine ekelerregende Stickluft benahm den Eintretenden fast den Atem. Den Beamten kam zuerst wiederholt Übelkeit an, bis sie die Räume etwas durchlüftet hatten. [...] Die Beamten haben, abgesehen von den gesundheitlichen Gefahren, bei Erledigung der ihnen kaum zuzumutenden Schmutzarbeit auch *ihre Kleidung* mehr als sonst *abgenützt und beschmutzt.* Sie haben sich, von mir dazu bestimmt, der einem Beamten sonst nicht zuzumutenden Arbeit bereitwillig unterzogen.»[73]

Die Finanzbehörden taten das Ihre, um den Krieg zu finanzieren und sie strengten sich an, jüdisches Vermögen zu rauben. Die kommunalen Ämter öffneten trotz der angespannten Kriegslage ihre Schalter, in den Ministerien herrschte hektische Betriebsamkeit, wie die knappen Ressourcen zu verteilen seien und die immer neuen Anforderungen des völkischen Kriegsstaates umgesetzt werden konnten. Hitler selbst verabscheute die «bedenkentragenden» Beamten und Juristen. Während Rechtsstaaten gerade durch die Legitimität und Nachvollziehbarkeit von

Entscheidungen gekennzeichnet sind, setzte der Nationalsozialismus auf das «gesunde Volksempfinden» und das «Führerprinzip». Regieren: Das hieß im nationalsozialistischen Sinne der bewusste Verzicht auf die Prinzipien des Rechtsstaates; das bedeutete die Durchsetzung des Persönlichkeitsprinzips, das auf Kampf und Auslese basierte, und das meinte das neue Prinzip nationalsozialistischer «Menschenführung», die auf Autorität, Akklamation und Mobilisierung der Bevölkerung setzte. Verwaltung und Bürokratie waren alles andere als neutral, sondern eigenverantwortliche Akteure. Egal, ob Arbeit oder Gesundheit, Auswärtiges, Justiz, Ernährung, Wirtschaft oder Bildung: Es waren «ganz normale Beamte», die an der Enteignung der Juden, der Ausbeutung der besetzten Gebiete oder der antisemitischen Steuergesetzgebung mitwirkten und mit deutscher Gründlichkeit die Vernichtungsmaschinerie in Gang setzten. Die Verwaltungen in den Gesundheits- und Arbeitsbehörden und bei der Polizei sammelten weiterhin Informationen, erfassten Kranke und «Asoziale», sie lieferten die Daten und Informationen und sie ließen ihre Experten und Berater Entwürfe für eine «völkische» Zukunft ausfertigen, die ihnen dann selbst wieder als Richtschnur ihres Handelns dienten. Dabei gab es kaum einen Bereich, der von den neuen Prioritäten rassistischer Selektion nicht erfasst wurde. Die Agrarexperten entwarfen Pläne, wie Nahrungsmittel aus den besetzten Gebieten geraubt werden könnten, und kalkulierten dafür den Hungertod der dortigen Bevölkerung ein; Historiker dachten mit Raumplanern darüber nach, wie der Osten besiedelt und die Bevölkerungsgruppen «verschoben» werden könnten, und die Beamten im Wirtschaftsministerium berechneten den möglichst effizienten Mitteleinsatz für den Eroberungskrieg und die Ausplünderung der Juden.

Gerade weil man ihnen individuelle Verantwortung übertrug, wurden die Beamten in den Behörden vielfach selbst aktiv und warteten nicht erst auf Befehle von oben, um beispielsweise Pläne für die rassistische Umgestaltung der deutschen Rentenversicherung oder der Familienpolitik zu entwerfen. Ein umfassender Gestaltungsanspruch bestimmte das Verwaltungshandeln, dessen Fluchtpunkt nicht klar benannt wurde und gerade dadurch immer radikalere Optionen denkbar machte. Deshalb war auch die Selbstwahrnehmung mancher Akteure nicht falsch, die immer wieder von dem rasenden Tempo berichteten, das die Verwaltungen im Zeichen des Krieges unter Dauerstress hielt. Die Behörden setzten neue Prioritäten, und sie taten das mit einem Beamtenapparat, der frühzeitig «gesäubert» worden war. Was in Deutschland bereits 1933 geschehen war, erlebten Österreichs Städte und Gemeinden seit 1938. In Linz, der «Patenstadt des Führers», übernahmen beispielsweise vielfach die «Illegalen», ins Deutsche Reich geflüchtete Nationalsozialisten, im Stadtrat und der Stadtverwaltung das Kommando. Das ging so weit, dass auch kleine Beschäftigte wie der im Schlachthof als Telefonist angestellte Alois K. wegen seiner Sympathie für die «alte Ordnung» entlassen wurde.[74]

In der Regel konnten sich die autoritätsfixierten Beamten rasch den neuen Vorgaben des Dritten Reiches anpassen. Das Regime versprach den nationalsozialistischen Aktiven einen schnellen Aufstieg durch die Behörden. Die Politisierung der Beamtenschaft ließ manchen Sprung über die Gehaltsstufen zu. An der Spitze wichtiger Ministerien im Krieg standen neue nationalsozialistische Staatssekretäre, die sich wie Wilhelm Stuckart (Inneres) oder Herbert Backe (Ernährung) vor allem als Teil der NS-Bewegung verstanden und ihre Behörden in diesem Sinne führten. Mancher Zeitgenosse hatte diese Entwicklung mit Sorge betrachtet, nicht zuletzt die zahlreichen neuen Instanzen und Parteibehörden, die die traditionellen Entscheidungswege veränderten. Seit der «Machtergreifung» hatte das Reichskabinett als zentrale Koordinierungsstelle immer seltener getagt und schließlich, seit Februar 1938, seine Arbeit gänzlich eingestellt. Neben Gesetzen speisten nun «Führererlasse» das politische Räderwerk, und wichtige Entscheidungen waren oft vom Zugang zu Hitler und seiner

Entourage in der Parteikanzlei abhängig. Die Verwaltung führte indes nicht einfach aus, sondern die Ministerien waren selbst dazu befugt, rechtskräftige Verordnungen zu erlassen, und füllten auf diesem Weg ein Vakuum, das der Führerstaat geschaffen hatte.

Die Verwaltung des Dritten Reiches war noch durch ein weiteres, direkt auf Hitler bezogenes Herrschaftsinstrument geprägt: Sonderbevollmächtigte und direkt dem «Führer» unterstellte Kommissare, die spezifische Probleme der Kriegswirtschaft, der Versorgung oder auch, wie im Falle der Euthanasie, des Massenmordes organisieren sollten. Manche dieser Kommissare handelten weitgehend kraft ihrer individuellen Autorität, manche konnten auf einen kleineren Apparat an Experten zurückgreifen, mit denen sie ihre Arbeit parallel zu den traditionellen Bürokratien organisierten. Albert Speer entwarf als «Generalbauinspektor für die Reichshauptstadt» die Pläne für das teutonische Imperium. Heinrich Himmler war als «Reichskommissar für die Festigung deutschen Volkstums» seit Oktober 1939 der zentrale Organisator der Vernichtungspolitik im Osten. Fritz Todt, zuständig für den Straßenbau, befehligte ein Heer von Zwangsarbeitern.[75] Sie alle sollten eine Aufgabe übernehmen, die die Rüstungs- und Rassepolitik erst geschaffen hatte. Ihre Autorität im Wettstreit um Ressourcen bezogen sie aus der Berufung auf ihren unmittelbaren «Führerauftrag», was zu erheblichen Konflikten mit den bereits etablierten Ministerien und Entscheidungsträgern führte. Hitler ließ diese Machtkämpfe oftmals bewusst laufen und wartete ab, wer am Ende siegreich daraus hervorging. Vielfach verfügten diese Kommissare über fachspezifische Expertise, und manche gehörten, wie der Reichskommissar für das Sanitäts- und Gesundheitswesen, Karl Brandt, schon seit der Frühzeit der NS-Bewegung zu Hitlers Umfeld. Voraussetzung war unbedingte Loyalität zum NS-Staat und seinem «Führer». Neben der «traditionellen» Bürokratie und den Sonderkommissaren bestimmte die NSDAP mit ihren Organisationen die Verwaltungsstruktur des Dritten Reiches. Die Dualität von Partei und Staat prägte lange Zeit das Bild der NS-Diktatur als chaotisch-anarchisches Kompetenzwirrwarr, bei dem nicht einmal mehr die Beteiligten genau zu wissen schienen, wer wofür verantwortlich war. Im November 1939 notierte der Diplomat Ulrich von Hassell über die Streitereien: «Diese Leute wissen ja im Grunde gar nicht, was ein Staat ist.»[76] Und auch andere Zeitgenossen sahen in den verschiedenen Zuständigkeiten und Machtzentren, im polykratischen Konflikt, einen Wesenszug nationalsozialistischer Herrschaft, der zu Mehrarbeit und Ineffizienz führte. Doch insbesondere im Krieg war zu beobachten, dass sich der ursprüngliche Dualismus langsam aufzulösen begann und etwas Neues entstand. Ob man dies eine neue Form von Staatlichkeit[77] nennen sollte, ist umstritten. Aber vieles spricht dafür, dass in der zunehmenden Verschmelzung ursprünglich getrennter Sphären nicht nur ein Element der Zerstörung, sondern auch der Dynamik und organisatorischen Transformation lag, die dem Regime die Möglichkeit bot, sich an den kriegsbedingten Ausnahmezustand anzupassen.

Mit der Gründung des Reichssicherheitshauptamtes im September 1939 entstand aus SS und Polizei ein neuer Hybrid, der den Kampf gegen die Feinde der Volksgemeinschaft perfektionierte. Seit Mai 1941 gab es, in der Nachfolge der «Dienststelle des Stellvertreters des Führers», die neu geschaffene Partei-Kanzlei, deren Leitung Reichsleiter Martin Bormann übernahm.[78] Durch Führerauftrag ermächtigt, dehnte Martin Bormann seine Kompetenzen immer weiter über den engen Bereich der Partei hinaus aus. Bormann sah sich verantwortlich für alle politischen Fragen, die Hitler und die Partei betrafen – und das kannte tendenziell keine Grenzen. Seine Stimme im Gesetzgebungsverfahren sei die des nationalsozialistischen Volkes – und deshalb sei dringend geboten, die NSDAP, in diesem Fall ihn selbst, in allen Verfahren zu hören und zu beteiligen. Dahinter standen Machtfragen, auch in der Auseinandersetzung mit den Funktionsträgern der NSDAP.

Aber es war zudem der Anspruch, den nationalsozialistischen Willen in allen politischen und administrativen Fragen durchzusetzen. Das brachte erhebliche und dauernde Konflikte mit einer der anderen wichtigen Institutionen, der «Kanzlei des Führers» unter Philipp Bouhler. Aber im Kern war doch zu beobachten, wie sehr es Bormann gelang, seinen Machtbereich beständig auszudehnen.

Auch unterhalb der Reichsebene hatte die NSDAP ihren Einfluss ausbauen können. Das galt zunächst für die Gauleiter und die NS-Gaue, die seit 1933 immer häufiger die Funktion einer Art Mittelinstanz zwischen Reich und Kommunen übernahmen, ohne die frühere Autorität der zerschlagenen Länder zu erlangen. Die Einteilung der Gaue entsprach den Reichstagswahlkreisen der Weimarer Republik, und sie unterstanden formal der Münchner Reichsleitung bzw. Hitler als Parteivorsitzendem. Ihr Eigenleben und ihr Eigengewicht waren groß, und sie verfügten, je nach Charakter des Gauleiters, über erhebliches Gewicht, das sie mit großem Selbstbewusstsein gegenüber der Partei-Kanzlei und den staatlichen Stellen vertraten. So erreichte etwa Gauleiter und Reichsstatthalter Karl Kaufmann in Hamburg eine dermaßen «extreme Zentralisierung der politischen Verantwortung» auf sich, dass man von der Hansestadt fast als von «einer Miniaturausgabe des ‹Führerstaates›» sprechen konnte.[79] Gab es Streit zwischen Hamburg und dem Reich, dann nutzte Kaufmann immer wieder seine persönliche Nähe zu Hitler, um im polykratischen Wettstreit formale Hierarchien zu umgehen. Die österreichische NSDAP, geprägt von zahlreichen Konflikten und alles andere als eine homogene Partei, orientierte sich an den neu geschaffenen Reichsgauen der «Ostmark» – von der sprach Hitler nach dem «Anschluss» lieber als von Österreich. Dazu zählten Kärnten, Niederdonau, Oberdonau, Salzburg, die Steiermark, Wien und Tirol-Vorarlberg. Staats- und Parteiämter lagen im Zuge der raschen Machteroberung stets in einer Hand, aber das Verhältnis zwischen den unterschiedlichen Traditionen und Instanzen, mit

Berlin zumal, blieb angespannt. Die neuen Gauleiter, die Hitler ernannt hatte, waren zumeist jüngere, oft akademisch gebildete Männer der Mittelschicht; zu ihnen zählte auch der gelernte Bautechniker Odilo Globocnik, Gauleiter Wiens, der zunächst die Verfolgung der Wiener Juden, dann, nach der Eroberung Polens, als SS- und Polizeiführer im Distrikt Lublin des Generalgouvernements und Chef der «Aktion Reinhardt» die Vernichtung der osteuropäischen Juden organisierte.

Der Krieg machte aus den Gauleitern Reichsverteidigungskommissare mit wehr- und wirtschaftspolitischem Gewicht. Sie verfügten über dichte, unmittelbar an sie gebundene personelle Netzwerke, die halfen, den eigenen Herrschaftsanspruch zu untermauern und sich – wie der sächsische Gauleiter Martin Mutschmann als «Führer Sachsens» – zu inszenieren. Als «kleine Könige» vor Ort nutzten sie dieses dichte Netz persönlicher Ergebenheit zwischen Staat, Partei und Wirtschaft, das dann wie im Falle Hamburgs mit großer Energie die «Arisierung» betrieb.

So verschieden die Gaue und ihre regionale Infrastruktur zwischen Hamburg, Westfalen, Schwaben und Niederdonau auch waren, so richteten doch ihre kleinen und mittelgroßen «Führer» ihre ganze Energie darauf, den Krieg mit Wucht führen und die regionalen Ressourcen optimal dafür einsetzen zu können. Während Bormann alles daransetzte, die Gauleiter in ihren ungezügelten Machtambitionen an die Kandare zu nehmen, war deutlich zu erkennen, dass insbesondere die lokalen NSDAP-Ortsgruppen und Kreisleiter mit Kriegsbeginn weiter an Einfluss gewannen. Stabilisierung der Heimatfront durch Kontrolle und Mobilisierung: Das sollte die Aufgabe der nationalsozialistischen Eliten an der Basis sein. Der Krieg erlaubte es der NSDAP, sich als «Kümmerer»-Partei zu inszenieren und ihren Einfluss auf zentrale Lebensbereiche auszudehnen.[80] Und das war angesichts heftiger Korruptionsskandale nationalsozialistischer «Bonzen» wie nach den Bombenangriffen auf Lübeck und Rostock im März/April 1942 besonders drängend. Zentnerweise hatten NSV-Funktionäre Kaffee und Marzipan abgezweigt, die eigentlich als Hilfsleistungen für die Ausgebombten gedacht gewesen waren.

Die Ortsgruppen sollten die Menschen über die Einzelheiten der Lebensmittelversorgung und der Bezugsscheine beraten, gegen die «Hamsterei» vorgehen und genau zuhören, was die Bevölkerung dachte. Wer in Hamburg seinen Antrag auf Entschädigung nach Luftangriffen stellen wollte, tat dies im Büro der NSDAP, und in Hannover konnten die Betroffenen ihre Gesuche an das Stadtbauamt nur über die NSDAP-Ortsgruppe stellen. «Betreuen» und «Überwachen» waren andere Worte für dieses Prinzip nationalsozialistischer «Menschenführung». Das hieß ganz praktisch, dass die Ortsgruppen beispielsweise für die Überwachung der Verdunkelung in ihren Vierteln zuständig waren und auch dafür, dass den unzuverlässigen Volksgenossen der Strom für eine Woche abgestellt oder eine ordentliche Geldstrafe zuteil wurde. Mit der Ausdehnung des Luftkrieges seit 1941/42 übernahm die NSDAP ein weiteres Feld kommunaler Krisenlösung: die Erstversorgung der Ausgebombten und Evakuierten, die Überwachung der Bunker und die Rekrutierung von Luftschutzwarten. Zumeist geschah dies in enger Kooperation mit den städtischen Verwaltungen, die ebenfalls ein wichtiges Element der Kriegführung waren. Die Grenzen zwischen parteiamtlichen und kommunalen Funktionen verflüssigten sich nicht zuletzt durch den Krieg immer weiter. Kein Zweifel konnte daran bestehen, dass die Zustimmung zum Regime nicht zuletzt von seiner Krisenlösungskompetenz vor Ort abhängig war – und die Städte und Gemeinden sahen sich dabei als vitale Akteure, die für Ruhe und Ordnung an der «Heimatfront» sorgen sollten. Die effiziente Verwaltung des Notstandes war wesentlicher Bestandteil eines erfolgreichen Eroberungskrieges, für den auch die Kommunen kämpften. Schon bei der Verfolgung der Juden und «Asozialen» hatten die Städte und Gemeinden einen aktiven Part gehabt und waren nicht einfach nur Vorgaben gefolgt.

Mit Kriegsbeginn übernahmen sie zusätzliche Funktionen.

Städte und Gemeinden waren als unterste Behörde für die Versorgung mit Gebrauchsgütern verantwortlich, für die Zuteilung von Schuhen, Kerzen, Kohle, Reifen und Textilien, von knappem Wohnraum nach Luftangriffen, für die Bearbeitung von Kriegsschäden – allein in Essen erhöhte sich die Zahl der städtischen Außenstellen, die sich in den Vierteln als volksgemeinschaftliche Dienstleister um die Versorgung kümmerten, von 15 auf 68. Viele Städte veränderten ihre administrative Struktur; sie schlossen Abteilungen, die für den Krieg weniger wichtig waren, versetzten Personal und stärkten die Bereiche, die für die innere Kriegführung besonders wichtig waren. Denn nichts schien angesichts der Erfahrungen von 1918 problematischer als der Hunger. Ohne die Effizienz und vitale Eigenständigkeit der kommunalen Bürokratie konnte dieser Krieg nicht geführt werden. Insofern ist es wenig sinnvoll, sich den nationalsozialistischen Staat als «organisiertes Chaos»[81] vorzustellen. Die Verwaltung des Führerstaates passte sich den veränderten Kriegsbedingungen erstaunlich flexibel an und differenzierte sich immer weiter aus.[82] Gerade in der Verbindung von bürokratischer Normalität und permanentem Stress, den der nationalsozialistische Gestaltungswahn produzierte, lag ein zentrales Moment der Radikalisierung. Die verschiedenen Machtzentren führten zu einer zunehmenden Fragmentierung der ursprünglichen Verwaltungsstruktur; doch gleichzeitig entstanden in der umkämpften Kooperation zwischen Partei und Staat neue Hybride, die personalisierte Herrschaft neu institutionalisierten, so wie es die führerunmittelbaren Sonderbehörden taten – und damit erhebliche Energie freisetzten. Der verstetigte Ausnahmezustand des Krieges beschleunigte einen Transformationsprozess, dessen Träger vielleicht noch nicht wussten, wie dieser neue Staat administrativ aussehen sollte, denen es aber nicht an brutaler Entschlossenheit fehlte, die völkische Utopie in bürokratische Praxis umzusetzen.

Für den Krieg arbeiten

Mit kolonialer Wehmut blickte die Studentin Gertrud im Jahr 1940 auf ihre Zeit in einer Dorfschule im Warthegau, im vormaligen Polen, zurück: «Meine Herrschergefühle, die mich hier bisweilen ankommen, werde ich wohl wieder ablegen müssen. Denn hier fühlt man sich wie ein Halbgott. In der Schule ist man unbedingte Autorität – diese zu bezweifeln, fällt weder Kindern noch Eltern ein. Im Dorf hat man außer dem lieben Gott auch niemand mehr über sich; mit der Gendarmerie hat man gemeinsamen Haushalt – d. h. ich esse auf der Gendarmeriestelle, wo für billiges Geld eine Polin für uns kocht – und im Schatten der Gendarmerie fühlt man sich allen Polen und störrischen Amtskommissaren gewachsen.»[83]

Der «Osten» war für die junge Frau eine ganze besondere Arbeitserfahrung: Hier trat sie als Repräsentantin des Deutschtums auf, hier war sie wer – und spürte das auch. Als Frau sorgte sie für Ordnung im «polnischen Chaos». Sie brachte deutsche Bildung unter die «volksdeutsche» Bevölkerung und als Lehrerin konnte sie mehr entscheiden als daheim. Nach der Wehrmacht und den Rasse- und Umsiedlungsexperten kamen solch jungen, gut ausgebildeten Frauen aus dem Altreich, um mit ihren Mitteln den «Volkstumskampf» voranzutreiben und am nationalsozialistischen Germanisierungsprojekt mitzuwirken. Die NS-Führung wünschte sich dafür «fanatische» Kämpferinnen, die in die ländlichen Regionen, nach Posen, Hohensalza oder Litzmannstadt «deutsche Bildung» und nationalsozialistische Gesinnung exportieren sollten. Die neuen deutschen Schulen sollten als Vorhut der Rassenselektion die «guten», dort angesiedelten Kinder unterrichten, den Glauben an «Führer», Volk und Vaterland fördern. Im Unterricht stand dann beispielsweise, wie bei der angehenden Lehrerin Hertha M., die Geschichte Germaniens auf dem Programm: «Die Kinder sollen Germanen und Hunnen als zwei fremdrassige Völker in verschiedenen [sic] Aussehen und Auftreten kennen lernen und sollen erkennen, daß die Stärke eines Volkes in seiner Einigkeit und seiner Führung liegt.»[84]

Bildung für polnische Kinder dagegen brauchte es in den Augen der Besatzer nicht oder nur in spärlichem Umfang, gerade so viel, um sie als künftige Arbeitskräfte ausnutzen zu können. Das war seit 1940 Vision und Programm zugleich: Der «Osten» war Teil kolonialer Träume, antislawischer Vorurteile – und er bot neue Arbeitsmöglichkeiten für Männer wie für Frauen. BDM und NS-Frauenschaft sahen in den eroberten Gebieten die Chance für die Bewährung der eigenen Kader und den Beleg eigener Bedeutung. Jugendgruppenführerinnen wurden zu Kurzeinsätzen rekrutiert, Funktionärinnen der NS-Frauenschaft zum Einsatz gedrängt. Der Reichsarbeitsdienst warb genauso wie die Reichstudentenführung um Frauen, die mithelfen sollten, als «Ansiedlungsbetreuerinnen» die annektierten Gebiete zu germanisieren. Dorfhelferinnen, Lehrerinnen, Erzieherinnen: Sie alle konnten, zumindest für eine gewisse Zeit, im «Osten» aktiv werden – und mal mit mehr, mal mit weniger großem Eifer ihren Teil für den «Grenzlandkampf» leisten. Manche machten das aus innerer Überzeugung, andere sahen die Gelegenheit, aus ihrem Trott auszubrechen und hofften auf ein wenig Abenteuer. Das bedeutete neue Freiheiten, aber auch neue Verantwortung, bisweilen sogar eine erhebliche Last, sich mit nicht einmal zwanzig Jahren im Geflecht von dörflichen und parteiamtlichen Strukturen und Erwartungen zurechtzufinden.

Jung, ledig, mobil: Für diese Frauen, erzogen im Geist antipolnischer und antisemitischer Ressentiments, galt der «Osteinsatz» als Pflichterfüllung, begleitet von der Hoffnung auf berufliches Weiterkommen. Manch eines der BDM-Mädels spazierte mit dem Blick einer neuen Kolonialherrin durch die polnischen Städte und Dörfer. Ihr Einsatzauftrag hieß «Mütterlichkeit». Wenngleich Mädchen und Frauen als «Reichsdeutsche» über größere Autonomie verfügten, klassische Geschlechtergrenzen zu überschreiten, blieb doch die Vorstellung prägend, dass sie für die Arbeit in den Familien, Männer hingegen für den harten Kriegseinsatz verantwortlich seien – und sich diese Sphären allenfalls überschnitten, wenn ein SS-Mann direkt vom Mordkommando zum Krippenspiel in den NSV-Kindergarten kam. Unpolitisch war das nicht, nur eine spezifische Form der Aufgabenteilung.

Für den Krieg zu arbeiten hieß sehr Unterschiedliches: Nicht wenige wechselten, zeitlich befristet, ihren Arbeitsort. Denn die Okkupationspolitik gierte nach neuem Personal, das nun seinen Dienst nicht mehr nur in Berlin, München oder Wien, sondern in Krakau, Posen oder Warschau tat, um den Brief- oder Bahnverkehr für die Front zu regeln, neue Produktionsstätten für Unternehmen zu suchen oder in einer der zahlreichen nationalsozialistischen Organisationen einen Schritt nach oben auf der Karriereleiter zu machen. Bund Deutscher Mädel, Deutsche Arbeitsfront, Nationalsozialistische Volkswohlfahrt, NSDAP, Reichsarbeitsdienst, Reichsluftschutzbund oder die fast 400 000 Helferinnen des Roten Kreuzes: Mit dem im Krieg expandierten Organisationsgeflecht von Partei und Staat öffneten sich neue Räume und Aufgabenfelder. Die Germanisierungs- und Umsiedlungspolitik machte die Grenzen zwischen «Altreich» und eroberten Gebieten fließend – für berufliche Karrieren und genauso für das allgemeine Wissen über den Menschenraub, den Einsatz von Zwangsarbeiterinnen und Zwangsarbeitern in Deutschland.

Auf den Schreibtischen der «Anwerbestelle des General-Bevollmächtigten für den Arbeitseinsatz» in Kiew stapelten sich auch Arbeitskarten wie die von Ekaterina Golubewa. «Hausmädchen» stand dort als künftiger Beruf der 15-Jährigen. Das Dokument trug das Datum vom 25. September 1942, ausgestellt vom Leiter der Behörde in der Ukraine, Regierungsrat Dr. Janitzky.[85] Er gehörte zum Stab Fritz Sauckels, der als Thüringischer Gauleiter und «Generalbevollmächtigter» den Arbeitseinsatz organisierte. Auf Ekaterina Golubewas Arbeitskarte stand das Wort «Anwerbetag». Das klang nach Freiwilligkeit. Und tatsächlich hatten sich manche der Zivilarbeiter anfangs, auf der Flucht vor stalinistischem Terror, freiwillig gemeldet; ein «gutes Leben», so die nationalsozialistische Propaganda, erwarte die jungen Frauen und Männer im Deutschen Reich. Doch die Wirklichkeit sah anders aus. Hinter dem Begriff der «Anwerbung» standen, wie bei Ekaterina Golubewa, Repression und Zwang, standen Razzien und Deportationen, die alleine zwischen April und November 1942 rund 1,3 Millionen zumeist junger Arbeitskräfte aus der eroberten Sowjetunion ins Deutsche Reich brachten. Eine Rückkehr in die Heimat oder eine Auflösung des Arbeitsvertrages waren von Beginn an ausgeschlossen. Ukrainische Mädchen als Haus- oder Küchenhilfen – das war trotz nationalsozialistischer Rassentrennung möglich, sofern, wie es in einem Nachtrag zu den «Allgemeinen Bestimmungen über Anwerbung und Einsatz von Arbeitskräften aus dem Osten» vom 10. September 1942 hieß, «deren Erscheinungsbild dem rassischen Bild des deutschen Volkes möglichst nahe kommt». Die junge Ukrainerin landete schließlich, nach einer tagelangen Fahrt in Viehwaggons, im westfälischen Hagen. Auf dem Arbeitsamt wurde sie nochmals registriert, ihr wurde ein Fingerabdruck abgenommen, und sie wurde als Nummer 2756 ihrem künftigen Arbeitgeber ausgehändigt, einem Gastwirt, der den «Eicker am Markt», ein bekanntes Lokal der Stadt, betrieb. Weil die Volksgemeinschaft zwar die billigen Arbeitskräfte brauchte, aber nicht ertragen wollte, dass ihnen das Gaststättenpersonal, das ihnen die Speisen servierte, ausgemergelt und halbtot unter die Augen trat, gab es eigene Vorschriften, die dafür Sorge tragen sollten, dass die Ernährung gerade für diese Zwangsarbeiter ausreichend war. Insofern erging es Ekaterina Golubewa besser als den Industriearbeiterinnen und Industriearbeitern, die im nahen Ruhrbergbau oder in der Stahlindustrie unter besonders scharfer Kontrolle standen. Aber das machte ihr Schicksal nicht leichter. Auch sie musste mit der Kennzeichnung «Ost» an der Kleidung leben, die sie auf Schritt und Tritt öffentlich diskriminierte. Von morgens bis spätabends musste sie arbeiten, Freizeit gab es nicht, und ihre Gastwirte waren alles andere als gastfreundliche Leute. Sie erinnerte sich jedenfalls daran, dass der Wirt ein richtiger «Nazi» gewesen sei, und auch die Familie habe sie missgünstig behandelt und ihr sogar mit dem Konzentrationslager gedroht. Und das nur, weil sie weiße und farbige Wäsche gemeinsam gewaschen hatte. Was indes ein Konzentrationslager wirklich bedeutete, sei ihr in diesem Moment noch nicht klar gewesen.

Die Rassepolitik der Nationalsozialisten machte aus den «Fremdarbeitern» eine Bedrohung für die «Reinheit» des deutschen «Volkstums» und ihre Anwesenheit zu einer permanenten Gefahr für den «Volkskörper».[86] Gleichwohl war mit Kriegsbeginn der Arbeitskräftebedarf rasant angestiegen und damit das Regime vor die Notwendigkeit gestellt, trotz aller Bedenken gegen die «rassische Vermischung» Ausländer ins Reich zu holen. Der nationalsozialistische Kriegsstaat konnte schließlich diesen Feldzug nur durch eine umfassende Mobilisierung eigener und fremder Ressourcen führen. Der Zwangsarbeitereinsatz war nicht auf die Schwer- oder Rüstungsindustrie beschränkt, sondern umfasste beinahe alle Branchen und Arbeitgeber: öffentliche Verwaltungen genauso wie Wohlfahrtsverbände und die Kirchen, Bauernhöfe und private Haushalte, in denen rund 200 000 sowjetische Dienstmädchen beschäftigt wurden – solche wie Ekaterina Golubewa. Damit gab es kaum einen Bereich der deutschen Gesellschaft, der nicht von der Arbeit der Deportierten profitierte. In der Landwirtschaft beschäftigt zu werden erhöhte die Chancen, den Krieg zu überleben, vor allem weil der Zugang zu Lebensmitteln leichter war. Es gehört aber zu den zähen Legenden, dass es die dort eingesetzten Ostarbeiter «gut» gehabt hätten. Zwangsarbeit kannte auch hier «viele Gesichter».[87] In kleineren Betrieben oder in der Landwirtschaft konnten der persönliche Kontakt und der gemeinsame christliche Glaube zu einer halbwegs erträglichen Beschäftigung und Versorgung der ausländischen Arbeitskräfte führen.[88] Bisweilen setzte sich die Landbevölkerung gar über die Anweisungen des NS-Staates hinweg und ließ die «fremdvölkischen» Arbeitskräfte an ihrem Tisch mitessen.

Gleichwohl waren Zwangsarbeiter auf dem Dorf besonders von den deutschen «Herrenmenschen» abhängig: Von regelmäßiger körperlicher Gewalt, beständiger Diskriminierung und Demütigung bis hin zur «stillen Hilfe» und solidarischen Unterstützung reichten die Erfahrungen. Vielfach war es – neben der «rassischen» Herkunft – nicht zuletzt die Arbeitsleistung des Einzelnen, die über sein Schicksal und darüber entschied, ob er von den bäuerlichen Dienstherren als «nützlich» und damit als «schützenswert» betrachtet wurde. So unterschiedlich die Erfahrungen damit waren, so überwogen auch in der Landwirtschaft letztlich Ausbeutung und bittere Not.[89]

Die Arbeitseinsatzpolitik sollte ab Herbst 1941 erheblich an Bedeutung gewinnen, als mit den unerwarteten Rückschlägen der Wehrmacht im «Unternehmen Barbarossa» der Druck auf die deutsche Rüstungswirtschaft anstieg und statt eines raschen Blitzkrieges nun eine hemmungslose Materialschlacht neue rüstungswirtschaftliche Prioritäten schuf. Der Arbeitseinsatz vor allem der sowjetischen Kriegsgefangenen, der vor dem Überfall noch strikt abgelehnt worden war, galt nun immer mehr als notwendige Option und Chance, die fehlenden Arbeitskräfte zu ersetzen. Weil aber mehr als die Hälfte der bis Ende 1941 insgesamt rund 3,3 Millionen Inhaftierten erfroren oder systematisch unterversorgt wurden, entschied sich das nationalsozialistische Regime trotz Sorge um die «innere Reinheit» der Volksgemeinschaft zur massenhaften Deportation von rund 2,5 Millionen sowjetischen Zivilarbeitern und Zivilarbeiterinnen ins Deutsche Reich. Eine davon war Ekaterina Golubewa.

Die Arbeitskräfte trafen auf eine Bevölkerung voller antibolschewistischer und antislawischer Vorurteile. In den Ausführungsbestimmungen zum «Russeneinsatz» vom 7. November 1941 ließ Hermann Göring keinen Zweifel an der Politik sozialer Kontrolle und rassischer Unterordnung: «Die deutschen Facharbeiter gehören in die Rüstung; Schippen und Steineklopfen ist nicht ihre Aufgabe, dafür ist der Russe da» und: «Keine Berührung mit deutscher Bevölkerung, vor allem keine Solidarität. Deutscher Arbeiter ist grundsätzlich Vorgesetzter der Russen.»[90] Mit den «Ostarbeitererlassen» vom 20. Februar 1942,[91] die das Reichssicherheitshauptamt ausgearbeitet hatte, war nicht nur ein neuer Name für die Deportierten und Zwangsverpflichteten geschaffen. Sie verschärften die bestehende Praxis im Umgang mit osteuropäischen Arbeitern und regelten das Beziehungsgefüge zwischen «Herrenmenschen» und «Arbeitsvölkern». Kontakte zwischen Deutschen und Russen sollten auf ein Minimum beschränkt bleiben. Nach der Arbeit kam das Barackenlager, in der sich das Leben abgezäunt von der Volksgemeinschaft abspielte. Männer und Frauen wurden voneinander getrennt, ihre Kleidung durch das Zeichen «OST» für Ostarbeiter klassifiziert, die seelsorgerische Betreuung unterbunden und alle disziplinarischen Vergehen unter ein hartes Strafregiment bis hin zu Todesurteilen gestellt.

Die Arbeits- und Lebensbedingungen im Ruhrbergbau waren katastrophal und die Politik der Zechenleitungen besonders unnachgiebig, während das Primat der Arbeitsproduktivität in Branchen wie der Metallindustrie auch zu einer Lockerung der Vorgaben führen konnte. In jedem Fall galten auch dort Leistungssteigerungen als das wesentliche Prinzip des Arbeitseinsatzes, wenngleich der Weg dorthin umstritten und von unterschiedlichen Prioritäten geprägt war. Zwischen dem Primat der rassistischen Vernichtungspolitik und der Logik der Produktivitätssteigerung bestand bisweilen eine Spannung, aber kein Widerspruch. Eher wird man von einem komplementären Beziehungsgefüge sprechen können. Mit Kriegsverlauf war zu beobachten, dass die Unternehmen die Versorgung ihrer «Fremdarbeiter» verbesserten, ohne jedoch an ihrem Status etwas Wesentliches zu verändern. Vielfach prägte die Arbeit an modernen Fließbändern ihren Arbeitsalltag. Als «Rationalisierungsproletariat» ersetzten sie – teilweise zumindest – weibliche Ersatzkräfte. Die räumliche Enge der Produktion erleichterte ihre Kontrolle und verhinderte mögliche solidarische Zusammenschlüsse während der Arbeitszeit, wie sie in stärker handwerklich geprägten industriellen Betrieben möglich waren. Gleichzeitig verbanden die deutschen Unternehmen die neuen Ausbeutungsinstrumente mit gezielten Leistungsanreizen für solche Zwangsarbeiter, die sich besonders geschickt anstellten und hohe Arbeitsleistungen vorweisen konnten. Ähnlich wie auch in anderen Bereichen der NS-Gesellschaftspolitik gewann auf dem Feld der Zwangsarbeit die produktivitätsorientierte nationalsozialistische Leistungsideologie an Bedeutung.

Auf der untersten Stufe der rassistischen Hierarchie des Ausländereinsatzes standen seit 1941 die sowjetischen Kriegsgefangenen. Der Überfall auf die Sowjetunion am 22. Juni und die zunächst rasanten Erfolge beim Vormarsch Richtung Moskau hatten ein beinahe unübersehbares Heer an Frauen und Männern zur deutschen Verfügungsmasse gemacht, die rücksichtlos ausgebeutet wurden. Ihre Arbeitszeiten waren länger, ihre Bestrafung drakonischer und damit ihre Hoffnung zu überleben geringer als die anderer Zwangsarbeitergruppen. «Zivilarbeiter» aus dem Westen, aus Frankreich, Italien und Belgien, standen unterhalb der deutschen Beschäftigten, aber über den Verschleppten aus osteuropäischen Ländern wie Serbien, Rumänien, Ungarn oder Polen. Eine eigene Gruppe bildeten zudem die in der letzten Kriegsphase verstärkt in der Rüstungsindustrie eingesetzten KZ-Häftlinge und jüdischen Zwangsarbeiter, deren Behandlung noch brutaler ausfiel, wenngleich sich die Unterschiede zwischen ihnen und den sowjetischen Kriegsgefangenen auf kargem Niveau angleichen konnten.[92]

Zwangsarbeit und Häftlingskommandos prägten das Bild der deutschen Städte und Dörfer, der Industrieregionen genauso wie der landwirtschaftlichen Provinz. Die Gewalt der Arbeit und der rassistischen Ausbeutung war für jeden sichtbar.[93] Gewalt meint in diesem Zusammenhang beides: die arbeitsökonomische Ausbeutung und die körperlichen Übergriffe. Wer – trotz formellen Verbots –, ohne Folgen erwarten zu müssen, schlagen durfte, wusste um seinen Platz in der Volksgemeinschaft. Die Ohrfeigen der Vorgesetzten im Betrieb zählten dazu genauso wie die Prügel der Lagerleitungen, Vergewaltigungen oder die alltäglichen Beschimpfungen.[94] Auch wenn sich nur ein geringer Teil der Bevölkerung aktiv daran beteiligte, so gewöhnten sich die meisten Deutschen doch an die Routine physischer Gewalt. Besonders scharf ging man gegen alle Formen sexueller Beziehungen zwischen Deutschen und «Fremdvölkischen» vor, wobei das besondere Augenmerk der «Reinheit» deutscher Frauen und damit dem biologischen Erhalt des «Volkskörpers» galt. Kontakte wurden strikt unterbunden. Für Ausländer bedeutete dies mindestens die Einweisung in ein Konzentrationslager, oft auch die Todesstrafe. Entstanden Kinder aus solchen Beziehungen, so blieb es nicht bei einer Verwarnung oder Stigmatisierung der (deutschen) Frauen. Stattdessen folgte in solchen Fällen auch die Einweisung in eines der Frauenkonzentrationslager oder ins Zuchthaus. Während deutsche Männer, die eine Beziehung mit osteuropäischen Zwangsarbeiterinnen eingegangen waren, nicht zwangsläufig mit Haft rechnen mussten, wurden viele Ostarbeiterinnen ins KZ oder in eines der Ausländerbordelle gesteckt, in denen die arbeitenden männlichen Gefangenen bei Laune gehalten werden sollten. Die Geschichte von Klara Haase aus Immenhausen ist ein Beispiel dafür, was mit deutschen Frauen geschehen konnte, die eine Beziehung mit einem ausländischen Arbeiter eingegangen waren (oder denen man dies unterstellte). Sie hatte den jungen Polen Gerhard kennengelernt, der in einer Bäckerei arbeitete. Daraufhin wurde sie bei der Gestapo denunziert und Ende März 1941 in das Arbeitserziehungslager Breitenau überstellt. «Verkehr mit ausl. Arbeitern» stand als Begründung auf ihrem Haftschreiben. Rund ein Jahr blieben sie zunächst beide dort, bis Gerhard in das Konzentrationslager Buchenwald,

Klara dann in das KZ Ravensbrück deportiert wurde. Gerhard überlebte die Haft, Klara indes starb in Ravensbrück am 23. Mai 1943 an Lungentuberkulose.[95]

Das ehemalige Benediktinerkloster Breitenau in der Nähe von Kassel hatte eine bis ins 19. Jahrhundert reichende Geschichte als «Arbeitshaus», in dem Arme, Bettler, Fürsorgeempfänger und Prostituierte durch Arbeitszwang «erzogen» wurden. Die «Faulen» sollten sich nicht länger «ausruhen» und die «Arbeitsscheuen» abgeschreckt werden. In Breitenau hatten die Nationalsozialisten schon 1933 politische Gegner inhaftiert und die Anstalt für ihren Kampf gegen «Gemeinschaftsfremde», gegen «Asoziale», «Arbeitsscheue» und «Bettler» genutzt. Im Sommer 1940 richtete die Kasseler Gestapo – nach Rücksprache mit der SS-Reichsführung – ein Arbeitserziehungslager für «Schutzhäftlinge» ein, eine Vorstufe und Teil des komplexen KZ-Lagersystems im Inneren des Deutschen Reiches, in dem bis 1945 rund 7600 Gefangene schuften mussten, darunter neben deutschen Arbeitern und politisch Missliebigen ein Großteil ausländischer Zwangsarbeiter und Juden, für die Breitenau dann die Vorstufe zur Deportation in die Vernichtungslager war.

Der «Schutzhafterlass» vom 25. Januar 1938 ermöglichte die sechswöchige Einweisung in ein Arbeitserziehungslager, eine Haft, mit der «Bummelanten», «Arbeitsverweigerer» und all jene «arbeitsunlustigen Elemente» bekämpft werden sollten, deren «Verhalten einer Arbeitssabotage gleichkomm[e]».[96] Die Häftlinge sollten zu strenger Arbeit angehalten werden, «um ihnen ihr volksschädigendes Verhalten eindringlich vor Augen zu führen, um sie zu geregelter Arbeit zu erziehen und um Anderen durch sie ein abschreckendes und warnendes Beispiel zu geben». Nicht richtig zu arbeiten oder gesundheitlich angeschlagen zu sein konnte also den Status als Volksgenossen ebenfalls gefährden. Zuständig dafür war nun nicht mehr die Arbeits-, sondern die Strafjustiz, die mit hoher Energie daranging, «Arbeitsverweigerer» zu verfolgen, wobei sich darunter ein erheblicher

Teil Frauen befand.[97] Das Bonner Landgericht hatte die 24-jährige Arbeiterin Elisabeth N. im Februar 1943 zu zehn Monaten Zuchthaus und dann zur weiteren Unterbringung in einem Arbeitshaus verurteilt: Wiederholt hatte die Arbeiterin ihren Arbeitsplatz bei der Dynamit AG verlassen, sich «herumgetrieben» und als Prostituierte gearbeitet. Aus Sicht des Gerichts handelte es sich bei Elisabeth um eine «Asoziale», geprägt von «Hemmungslosigkeit», eine «arbeitsscheue» Frau, die «nach dem gesunden Volksempfinden» eine «angemessene Bestrafung» erhalten müsse. Das war schließlich auch der Grund, warum das Gericht der Berufung der Staatsanwaltschaft gefolgt war und die Strafe noch einmal erhöht hatte. Die Vorwürfe «Asozialität» und «Arbeitsverweigerung» waren in diesem Sinne ein Instrument, das sich insbesondere gegen Frauen und Jugendliche und ihre vermeintliche «Verwahrlosung» richtete.

Viele Betriebe entwickelten dabei für ihre männlichen Arbeitskräfte ein differenziertes Disziplinarsystem, mit dem sie «Bummelanten» bekämpften. Gegenüber Zwangsarbeitern und KZ-Häftlingen reagierten die Unternehmensleitungen rasch und mit brutalen Strafen; deutsche Arbeiter waren indes ein knappes Gut, und die strafrechtliche Disziplinierung war immer eine schwierige Abwägung zwischen unternehmerischem Herrschaftsanspruch und betriebswirtschaftlichen Opportunitätskosten. Großbetriebe wie die Gutehoffnungshütte verwarnten ihre unentschuldigt fehlenden Arbeiter zunächst mündlich, dann schriftlich. Beim dritten Fehlen innerhalb eines Vierteljahres verhängte die Betriebsleitung eine erste Geldstrafe, beim vierten Mal eine zweite, höhere Geldstrafe und meldete den Arbeiter schließlich den Arbeitsbehörden – und das konnte dann «Schutzhaft» bedeuten.[98]

Ähnliche Lager wie Breitenau gab es vielerorts im Dritten Reich. Der Alltag war geprägt von Demütigung und harter, gefährlicher Arbeit. Mehr als vier bis fünf Stunden Schlaf gab es selten, und nach der Arbeit gab es zusätzlich noch «Sport». Die

Arbeitsteilung der «Gegnerverfolgung» war seit Kriegsbeginn noch fließender geworden. Die Gestapobehörden vor Ort legten die Regelungen der SS-Reichsführung sehr flexibel aus und nutzten die Frage der Arbeitsfähigkeit zum umfassenden politischen und rassistischen Zugriff. Sie konnten dabei auf ein breites Netz unterschiedlicher Institutionen zurückgreifen, die die nötigen Informationen lieferten: Betriebe und Krankenkassen, Polizeibehörden, Bürgermeister, Landräte, Unternehmen, Teile der Bevölkerung und insbesondere die Arbeitsämter, deren Leiter seit November 1941 ein eigenes Ordnungsstrafrecht erhielten, mit dem sie direkt Strafanzeige stellen oder zusätzliche Ordnungsstrafen verhängen konnten.

Zumeist zwölf Häftlinge arbeiteten in einer Kolonne wie in Breitenau, die ein Aufseher überwachte. Morgens um fünf wurden sie geweckt, um sechs Uhr war Appell, um sieben ging es dann zum Arbeitseinsatz in der Land- und Forstwirtschaft oder beim Straßenbau. Die Ernährung war dürftig; es kam vor, dass Häftlinge in ihren sechs Wochen Arbeitseinsatz bis zu 30 Pfund Gewicht verloren. Gerade für die Zwangsarbeiter dienten die Arbeitserziehungslager als Instrument der Disziplinierung und der Abschreckung. Die Allgemeine Ortskrankenkasse hatte die Firma Hellwig u. Söhne aus dem hessischen Ziegenhain dazu aufgefordert, drei tschechische Zwangsarbeiter «abtransportieren zu lassen».[99] Schließlich müsse gegenüber den anderen ausländischen Arbeitern «ein Exempel» statuiert werden. Der Anlass: Die drei Tschechen waren zunächst von einem Arzt aus Ziegenhain krankgeschrieben worden; ein betrieblicher Vertrauensarzt untersuchte sie darauf noch einmal und befand sie für arbeitsfähig. «Abtransport nach Breitenau» war sein Vorschlag für den Fall, dass die drei nicht zur Arbeit erscheinen würden. Das taten sie, aber offenkundig «nicht besonders arbeitsfreudig», wie der Betrieb befand. Am 27. Juli 1942 brachte der Gefangenentransport sie nach Breitenau, nachdem auch das Arbeitsamt dafür plädiert hatte, den dreien im Lager das Arbeiten erst einmal «richtig beizubringen». Fast fünf Monate, bis Mitte Dezember 1942, blieben sie in Breitenau.

Für den Krieg arbeiten bedeutete also sehr Unterschiedliches: Für die Mehrheit der deutschen Arbeiter hieß es, dass – egal, wie gut oder schlecht sie selbst qualifiziert waren – es nun jemanden gab, der unter ihnen stand. Die umfassenden Rationalisierungsbestrebungen der deutschen Industrie, bereits vor 1933 erdacht und vom amerikanischen Vorbild beeinflusst, erlebten nach der «Machtergreifung» und dann noch einmal mit Kriegsausbruch einen spürbaren Aufschwung. Rationalisierung – das meinte die Standardisierung von Arbeitsabläufen, die Einführung von Fließbändern und den Versuch, Löhne noch stärker über Leistung und weniger über berufliche Qualifikation zu messen. Die rassistische Arbeitsordnung sah eine deutsche, leistungsorientierte Facharbeiteraristokratie an der Spitze, am Ende dagegen die angelernten oder ungelernten Arbeitssklaven aus dem Osten, die all die leicht zu lernenden, sich ständig wiederholenden Arbeitsgriffe zu erledigen hatten, für die sich die Leistungsträger der «deutschen Wertarbeit» zu schade waren. Die Arbeitsexperten der Deutschen Arbeitsfront entwarfen immer neue, radikalere Ideen einer «völkischen» Arbeitsgesellschaft der Zukunft. Betriebliche Disziplinierung und ein dichtes Netz engmaschiger Arbeitskontrollen waren dafür tragende Säulen.

Der Ausbau des Systems betrieblicher Vertrauensärzte, die sich in erster Linie an den Produktionskennziffern und nicht an der Gesundheit der Beschäftigten zu orientieren hatten, gehörte zu den repressiven Instrumenten, die den Körper der Beschäftigten nicht als individuelles Gut, sondern als Teil der völkischen Arbeitsproduktivität ansahen. Nur so wird verständlich, wie der Krankenstand während des Krieges auf ein geradezu beängstigend niedriges Niveau gedrückt werden konnte. Ärzte, die sich auf die Suche nach angeblichen «Drückebergern» machten, Krankenkassen, die Druck auf die Versicherten ausübten, die Treuhänder der Arbeit, die extensive Arbeitszeiten und strafrechtliche

Drohungen aussprachen: All dies machte die Betriebe trotz aller Gemeinschaftsrhetorik zu militarisierten Orten klassenspezifischer Unterdrückung.

Die Frage, wie dieser Krieg in den Betrieben geführt und wie eine maximal mögliche Mobilisierung erreicht werden konnte, war keineswegs unumstritten. Anfängliche Versuche, durch Lohnstopps in allen Branchen und für alle Beschäftigten gleichermaßen die Lohn- und Gehaltsentwicklung zu regulieren, unterliefen manche der Betriebe bewusst, um das knappe Personal zu halten. Angesichts fehlender qualifizierter Arbeitskräfte konnte auch nicht ausschließlich mit harter Hand regiert werden. Nur in sehr seltenen Fällen wehrten sich die Arbeiter mit ihrem alten Kampfinstrument: dem Streik.[100] In der Friedrich-Alfred-Hütte in Rheinhausen legten die Beschäftigten am 16. August 1943 kurzzeitig die Arbeit nieder, weil sie sich gegen die Zeitnehmer wehren wollten, die mit ihren Stoppuhren und ihrer Überprüfung des Arbeitsprozesses noch mehr Leistung aus den Arbeitern herauspressen wollten. Auch die Arbeiterinnen schlossen sich dem Protest an. Endlich, so ihre Forderung, wollten auch sie die gleichen Löhne wie ihre männlichen Kollegen. Arbeitsniederlegungen gegen die Ausdehnung von Arbeitszeiten gab es auch in der Dortmunder Hütte Phönix Ende Februar 1944. Mit dabei waren in diesem Fall auch polnische, französische und sowjetische Zwangsarbeiter. Nach einer Stunde – die Betriebsleitung hatte ihre Vorgaben zurückgezogen – war der Ausstand beendet. Ein Sieg auf ganzer Linie war der Protest dennoch nicht. Streiks und alle Formen der Arbeitsniederlegungen waren verboten, und die Beteiligten wurden daher zu Geldstrafen verurteilt.

Alleine zwischen Juli und September 1943 verhafteten die Polizeibehörden 6549 Arbeiter wegen unerlaubter Arbeitsniederlegung, vom Januar bis Juni 1944 stieg die Zahl der Verhaftungen auf 12 925.[101] Inwiefern sich solche und andere Arbeitsverweigerungen als bewusster Widerstand gegen den Nationalsozialismus verstehen lassen, ist schwer zu sagen. Es gab tatsächlich Fälle wie bei der Lorenz AG in Berlin-Tempelhof, wo Arbeiter 1943 durch kollektives langsames Arbeiten die Produktion um 30 Prozent drücken konnten. Und im November 1941 beispielsweise berichtete die Gestapo von zahlreichen Sabotagefällen bei Messerschmitt in Obertraubling. Aber nicht einmal die Gestapo selbst war sich sicher, ob es sich dabei generell um politische Aktionen handelte. Aus den vielen Einzelfällen einen Akt der politischen Opposition abzuleiten, dürfte übertrieben sein und deren Folgen überschätzen, zumal sich die meisten Arbeiter aus patriotischer Pflichterfüllung fürs «Weiterarbeiten» bis zum Schluss entschlossen: in der Großindustrie ebenso wie in den kleinen Betrieben, im Handwerk genauso wie auf dem Land. Vereinzelt gab es also durchaus Widerspruch gegen die radikalen Leistungsanforderungen des Regimes, gegen die Zumutungen zusätzlicher Schichten und schnellerer Arbeitsrhythmen. Aber der kollektive Protest war doch die Ausnahme. Viele der Jungen und nicht parteipolitisch Gebundenen erinnerten sich daran, wer im Zeichen erfolgreicher Eroberungspolitik für Brot und Arbeit gesorgt hatte.

Die Lohnentwicklung verlief in den einzelnen Branchen, Betrieben und Regionen sehr unterschiedlich. Beschäftigte in Grenz- oder klassisch exportorientierten Regionen mussten eher Einbußen hinnehmen, während Arbeiter in den weniger luftkriegsgefährdeten Regionen Mitteldeutschlands tendenziell besser abschnitten und von der umfassenden Rüstungsmobilisierung profitierten. Die sozialpolitischen Initiativen des «völkischen Wohlfahrtsstaates» dienten nicht dazu, soziale Ungleichheiten zu beseitigen, wie es die Propaganda beständig beschwor. Sie waren vielmehr Instrument im Kampf um «Lebensraum», und ihre Leistungen zielten auf «Bestenauslese», Produktivität und Ressourcengewinn. Das galt in der Lohnpolitik, für die Verteilung von medizinischer Hilfe und die Sozialversicherung. Das geplante «Sozialwerk des Deutschen Volkes»,[102] an dem die Arbeits- und Sozialwissenschaftler der DAF für die Zeit nach dem Krieg arbeiteten, koppelte alle Leistungen an die Zugehörigkeit zur

Volksgemeinschaft – aber gerade das war kein rechtlich garantierter Status, sondern abhängig von politischer Zuverlässigkeit sowie Arbeitswilligkeit und Arbeitsfähigkeit. Rechtssicherheit gab es in dieser Utopie der Ungleichheit nicht; attraktiv war sie für so manche dennoch, weil traditionelle versicherungsrechtliche Unterschiede zwischen Arbeitern und Angestellten aufgehoben und eine großzügigere Versorgung der Familien, Witwen und Waisen ebenso vorgesehen waren wie «Ehrensold» für kriegsversehrte Soldaten und ein «Muttersold» für alle Ehrenkreuzträgerinnen im ruhestandsfähigen Alter. Alle bisher getrennten Zweige der Sozialversicherung sollten, mit Ausnahme der Privilegien für die Beamten, in einem einheitlichen Versorgungssystem zusammengeführt werden. Das klang – auch im Vergleich mit anderen wohlfahrtsstaatlichen Plänen wie in Großbritannien – äußerst innovativ, schienen doch allen voran die deutschen Arbeitnehmer von den Plänen aus dem Hause Robert Leys zu profitieren. Doch ihre Basis war die rassistische und arbeitsökonomische Selektion und unterschied sich gerade durch die fehlende Rechtssicherheit und den fragilen Status des Volksgenossen von allen anderen Plänen, die zeitgleich in Europa diskutiert wurden.

Sehen konnte man dies auch an der Rentenversicherung. Zwar nahm das Regime im Sommer 1941 Rentenkürzungen zurück und verbesserte damit die Absicherung der Alten ein wenig. Doch gleichzeitig erhöhte es den Druck auf die älteren Arbeiter, sich angesichts des Arbeitskräftemangels noch einmal der Kriegswirtschaft zur Verfügung zu stellen. Die älteren Arbeiter prägten damit vor allem in den weniger kriegswichtigen Betrieben den Produktionsalltag, nachdem die jüngeren zur Wehrmacht eingezogen worden waren. Im Kern verschärfte der Krieg bereits bestehende soziale Ungleichheiten. Auch wenn eine kleine Gruppe gut ausgebildeter Facharbeiter insbesondere in der Rüstungsindustrie spürbare Gehaltssteigerungen erzielte, so gelang es dem Regime doch, die Effektivlöhne seit 1941 – auf einem im Vergleich zu den Vorkrisenjahren der Weimarer Republik niedrigeren Niveau – zu stabilisieren. Die neuen Lohnbewertungssysteme führten zur Differenzierung und Spreizung des Lohngefüges. Besser qualifizierte Arbeiter der Eisen- und Stahlindustrie konnten einen – im Vergleich – spürbaren Verdienstzuwachs je Stunde verbuchen.

Doch die effektiven Stundenlöhne angelernter Arbeiter in der Gießerei- und metallverarbeitenden Industrie etwa gingen zwischen 1942 und 1944 spürbar zurück, und männliche Hilfsarbeiter der Produktionsgüterindustrie traf es noch einmal härter. Ähnliches galt für die Landwirtschaft. Seit 1942 griff die staatliche Lohnpolitik immer rigoroser ein. Manche Arbeitergruppen der Konsumgüterindustrie mussten, im Vergleich zu den Jahren von 1927 bis 1929, einen Rückgang von bis zu 20 Prozent ihrer Stundenlöhne hinnehmen. Und Maurer erhielten im Frühjahr 1944 weniger als zwei Drittel (63,4 Prozent) von dem, was sie im Sommer 1929 verdient hatten. Die nationalsozialistische Kriegswirtschaft privilegierte hoch qualifizierte Arbeitergruppen, die sich als lohnpolitische Gewinner fühlen durften, andere dagegen erlebten die Kriegszeit – auch angesichts des knappen Wohnraums – als Zeit wachsender proletarischer Enge.[103] Das galt besonders für Industriearbeiterinnen, die zu den großen Verliererinnen der Kriegsjahre zählten, weil sich die Kluft zwischen Männer- und Frauenlöhnen in den meisten Branchen spürbar vergrößerte. Viele von ihnen waren, entgegen allem propagandistischen Getöse, in der Produktion eingesetzt und arbeiteten an Stellen, für die nur geringe oder gar keine Qualifikationen benötigt wurden. Schließlich sollten Frauen nicht etwa berufliche Aufstiegsmöglichkeiten erhalten, sondern «ihren körperlichen und geistigen Fähigkeiten gemäß», wie es im Jargon der NS-Arbeitswissenschaftler hieß, eingesetzt werden – manche neue Arbeitsmöglichkeit entstand damit auch in bis dahin männlich dominierten Branchen, aber berufliche Qualifikation oder bessere Entlohnung hieß das für die Frauen deshalb nicht. Es war vor allem die militärische Mobilisierung der Männer, die Raum für

Frauen schuf. Um rund 130 000 erhöhte sich beispielsweise zwischen 1939 und 1942 die Zahl der weiblichen Angestellten. In manchen Industriebetrieben wie etwa bei Krupp waren 1942 bereits 26 Prozent aller Angestellten weiblich (1938 waren es noch 5 Prozent gewesen), bei Siemens waren es 42 Prozent (1938: 26,8).[104]

Rassistische Hierarchisierung prägte auch die weibliche Arbeitswelt. Fritz Sauckel formulierte das schlicht: «Vor Maschinen stelle ich keine deutschen Frauen, dafür sind die Russinen [sic] gerade gut genug.»[105] «Eine» Arbeiterschaft gab es in Deutschland also nicht, hatte es auch nie gegeben: Kollektive Interessenorganisationen fehlten, der Krieg und die neue Lohnordnung beflügelten Trends zur Individualisierung; Kriegsversehrte, ältere Arbeiter, Frauen und ausländische Arbeitskräfte sollten die Lücken schließen, die der Krieg in den Betrieben hinterlassen hatte.

Rückschläge und massive Verluste an der Ostfront, insbesondere die Niederlage in Stalingrad Anfang 1943, machten aus Sicht der NS-Führung eine weitergehende Mobilisierung für den «totalen Krieg» unausweichlich. Mit der schon länger diskutierten Arbeits- und Meldepflicht für Frauen im Alter zwischen 17 und 45 Jahren (und für Männer zwischen 16 und 65 Jahren) sollten schließlich alle Kräfte für die «Reichsverteidigung» gebündelt werden. Glaubt man den internen Berichten des Regimes, dann fand dieser Schritt bei einem Teil der Arbeiterschaft durchaus Zustimmung – und zwar deshalb, weil nun endlich, wie es hieß, alle, auch die «besseren Kreise», ihren Dienst für den «Endsieg» leisten sollten. Umso empörter waren deshalb die Stimmen, die sich wenige Wochen nach dem Anlaufen der Meldepflicht im Februar 1943 darüber echauffierten, dass die Meldepflicht immer noch genügend Schlupflöcher übrig ließ. Einige Arbeiter wollten künftig sogar vor den Türen wohlhabender Volksgenossen nachsehen, ob sich die feinen Damen wirklich in den Dienst der Volksgemeinschaft stellten. Solche Kontrollen wurden «in den öffentlichen Verkehrsmitteln teilweise offen diskutiert». Ein «Prüfstein für das Vorhandensein einer wirklichen Volksgemeinschaft» sollte die Meldepflicht sein. Dass die bestehenden sozialen Ungleichheiten und Lastenverteilungen auch in der Kriegszeit offenkundig die Wahrnehmung der Arbeiterschaft dominierten, war an dieser Einschätzung genauso bemerkenswert wie die Äußerung, notfalls selbst für Gerechtigkeit zu sorgen. Das volksgemeinschaftliche Gleichheitsversprechen bot die Legitimation für diese Form proletarischen Selbstbewusstseins.[106]

Selbstbewusst waren auch die Bauern. Schließlich würde doch nun, mit Kriegsbeginn, an zwei Fronten gekämpft, wie der Bauernfunktionär Ernst Feichtinger im November 1939 meinte: An der «Front der Soldaten» und an der «Front der Wirtschaft». Und die Landwirtschaft kämpfe hier an «entscheidender Stelle». Denn alles sei leichter zu entbehren als «das notwendige Essen. Und man kann ruhig sagen: der Kampf in der Heimat ist in manchen Belangen nicht weniger mühe- und opfervoll, als der im Felde draußen.»[107] Auf den Höfen sollte all das in der großen «Erzeugerschlacht» produziert werden, womit Deutschland Krieg führen konnte: genügend Fleisch, Kartoffeln und Milch, Mais und Getreide, Öl- und Faserpflanzen, alles für die deutsche Volkswirtschaft. Mit Kriegsbeginn waren die Importe und Handelsbeziehungen weggebrochen. Noch war nicht sicher, wie viel die fest eingeplante Ausbeutung der besetzten Gebiete tatsächlich bringen würde. Das Dilemma: Aus Sorge vor Unruhen mussten die Preise stabil bleiben, gleichzeitig sollte die Produktivität trotz Abwanderung von Arbeitskräften hoch bleiben und mussten bisher importierte Futterpflanzen ersetzt werden. Ideologische Aufrüstung, finanzielle Entschädigung, staatliche Steuerung – das war der agrarpolitische Dreiklang, mit dem die «Erzeugerschlacht» im «Großdeutschen Reich» gewonnen werden sollte. Trotz aller Vergünstigungen und Repressionen, trotz der massiven Schwierigkeiten, überhaupt seinen Arbeitsplatz in der Landwirtschaft zugunsten eines Industriearbeitsplatzes verlassen zu dürfen, trotz Treueprämien und zinsgünstigen Darlehen: Am Trend der Abwanderung von der Landwirtschaft in die Industrie änderte auch die NS-Propaganda nicht viel. In der Industrie, allen voran in der Rüstungsindustrie, konnte einfach mehr verdient werden. Insbesondere die immer schon besonders mies bezahlten Saisonarbeiter suchten in der Rüstungsindustrie ihr Glück und flüchteten vor der dörflichen Enge.

Schon vor Kriegsbeginn war ein erheblicher Teil landwirtschaftlicher Arbeit Frauenarbeit gewesen. Nun, nachdem viele der Söhne und Männer zur Wehrmacht einberufen worden waren, übernahmen die Bäuerinnen noch mehr Verantwortung. Die NS-Ideologie hatte ihnen eine klare Rolle zugewiesen: als Pflegerin des Brauchtums, als Führerin des Haushaltes, als «Arbeitskameradin» des Mannes – und schon das war in gewisser Weise eine Sonderstellung im Vergleich zu den Aufgaben, die Frauen sonst auszufüllen hatten. Mit Kriegsbeginn standen ideologische Fragen geschlechtsspezifischer Arbeitsteilung immer seltener im Zentrum der NS-Propaganda. Wichtiger war etwas anderes: dass die Frauen ihre Männer oder Söhne ersetzten, mithilfe der Zwangsarbeiterinnen und Zwangsarbeiter dafür sorgten, dass die Produktivität ihrer Nutzflächen und ihrer Tiere nicht sank, dass also die Landfrau ihre besondere Pflicht an der Heimatfront versah. Eine grundsätzliche Änderung der Arbeitsverteilung war das nicht, eher den Zwängen des Krieges geschuldet. Für die Bäuerinnen hieß das im Krieg zunächst: Sie mussten noch mehr arbeiten. 16- bis 18-Stunden-Tage waren eher die Regel als die Ausnahme; vor allem auf kleineren Höfen machten sich die fehlenden Arbeitskräfte bemerkbar. Krankheit, Erschöpfung, oft auch Fehlgeburten prägten ihren Arbeitsalltag – so sehr, dass sogar die Gesundheitsämter Alarm schlugen. Mehrarbeit und die Forderung nach größerer Leistungsfähigkeit prägten die bäuerliche Lebenswelt in Niedersachsen wie im Donauland, und klar war auch, dass zuallererst die Arbeitskraft der Zwangsarbeiterinnen und Zwangsarbeiter «anzuspannen» sei, wie es in ihren Einsatzbestimmungen von deutscher Seite hieß.[108]

Die bäuerliche Lebenswelt des Krieges war geprägt durch Bewirtschaftungsvorgaben des Reichsnährstandes und die zahlreichen Versuche, sich den Ablieferungsquoten für Früchte und Getreide, für Milch und Kartoffeln zu entziehen. Konflikte gab es nicht zuletzt über die Frage, wie sehr das bäuerliche Selbstverständnis dem Rhythmus der «Erzeugungsschlacht» untergeordnet werden müsse und ob dies beispielsweise auch für kirchliche Feiertage gelte. An der weitgehenden regimekonformen Loyalität der Landbevölkerung änderte dies wenig. Ihre Sorgen galten mindestens ebenso sehr den fehlenden Produktionsmittel, dem kriegsbedingten Mangel an Dünger und Futtermittel und dem Mangel an Arbeitskräften, den eingezogenen Landarbeitern, aber natürlich auch dem Kriegseinsatz der Söhne und Väter. Der Druck auf die Bäuerinnen war also massiv. Wie sehr sich dabei bäuerliche Vorstellungen von «Ehre» und «Leistung» mit anderen Konflikten überlagerten, ließ sich vor den Erbhofgerichten beobachten. Das Reichserbhofgesetz machte die Vererbung auf nur einen Erben bindend und die Hofübertragung von der «Reinrassigkeit» des Hofnachfolgers abhängig. Oft gab es über die Erbregelungen heftigen Streit, so wie bei Rosa Müller.[109] Noch vor dem Erlass des nationalsozialistischen Gesetzes hatte sie den Hof mit 23 Hektar in Ollern, unweit von Wien, von ihren Eltern überschrieben bekommen. Der Reichsnährstand beantragte im Jahr 1944 die «Abmeierung». Das Reichserbhofgesetz sah vor, dass ein Erbhofbauer seinen Status als «Bauer» verlieren konnte, sofern er sich – im Sinne des NS-Staates – als unfähig erwies, den Hof zu führen. Der Hof konnte dann entweder befristet an den Staat oder auch an eine Person gehen, die nach Einschätzung des Reichsnährstandes besser befähigt sei. In Rosa Müllers Fall hatte der Landesbauernführer beantragt, den Hof an den Ehemann zu übertragen. Der Grund: Der Hof sei, nach dem Einzug ihres Mannes zur Wehrmacht, in einen «katastrophale[n] Zustand» geraten. Die örtlichen Kreisbauern gaben zu Protokoll, wie «verwahrlost» der Hof sei, überall gebe es Unkraut auf den Feldern. Um den Hof wieder in Schuss zu bringen, müsse der Ehemann den Hof wieder bewirtschaften. Nur dies sei im «Interesse der Ernährungssicherheit». Die Sorge um die wirtschaftliche Lage war aber nur ein Teil der Geschichte. Denn hinter dem Streit stand ein schon länger schwelender ehelicher Konflikt, der sich immer wieder um die Herrschaft auf dem Hof drehte. Denn Rosa Müller hatte sich immer wieder die Einmischung ihres Mannes in die Hofführung verbeten und auch abgelehnt, ihren Besitz frühzeitig ihrer Tochter zu überschreiben – wohl auch aus Sorge darum, dass ihr Mann damit größeren Einfluss erhalten würde. Jedenfalls versuchte Johann Müller, seiner Frau die «Bauernfähigkeit» abzusprechen und so mithilfe des Reichsnährstandes die Macht auf dem Hof zu übernehmen. Der Krieg war hier allenfalls der Vorwand. Als Zeuge sagte vor Gericht auch noch der Bürgermeister von Ollern aus. Sein Urteil: Rosa Müller sei in der Tat nicht fähig, einen Hof zu führen, aber ihr Mann habe ebenfalls einen schlechten Leumund. Es gebe da Gerüchte über eine außereheliche Beziehung und über eine Brandstiftung – beides waren auch die Argumente, mit denen Rosa Müller Widerspruch einlegte und zugleich die Scheidung beantragte. Der Hof sei auch keineswegs deshalb in einem schlechten Zustand, weil sie sich nicht darum kümmere, sondern weil ihr angesichts des Krieges einfach die Arbeitskräfte fehlten, um alles in Schuss zu halten. Der Landesbauernführer nahm seinen Antrag zunächst zurück, forderte aber, den Hof treuhänderisch zu verwalten. Der Krieg war zu Ende, noch bevor das Gericht entscheiden konnte.

Innerhalb der dörflichen Gemeinschaft waren es hier nicht nur die Grenzen zwischen Volksgenossen und «Gemeinschaftsfremden», sondern auch lebensweltliche Konflikte innerhalb der Volksgemeinschaft, die über ideologisierte Begriffe wie «Ernährer», «Arbeits- und Bauernfähigkeit» ausgetragen wurden. Nationalsozialistische Sprache und kriegerische Leistungsideologie steckten den Rahmen ab, innerhalb dessen sich die Volksgenossinnen und Volksgenossen bewegten und ihre Arbeits- und Beziehungskonflikte austrugen.

Massenmord nebenan

Im Juni 1941 meldete die Stadt Brandenburg: «Wir haben hier ein Polenlager in eigener Regie. Die Überschüsse fließen der Stadt zu, infolgedessen können wir genau beurteilen, ob ein Lager rentabel ist oder nicht.»[110] Mit dem Krieg hatte sich auch das Straßenbild der deutschen Städte und Gemeinden verändert. Kriegsgefangene, Zwangsarbeiter, KZ-Häftlinge: Im Auftrag der Kommunen räumten sie den Schutt nach Luftangriffen weg, deckten Dächer, löschten Feuer und waren zum Arbeitseinsatz im Straßenbau oder lebensgefährlichen Sprengkommandos eingesetzt. Eigens der SS unterstellte Baubrigaden aus den Konzentrationslagern Sachsenhausen, Neuengamme oder Buchenwald schickte die SS auf Nachfrage bombengeschädigter Städte nach Düsseldorf, Bremen oder Köln, um dort, nach dem Willen Himmlers, fehlende deutsche Arbeitskräfte zu ersetzen. Die Kommunen stellten für die von ihnen geforderten Arbeitskräfte – zumeist osteuropäische Häftlinge – Baracken zur Verfügung, sie mussten für die Verpflegung und den kargen Lohn sorgen, der wiederum über die KZ-Verwaltungen an die Reichskasse floss. Die Städte konnten ihrerseits ihre Kosten geltend machen. Mitten in Wohngebieten oder auf großen öffentlichen Plätzen wie dem Kölner Messegelände entstanden eigene Zonen der Gewalt. Stacheldraht und Wachpersonal sollten jeden Fluchtversuch im Keim ersticken, Mangel, Hunger und Krankheit waren allgegenwärtig. Je länger der Krieg dauerte und je größer der Bedarf an Arbeitskräften war, desto stärker verschmolzen Stadt- und Lagergesellschaft. Die Städte meldeten den Bedarf, sie organisierten die Unterbringung und die Einsätze gemeinsam mit den örtlichen Betrieben, die ihrerseits gerne Geschäfte mit der SS machten. Ab 1944 waren es dann vor allem die großen Industriebetriebe, in deren KZ-Außenlagern Häftlinge schuften mussten und zehntausendfach ums Leben kamen. Doch auch die kleineren und größeren Stadtverwaltungen waren in dieser Hinsicht mit großer Energie tätig geworden und hatten sich ihr Stück vom großem Menschenraubzug und der rassischen Vernichtungspolitik gesichert.

Die Lager waren Orte des Terrors, und die Nachbarn der anliegenden Häuser konnten dabei zusehen, wie die Häftlinge von der SS auf offener Straße gepeinigt wurden, Steine schleppen mussten und ihre geschundenen Mithäftlinge in die Baracken trugen. In Weimar sahen die Kinder, wann am Bahnhof wieder ein neuer Gefangenentransport ankam, und die Geschäftsleute der Stadt belieferten das Lager mit allem, was es benötigte: Lebensmittel und Formularvordrucke, Urnenkartons und Rohrstöcke, Kleiderbügel und Gummistempel.[111] Die Hofapotheke versorgte das Lager mit Medikamenten, die örtlichen Baufirmen lieferten das Zubehör für die Wasserleitungen, und die Bauern der Region sorgten für die nötigen Kartoffeln. Umgekehrt gehörten die Einheiten des 3. SS-Totenkopfverbandes, die im Oktober 1937 ihre Arbeit im Lager übernommen hatten, von nun an zu jedem großen Fest der Stadt dazu. Ihre Musikkapelle gab dann ein Platzkonzert, und auf dem Ettersberg, dem beliebten Ausflugsziel der Weimarer, trafen sich dann – unmittelbar am Lager – Stadtbevölkerung und SS zum gemeinsamen Feiern und Wandern. Nur um die Absperrungen musste man herumgehen. Wer am Sonntag Lust hatte, konnte seit Mai 1940 auch einen ganz besonderen Ausflug ins SS-eigene Wildtiergehege machen und sich vom SS-Falkner in die Geheimnisse der heimischen Raubvögel einweihen lassen. Erwachsene zahlten 50 Pfennige, Kinder und «Uniformierte» 20 Pfennige Eintritt. Die Omnibuslinie Weimar–Buchenwald machte direkt am Lager halt. Ausgewählten Besuchern führte die SS ihr «Musterlager» vor, peinlich darauf bedacht, den Schein der Normalität aufrechtzuerhalten. Aber es war doch nicht schwer zu sehen: Gewalt war allgegenwärtig.

Die Lager waren spezifische Orte der Gewalt – und ihre massive Ausdehnung im Zuge des KZ- und Zwangsarbeitereinsatzes veränderte die räumliche Struktur der deutschen Gesellschaft. Politische Gegner hatten die Nationalsozialisten von Beginn an nicht in Gefängnisse mit ihren zunehmend drakonischen bürokratischen Vollzugsregeln gesteckt,[112] sondern in neu geschaffene Lager mit ihrer eigenen Architektur, ihren Baracken, ihrem spezifischen zeitlichen Diktat, ihrer Unterwerfung unter den Primat der rassistischen «Säuberung» und arbeitsökonomischen «Verwertung». Nun, mit Krieg und Arbeitseinsatz, expandierten in nahezu jeder deutschen Stadt große und kleinere Außenlager, um die Bedürfnisse nach Arbeitskräften zu befriedigen. Es war – neben so bekannten Orten wie Dachau, Ravensbrück, Buchenwald oder Neuengamme – die Vielzahl an kleineren Lagern, die die Gewalt aufs Land und in die Städte ausdehnte und vor Augen führte, wer im Reich Herr und wer Knecht war.

Die Lager jedenfalls – auch die Lager, in denen sich die Volksgenossen zur Schulung trafen und, völkische Lieder singend, um das nächtliche Lagerfeuer saßen – waren Vorboten jener neuen Gesellschaftsordnung, in denen «Erfassung» und Vernichtung dicht beieinanderlagen.[113] Angst und Schrecken, Krankheit und Tod regierten unter den Häftlingen, während die SS-Lagerleitungen noch das Letzte aus den Geschundenen herauszupressen versuchten. Für manchen privaten Unternehmer war selbst die übliche Härte nicht drakonisch genug: «Warum», so beschwerte sich der Chef einer Straßenbaufirma, «ist es nicht möglich, daß die mangelhafte Aufsicht durch strenge Arreste bei Wasser und Brot bestraft wird, warum ist es unmöglich, daß Leute, die nicht arbeiten, dann auch nichts zu essen bekommen? Hören Sie mal die Kameraden von der Fronttruppe, ob Offizier oder Mann. Sie sagen, wir müssen den Krieg russisch führen. Unseren Leuten gegenüber machen wir das vielleicht schon, aber den bei uns eingesetzten Kriegsgefangenen und anderen Arbeitsabteilungen auf der Straße gegenüber handeln wir immer noch zu gefühlsduselig. Ich glaube, daß es besser ist, eher einen Mann über Bord zu werfen, als daß wir alle über Bord gehen.»[114]

Was sich hinter der Vorstellung verbarg, «den Krieg russisch» zu führen, lässt sich nur düster erahnen. Aber der Begriff deutet doch an, wie eng verflochten auch das Wissen über Gewalt und Massenverbrechen wie in Auschwitz zwischen Front und Heimat war. Was «die» Deutschen vom Holocaust wussten, wird sich ganz befriedigend wohl nie beantworten lassen. Schon die Reaktionen auf die Deportationen waren alles andere als einheitlich: Zustimmung, aktive Unterstützung und hemmungslose Bereicherung standen Gleichgültigkeit, Zurückhaltung oder gar, wenngleich selten, offener Ablehnung gegenüber. Dies geschah gleichwohl vor einem längeren Gewöhnungsprozess an die tägliche Ausgrenzung, und es geschah vor dem Hintergrund des sich wandelnden Kriegsverlaufs.

Aber selbst wenn die offen antisemitische Praxis aus der nationalsozialistischen Öffentlichkeit und ihren Medien zeitgleich mit dem Beginn der Massendeportationen seit 1942 verschwand, so hieß das nicht, dass sie die Bevölkerung nicht weiter beschäftigte. Karl Dürkefälden notierte im Sommer 1942 in sein Tagebuch, was ihm sein Schwager Walter berichtet hatte. Der war als Bauführer in Kiew gewesen und hatte eine Brücke über den Dnjepr gebaut. Walter erzählte von einer Grube, die Ukrainer 150 Meter vom Fabrikgelände entfernt schaufeln mussten. «Die Juden wurden nun zu je sechs Mann herausgeholt und in die Grube gestellt. Deutsche Polizeibeamte, die ebenfalls in der Grube standen, erschossen die Juden durch Genickschuß.» Habe er das selbst gesehen?, fragte ihn Karl. «Ich habe 20 Meter davon entfernt gestanden!», lautete die Antwort des Schwagers.[115]

Spätestens seit 1942 hatte die Mehrheit der Deutschen eine Ahnung vom Massenmord an den Juden. Indes waren die Informationen, die auf unterschiedlichen Wegen (über die Front, auch durch manche Hinweise in Zeitungen oder propagandistischen Reden) kamen, nicht völlig klar. Von «Ausrottung der Juden» sprach die nationalsozialistische Führung unentwegt. Aber es war zunächst ein undeutliches Bild, das sich da abzeichnete. In Briefen von der Ostfront war Ende 1941 oft eher beiläufig vom

Massenmord die Rede; der Soldat Konrad Jarausch erwähnte eher am Rande im November 1941 die Exekutionen von «Zivilisten [...], die bis aufs Hemd ausgezogen sind, vor allem Juden. Da ist es wirklich das Barmherzigste, wenn sie in den Wald geführt und dort umgelegt werden, wie der Fachausdruck lautet. Aber das Ganze ist schon mehr Mord als Krieg.»[116] Womöglich deutet das Bruchstückhafte des Wissens auf die unterschiedlichen Phasen und Verantwortlichkeiten der «Endlösung» hin. Doch einen wirklichen Zweifel über das, was mit den jüdischen Nachbarn passierte, gab es kaum. Bis nach Ostwestfalen hatte sich herumgesprochen, was bis Ende November 1941 geschehen war. Und so berichtete der Sicherheitsdienst: «Es wird sich erzählt, daß die Juden alle nach Rußland abgeschoben würden, der Transport würde durchgeführt bis Warschau in Personenwagen und von dort mit Viehwagen der Deutschen Reichsbahn. Der Führer wolle bis zum 15.1.1942 die Meldung haben, daß sich kein Jude innerhalb der Deutschen Reichsgrenze aufhalte. In Rußland würden die Juden zur Arbeit in ehemals sowjetischen Fabriken herangezogen, während die älteren und kranken Juden erschossen werden sollten.»[117] Vom 15. Oktober bis 9. November rollten die ersten Sonderzüge der Reichsbahn – ihr Ziel: das Ghetto Lodz. Juden aus Wien, dem Burgenland, dem Protektorat Böhmen und Mähren und dem «Altreich» wurden deportiert – und die Volksgenossen sahen zu.

«In der Bahn», notierte Luise Solmitz am 7. November 1941, «reckten die Leute die Hälse»,[118] während die S-Bahn in Hamburg am Logenhaus, dem Sammelplatz, vorbeiratterte. Seit Ende Oktober 1941 rollten die Deportationszüge aus Hamburg Richtung Lodz, Minsk und Riga.[119] Noch lebten sie und ihr Mann in einer – nach den Nürnberger Gesetzen – «privilegierten Mischehe» und waren noch nicht von den Transporten betroffen. Aber Luise, die mit den Jahren die schrittweise Ausgrenzung immer stärker empfunden hatte, schaute genau hin, was um sie herum passierte – und wie sie selbst ihr Schicksal immer weniger selbst in der Hand hatte. Ihr Mann konnte sich noch bis September 1943 dem unmittelbaren Verfolgungsdruck entziehen. Dann wurde auch der 66-jährige Major a.D. und Weltkriegsteilnehmer zur Zwangsarbeit für die Gestapo verpflichtet.

Die Deportationen waren ein öffentliches Ereignis, begleitet von neugierigen Zuschauern, oft auch von johlenden Kindern, die sich einen Spaß daraus machten, den alten Männern und Frauen nachzurufen. In der kleinen schwäbischen Gemeinde Baisingen hatte es bis 1933 eine aktive jüdische Gemeinde gegeben, deren Mitglieder wie so viele andere deutsche Juden seit Herbst 1941 deportiert wurden. Anfangs lief die Logistik noch unter dem Tarnnamen «Judenevakuierung in den Osten». Im Sommer 1942, als dann die letzten der Baisinger Juden in das KZ Theresienstadt abtransportiert wurden, bemühte sich die Gestapo-Leitstelle nicht mehr um Geheimhaltung. Die Behörden hatten eigens einen Mitarbeiter des Finanzamtes bestellt, der die Vermögenswerte auflisten und für die Versteigerung vorbereiten sollte. In der «Schwarzwaldrundschau» informierte der zuständige Steuerinspektor des Finanzamtes Horb über den «Verkauf von Haushaltsgegenständen aller Art gegen sofortige Barzahlung». Während die Deportationen der Baisinger Juden noch liefen, kümmerte sich der Beamte um die Versteigerungen, die direkt vor den nun unbewohnten Häusern stattfanden. Zuvor waren die Vermögenslisten dem Bürgermeister vorgelegt worden, danach übernahm wieder das Finanzamt. Manchmal gab es Zeitungsaufrufe, in kleineren Gemeinden genügte aber meist ein einfacher Aushang oder das spezielle Wissen der Nachbarn. Oft bereicherten sich die Finanzbehörden ganz unmittelbar und stellten sich die geraubten Polster- oder Ledersessel in ihr Büro. Parteien und Behörden hatten Vorkaufsrecht, und so gingen in Baisingen Oberbetten, Kissen, Gardinen und Vorhänge an das Reichsfinanzministerium. Der Bürgermeister sicherte sich eine kleine Uhr für seine Amtsstube, die Kreisfrauenschaftsleiterin aus dem nahen Horb erhielt unter anderem die Mehltruhe und der höhere SS- und Polizeiführer Südwest, Abteilung Volkstumspflege, Lampen, Tischtücher und Wäsche.[120] Dann griffen die Bürgerinnen und Bürger, die Nachbarn und Gewerbetreibenden zu, und nichts blieb übrig, nicht eine Dose Erbsen, nicht einmal ein Toiletteneimer. Und der örtliche Hauptschullehrer fragte höflichst beim Finanzamt an, er habe gehört, dass einer der Juden eine Laubhütte besessen habe. Als Bienenzüchter habe er daran besonderes Interesse.

Auch in Baisingen gab es eine Gruppe an Bürgern, die sich von den schmutzigen Geschäften fernhielt und dem Raub angewidert zusah; daneben gab es diejenigen, die sich aktiv und ohne Skrupel an den Ausplünderungen beteiligten, eifrig nachfragten bei den Behörden und auch eigene Wunschlisten unterbreiteten. Und dann gab es eine dritte Gruppe, die schwer zu quantifizieren ist, die das jüdische Eigentum als Möglichkeit sah, günstig einzukaufen. Bisweilen gab es dabei auch ein schlechtes Gewissen, eine Ahnung, dass das, was hier geschah, doch irgendwie nicht rechtens sein und eines Tages Konsequenzen haben könne. In der Aneignung des jüdischen Vermögens machten sich auch diejenigen zu Komplizen des Regimes, die in anderen Punkten durchaus Distanz hielten. So unterschiedlich das Verhalten der Einzelnen auch war, eines gab es nicht: offenen Protest gegen Deportation und Ausplünderung der jüdischen Nachbarn. Der Verfolgungsapparat funktionierte, die Beamten protokollierten und stempelten; wo es Skrupel gab, behielt man diese für sich. Auch wenn man fand, dass es schon richtig sei, die Juden zum Arbeiten «gen Osten» abzutransportieren, wollte man lieber nicht genau wissen, was mit den Nachbarn geschah. Viele hatten sich an die Gewalt gegen Juden gewöhnt, sie mitgetragen. Selbst in den besonders katholischen Regionen, die dem Regime als Quell potentieller Unruhe galten, geschah in diesen Monaten nichts. Kein öffentlicher Aufschrei der Bischöfe erfolgte; Zusammenhalt und Stärkung der Heimatfront – das galt im Katholizismus weithin (und erst recht im Protestantismus) als Pflicht. In Baisingen jedenfalls hatte der katholische Pfarrer in seiner Kriegschronik manches zu berichten: die Gefährdung der deutschen Jugend durch den Krieg, den Heldentod der Soldaten oder den Abtransport dreier Kirchenglocken. Nur das Schicksal der Juden erwähnte der örtliche Seelsorger nicht. So, als hätte es in diesem Ort immer schon nur Katholiken gegeben.

Wie die deutsche Bevölkerung auf den Judenmord reagierte, war nicht zuletzt Folge des Kriegsverlaufes. Joseph Goebbels hatte den Ton gesetzt: «Und haben wir gesiegt, wer fragt uns nach der Methode», notierte er am 16. Juni 1941 in sein Tagebuch.[121] Je schlechter aber die Nachrichten waren, die von der Ostfront kamen, vor allem nach der Niederlage von Stalingrad, desto häufiger schien sich in den Stimmungsberichten, die das Regime einfing, eine Spur von schlechtem Gewissen einzuschleichen. Dabei ging es weniger um moralische Skrupel, sondern angesichts des massiven alliierten Vormarsches und der Ausweitung des Luftkrieges gegen deutsche Städte um ein Gefühl, womöglich für das bezahlen zu müssen, was man den Juden angetan hatte. Aus Schweinfurt hieß es beispielsweise im September 1943 in einem Bericht des SD, Volksgenossen hätten davon gesprochen, «dass wenn wir die Juden nicht so schlecht behandelt hätten, wir unter den Terrorangriffen nicht so leiden müssten».[122] Die Bombardierung als Strafe für die Judenverfolgung – in diesem Motiv spiegelten sich keineswegs notwendigerweise moralische Hemmungen. Alliierte Vergeltung schien gleichsam auch ein typisches Motiv «jüdischer Rache» zu sein – und damit wiederum antisemitische Vorurteile zu bestätigen, ganz so, wie es die nationalsozialistische Propaganda wieder und wieder beschworen hatte.

Omnibus

IV.

Glauben, sterben, überleben

Auf der Flucht

«Im Ausland», notierte der schwedische Journalist Arvid Fredborg, «macht man sich im allgemeinen keine Vorstellungen davon, welche rein organisatorischen Probleme die Luftangriffe mit sich bringen. Durch das Bombardement werden Lebensmittelvorräte vernichtet, die ersetzt werden müssen. Bekleidung, Haushaltsgegenstände und Möbel werden unbrauchbar gemacht. Die Wohnungsnot verschärft sich, Hunderttausende müssen evakuiert werden. Dafür müssen die notwendigen Transportmittel zur Verfügung gestellt werden. Unterlagen der Verwaltung gehen verloren und sind notdürftig zu ersetzen. Wichtige Bücher gehen in Flammen auf. Zehntausende Fensterscheiben gehen zu Bruch. Elektrische Leitungen werden herabgerissen, Telephonmasten brechen um. Gasleitungen schlagen leck, und das Abwassersystem versinkt im Chaos. Das Verkehrswesen bricht zusammen, Eisenbahnen, Straßenbahnen und Busse werden zerstört, die Schienen herausgerissen. [...] Die Bombenangriffe beeinflussen das gesamte gesellschaftliche Leben, die Moral der Bevölkerung, die Produktion kriegswichtiger Güter, die Organisation des Gemeinwesens und die Versorgungslage. Andererseits bleibt es weiterhin fraglich, ob die Attacken aus der Luft entscheidend den Sieg erzwingen können, wenn die Gegner abgehärtet und vorbereitet sind.»[1]

Fredborg hatte die Bombenangriffe auf Berlin erlebt und sie in seinem noch vor Kriegsende erschienenen Buch «Hinter dem Stahlwall» geschildert. Es waren ähnliche Erfahrungen wie die der beiden Frauen, die nach einem Luftangriff auf Berlin im August 1943 auf ihrem wenigen Hab und Gut, das ihnen geblieben war, etwas zu verschnaufen suchten. Was Fredborg, der anfangs durchaus Sympathien für die völkische Bewegung hatte, beobachtete, ließ sich für viele andere Städte des Reiches sagen. Der Luftkrieg bestimmte, im Westen und Norden zunächst mehr als im Süden oder Osten, den Lebensrhythmus der Städte, und das hieß: Verwaltungen im permanenten Stresszustand und eine Bevölkerung auf der Suche nach Normalität im Ausnahmezustand. Seit der Konferenz von Casablanca im Januar 1943, als sich Amerikaner und Briten zu einer gemeinsamen Luftkriegsoffensive entschieden hatten, rollte Angriffswelle auf Angriffswelle.

Der Mangel an Wohnraum, der schon vor dem Krieg erheblich gewesen war, führte zu einer täglich katastrophaler werdenden Lage in den Bombenkriegsregionen. Von völkischen Eigenheim- und Siedlerfantasien hatte der Krieg nicht viel übrig gelassen. Die angekündigten Behelfsheime waren kaum mehr als Notlösungen, die deutlich machten, in welche Ferne der «Endsieg» tatsächlich gerückt war. Nun machten sich die fehlenden öffentlichen Investitionen in den Wohnungsbau umso drängender bemerkbar. Und klar war auch, dass dies kein Zufall oder Schicksalsschlag, sondern Folge rüstungswirtschaftlicher Prioritäten war. Material für den Wohnungsbau jedenfalls war das Letzte, was Rüstungsminister Speer bereit war herzugeben. Erst unter der Last der Bomben ging das Regime dazu über, die Karte der «Zwangsbewirtschaftung» zu spielen und in die bis dahin geschützte private Wohnungssphäre einzudringen. Aber auch das blieb halbherzig. Reiche Bürger und die politische Prominenz mussten jedenfalls nur selten fürchten, einen ausgebombten

Volksgenossen einquartiert zu bekommen. Und wo es angesichts der Bomben darum ging, dass die Volksgenossinnen und Volksgenossen untereinander teilten, war die dünne Oberfläche der braunen Solidarität schnell brüchig. Jedenfalls gab es seit 1943 kaum einen Bereich, in dem es mehr soziale Konflikte gab als im Wohnungswesen.

Anfangs waren die deutschen Abwehrkräfte deutlich stärker, als die Alliierten vermutet hatten, und damit deren Verluste erheblich. Der entscheidende Durchbruch zur vollständigen Luftherrschaft gelang erst in der letzten Kriegsphase 1944/45, als amerikanische Präzisionsangriffe und britische Flächenbombardements aus dem Deutschen Reich eine Trümmerwüste machten. Die Bomben hinterließen tiefe Furchen und veränderten die urbane Physiognomie. Vermutlich 2,6 bis drei Millionen Wohnungen zerstörten die Luftangriffe. Auch für die Rüstungsproduktion waren die Folgen erheblich. Die Angriffe lähmten die Produktion und zwangen Industrie und Verwaltung zu immer neuen Notplänen. Improvisation und Mangelwirtschaft bestimmten die letzten beiden Kriegsjahre. Die rüstungswirtschaftlichen Steigerungen schafften es zwar, den Krieg auf dem Rücken von Zwangsarbeitern zu verlängern, reichten aber nicht dafür aus, den Vormarsch der Roten Armee aufzuhalten, geschweige denn der alliierten Übermacht mit ihrem ökonomischen Motor, den USA, etwas entgegenzusetzen.

Die Zahlen schwanken, aber vermutlich starben während der Luftangriffe etwa 300 000 bis 400 000 Menschen, viele waren verschüttet, verletzt, entstellt, manche ihr Leben lang seelisch gezeichnet. Der Luftkrieg begann nicht mit den Bomben, sondern mit einem gellenden Signal – dem neuen Chronometer des Kriegsalltags. Ein Heulton von 200 bis 500 Hertz kündigte den nahen Angriff an, ein gleichbleibender Heulton mit etwa 350 Hertz gab Entwarnung bis zum nächsten Angriff. Die Luftwarnungen waren der Auftakt zu einem festen Ritual, das für viele Städte im Westen Deutschlands bereits seit 1941/42 den Rhythmus von Arbeit und Freizeit ersetzte. Luftschutzwarte hatten dafür Sorge zu tragen, dass Dachböden geleert, Sandsäcke, Eimer und Wasserreservoirs gefüllt waren. Sobald die Sirenen ertönten, hatten sich die Volksgenossen in die Keller und Schutzräume zu begeben. Zur Luftschutzpflicht gehörte, sein Gepäck für die Nacht stets griffbereit zu haben: ein paar wenige Kleidungsstücke, eine Zahnbürste selbstverständlich, Besteck, wichtige Ausweise, Sparbücher, Lebensmittelkarte. Übermüdet ging es dann am nächsten Tag wieder in die Fabrik oder ins Büro. Selbst die Gottesdienstordnung stand unter dem Vorbehalt der Sirenen, und die parteiamtlichen Stellen nutzten die Gelegenheit, den sonntäglichen Kirchgang einzuschränken. Die Wirkungen der Sirenen konnten sehr unterschiedlich sein: Die 1891 geborene Anna Schmitz arbeitete als Näherin in Köln. Regelmäßig schrieb sie ihrem Sohn Rudolf an die Front, der anfangs nicht glauben konnte, wie es zu Hause aussah und welche Angst seine Mutter hatte. «Du schreibst, was können uns die paar Flieger machen, Du bist weit vom Schuss und hörst nichts. Es regt doch alle Menschen auf! Wenn der Abend kommt, kommt auch die Angst, es ist auch immer so klar des Nachts. Was werden wir wohl noch erleben? Möge Gott uns beistehen. Nun siehst Du, wie es hier ist! Man hat zu nichts mehr Lust. Hoffentlich, hoffentlich hört es bald auf!»[2] Die Akustik des Luftkrieges machte aus der Heimat eine neue Front, die für viele einberufene Männer nur schwer zu verstehen war, deren Frauen ihnen aus ihren zerstörten Städten und von ihren ausgebrannten Geschäften berichteten. Für manche jedoch, für Zwangsarbeiter und Häftlinge, konnten die Bomben auch einen Funken Hoffnung auf ein Ende der Gewalt bedeuten, wenngleich im selben Moment auch die Angst bestand, keinen Zugang zu einem der sicheren Schutzräume zu erhalten. Denn gerade hier, im Bunker, markierte die Volksgemeinschaft ihre Grenzen.

Bunker boten Schutz – und sie waren zugleich inszenierte Orte der Volksgemeinschaft, über deren Zugang Bunkerwarte und die lokale NSDAP die Hand hielten. Am Beginn des Luftkrieges hatte der Gang in den Luftschutzkeller noch nicht den bitteren Beigeschmack der Todesbedrohung. Noch konnte gelacht und gesungen werden. Das änderte sich mit der Verschärfung des Luftkrieges spätestens seit 1943/44. Aus den privaten Aufzeichnungen verschwand manch heitere Bemerkung über den Luftkrieg als «Abenteuer»; nun dominierte die Erfahrung angstvoller Enge, der Kampf, überhaupt rechtzeitig einen der viel zu wenigen sicheren Schlafplätze zu erreichen. Bereits am Eingang war es immer wieder zu Wut und Panikausbrüchen gekommen. Angesichts der Menschenmassen, die vor den Luftangriffen flohen, entschied vielfach das Recht des Stärkeren, wer noch hineinkam – und wer nicht. Und wer es geschafft hatte, musste seine Ellenbogen einsetzen und feststellen, wie im Krieg Zurückhaltung und Bescheidenheit «kümmerlich auf der Strecke» geblieben waren, wie eine Bremerin kurz vor Kriegsende ihrem Mann schrieb.[3] Ähnlich schätzten das die Polizeibehörden ein. Aus Innsbruck hieß es im Oktober 1944 in einem Bericht, die Bunker seien ein Quell der Unruhe, die Menschen verhielten sich disziplinlos, und selbst von amtlicher Seite sei man nicht in der Lage gewesen, «Ruhe und Ordnung aufrechtzuerhalten».[4] Die örtlichen NSDAP-Funktionäre sahen es zunehmend als ihre Aufgabe, gegen «Unruhestifter» vorzugehen, und eigneten sich damit Zuständigkeiten an, die bis dahin Sache der Polizei gewesen waren. Die Organisation der Bunker wie insgesamt die Bekämpfung der Luftkriegsfolgen gehörten zu den Politikfeldern, auf denen die NSDAP seit 1941/42 ihren Einfluss stetig auszuweiten vermochte. Sie nutzte dies, um die antisemitische Ausgrenzung voranzutreiben. Dem Münchner Arzt Adolf Franck teilte die NS-Ortsgruppe Kreulinstraße im März 1944 mit, seine «Hausgemeinschaft» habe beschlossen, ihm als «Halb-Juden» den Zugang zum gemeinsamen Luftschutzraum zu verweigern. Eine gemeinsame Nutzung sei den Bewohner der Adelheidstraße 32 nicht zuzumuten, und er könne ja schließlich sein eigenes Kellerabteil nutzen – eine deutsche «Hausgemeinschaft» eben.[5]

Während sich in den Luftschutzkellern die Nachbarschaft einfand, schien die Erfahrung der Großbunker gerade manch Bürgerlichen stark zu verunsichern. «Alles steht durcheinander», glaubte die Journalistin Ursula von Kardorff.[6] Sie hatte im Januar 1944 Zuflucht im Bunker am Berliner Zoo gesucht und beobachtete, wie eine «Herde Menschentiere» zusammengepfercht in den Gängen stand, ein brutales Chaos, und mitten darin «verängstigte Reiche, müde Frauen, abgerissene Ausländer, die ihr Hab und Gut in riesigen Säcken mit sich schleppen, und Soldaten, die einen recht genierten Eindruck machen. Wenn hier eine Panik ausbricht, dann gnade uns Gott, dachte ich.» Eine Welt in Unordnung war dies, und zahlreiche Gerüchte trugen mit dazu bei, die Stimmung aufzuheizen. Hatten etwa Parteibonzen und ihre Familien privilegierten Zugang zu den sicheren Schutzräumen? Tat die Führung wirklich alles, um das «Volk» zu schützen, oder mussten die «einfachen Leute» im Dreck liegen, während es sich die Oberen gut gehen ließen? Solche bisweilen auch nicht unberechtigten Wutausbrüche, die der Sicherheitsdienst aufschnappte, deuteten auf weiterhin wichtige klassenspezifische Haltungen hin, die ihre Legitimität aus der Sehnsucht nach der Volksgemeinschaft schöpften.[7] Gleichzeitig spiegelten sich darin aber auch große Ängste, die sich selbst durch noch so viele Luftschutzübungen und kriegerische Beschwörungsformeln nicht übertünchen ließen. Das qualvolle Warten vor den Bombeneinschlägen, die erzwungene Stille, die Müdigkeit und das Adrenalin, Hitze und Enge, Todesangst: Die Erfahrungen des Luftkrieges ließen sich nicht auf eine einfache Formel bringen. Manche erlebten die Bombardements aus sicherer ländlicher Entfernung und sahen nur die Flugzeuge über ihren Köpfen Richtung Stadt ziehen; andere erlebten die Bomben erst ganz zum Schluss und dann besonders dramatisch, wieder andere versuchten sich an den permanenten Ausnahmezustand zu gewöhnen, mit mehr oder weniger Erfolg. Wie Männer und Frauen den Bombenkrieg erlebten, war von vielen Faktoren abhängig: von den eigenen und den lokalen Ressourcen der Krisenbewältigung, von Vorerfahrungen und persönlichen Verlusten. Wenn die NS-Propaganda von «Kriegsmoral» und standhafter «Haltung» der Menschen im Luftkrieg sprach, dann spiegelten sich darin vor allem die nationalsozialistischen Erwartungen an völkische «Charakterfestigkeit». Trauer und Schwäche gehörten dazu jedenfalls nicht.

Für viele war es die unmittelbare Begegnung mit dem Tod, der sich während und nach den Angriffen in ihr Leben einbrannte. Manche überkam ein Zittern, das den ganzen Körper erfasste, andere klapperten trotz Hitze mit den Zähnen und verloren die Kontrolle über ihre Gliedmaßen. Manchen sackten einfach die Beine weg, oder sie bekamen schon bei der Sirene oder Motorgeräuschen Panikattacken. Überleben war großes Glück – und konnte zugleich doch auch eine Bürde sein, wie eine Frau im März 1944 über den Angriff auf Kassel berichtete: «Alle anderen waren gefallen. Auch mein Mann. Ich wollte nichts davon hören, ich war als einzige gerettet, wie durch ein Wunder. Dadurch, dass die innere Stimme sagte: ‹Bück dich, bück dich, bück dich›, und weil ich zweimal gebrochen habe, das war mein Glück. Aber mein Mann und meine Verwandten sind alle gefallen [...]. Ich wollte alles nicht wissen und glauben.»[8]

Von Gewöhnung an den Krieg konnte man in diesen Fällen nicht sprechen. In der Diktion des NS-Staates waren solche Einbrüche eher Hinweis auf mangelnde «Kriegsmoral» und «schwache Persönlichkeiten». Nach den schweren alliierten Luftangriffen auf Hamburg Ende Juli/Anfang August 1943 war die Bevölkerung vor allem eines: fassungslos über die Wucht der Bomben. Die SD-Berichterstatter bemerkten im August 1943 eine «‹Luftterrorpsychose›, die sich in scharfen kritischen Äußerungen zu den Maßnahmen der Führung Luft mache»,[9] und beobachteten zudem eine zunehmende Distanz zum Regime: «Vor allem der Luftkrieg verstärke das Gefühl der Wehrlosigkeit des Einzelnen, aber auch der Gemeinschaft gegenüber den aus der Luft drohenden technischen Gewalten. Durch dieses Ausgeliefertsein verändere sich in weiten Teilen des Volkes die Einstellung zum Krieg von Grund auf, und selbst vielen Volksgenossen, die sich in der Heimat aktiv und kämpferisch in das Kriegsgeschehen einordnen wollen, erscheine der Anruf der Leidenschaft, der Standfestigkeit der Herzen und einer soldatischen Tapferkeit in der Heimat gegenüber der hereinbrechenden Wucht der Massentechnik einfach sinnlos.»[10]

Etwa 35 000 Menschen waren in Hamburg ums Leben gekommen, vermutlich 125 000 verletzt. Feuerstürme hatten weite Teile der Stadt zerstört. Ein Massenexodus setzte ein, der nicht nur eine weit übertriebene Zahl an Toten, sondern auch eigene Deutungen des Luftkriegs im gesamten Reich verbreitete. Gerüchte und ihre Bekämpfung spielten für das Reich deshalb eine ganz besondere Rolle, weil sie quer zu den offiziellen Informationskanälen liefen und auch eine Gefahr für das staatliche Meinungsmonopol bildeten.

Umso bemerkenswerter waren die Erklärungen: Denn häufiger als zuvor – und auch danach – brachte mancher den Angriff mit der Judenverfolgung, den Pogromen von 1938 und den Deportationen in Verbindung. Bombardierungen als «Rache» für die antisemitische Gewalt: Der Hamburger Kaufmann Lothar de la Camp, Dolmetscher beim Oberkommando der Marine, schrieb zwei Wochen nach den Bombennächten seiner Familie und seinen Freunden. Er schilderte nicht nur die unvorstellbar hohen Totenzahlen, sondern lieferte auch noch eine Erklärung: «Bei aller Wut gegen die Engländer und Amerikaner über die Art ihrer unmenschlichen Kriegsführung muß man ganz objektiv feststellen, daß das einfache Volk, der Mittelstand und die übrigen Kreise von sich aus wiederholt Äußerungen unter vier Augen und selbst auch in größeren Kreise machten, die die Angriffe als Vergeltung gegen die Behandlung der Juden durch uns bezeichneten.»[11]

Der Vorwurf «unmenschliche[r] Kriegsführung» entsprach nationalsozialistischer Propaganda. Und doch wiesen die Erzählungen noch in eine andere Richtung: dass der Luftkrieg nämlich eine Antwort auf die Verbrechen der Deutschen sei, eine Reaktion auf die Verfolgung der Juden. Mochte den einen oder anderen ein schlechtes Gewissen plagen – zumeist ging es in diesen Gesprächen, die der SD aufschnappte, vor allem (wieder) um eines: um die Deutschen als neuerliche Opfer alliierter Gewalt – eine egozentrische Selbstsicht, die weit über das Jahr 1945 ihre Wirkung zeigen sollte. Die Gespräche nach Hamburg deuten jedenfalls darauf hin, wie verbreitet das Wissen über die deutschen Verbrechen war, nicht in allen Ausprägungen, aber keineswegs tabuisiert und auch keineswegs ein Geheimnis.

Vielfach waren es die städtischen Evakuierten, die Nachrichten über die bittere Kriegslage, über Verluste und Zerstörungen übermittelten und so auf informelle Weise die Regeln der zensierten Presse unterliefen. Auch die Diktatur kannte also eine Öffentlichkeit jenseits parteiamtlicher Verlautbarungen: Diese war informeller, privater, stand außerhalb der großen Propagandafeiern, und sie fand ihren Weg durch Kanäle der Gerüchte und Erzählungen, die sich nicht einfach reglementieren ließen. Evakuierungen waren keine nationalsozialistische Erfindung. England hatte 1940/41 Zehntausende seiner Kinder und Familien aus London und Umgebung aufs Land geschickt, um den deutschen Bomben zu entgehen. In Frankreich gab es Ähnliches. Den Auftakt zu umfassenden Evakuierungen aus luftkriegsbedrohten Regionen machte die «erweiterte Kinderlandverschickung», die Ende September 1940 Kinder aus dem Ruhrgebiet, aus Berlin und Hamburg in sichere südliche und östliche Regionen des Reiches brachte. Die Verantwortung lag in den Händen des Reichsjugendführers Baldur von Schirach; Hitlerjugend, NSV und NS-Lehrerschaft halfen beim Transport und der Aufnahme, der Organisation von Schule und Freizeit. Evakuierungen, so verkündete es die Propaganda, seien Ausdruck volksgemeinschaftlicher Fürsorge und ungebrochenen Siegeswillens. Im KLV-Lager lernten auch die Jüngsten militärische Disziplin und nationalsozialistische Weltkunde, und nicht alle Eltern waren glücklich über die lange Abwesenheit, die sich machtvoll aufspielende HJ oder die fehlende seelsorgerische Begleitung ihrer Kinder. In der Erinnerung erscheinen die Lager vielfach als romantischer Ort pubertierenden Hormonüberschusses, bei dem BDM-Führerinnen zur guten Nacht Gespenstergeschichten vorlasen und Direktoren in SS-Uniform entspannt zuschauten, wie Mädels durch das Treppenhaus tollten.[12] In den Jungenlagern standen Sport und Kriegsspiel auf der Tagesordnung, ein Alltag, streng sortiert nach Rangabzeichen und Uniformen und geprägt von Wettkampf, Lagerfeuerromantik und völkischer «Charakterbildung» – zu der es auch gehören konnte, auf eigene Initiative loszuziehen und Steine in jüdische Häuser zu werfen.

Bis 1944/45 nahmen etwa zwei Millionen Kinder daran teil. Rund 1,2 Millionen von ihnen verschickte die NSV zu Familien oder Verwandten, und rund 800 000, vor allem die Zehn- bis 14-Jährigen, erlebten die nationalsozialistische Lagerwelt fern ihrer Familien. Ihre Betreuerinnen waren junge Frauen wie die Münchnerin Wolfhilde von König, die sich als Mitglied des Gesundheitsdienstes des BDM voller Leidenschaft um die Sorgen der Jungen kümmerte. «Zucht und Ordnung»[13] herrschten ihrer Einschätzung nach im Lager. Es mache ihr besondere Freude zu sehen, wie sich die Jungs rasch erholten. Schließlich solle keinesfalls «ihr schöner Aufenthalt hier durch Krankheit verpfuscht» werden. Manchmal gebe es Heimweh. Aber gerade hier seien die Gesundheitsdienst-Mädels besonders «am Platze. Wir können trösten u. gut zureden, da ist mancher Schmerz rasch versiegt. Darum bin ich glücklich, mitten in dieser Arbeit zu stehen, die so wichtig u. doch schön ist.»[14]

Tatsächlich schuf der Luftkrieg neue Arbeitsaufgaben an der Heimatfront, vor allem für Frauen: 400 000 taten ihren Dienst als Rot-Kreuz-Schwestern, 500 000 arbeiteten als Wehrmachtshelferinnen, die Mehrheit davon – rund 300 000 – als Luftwaffenhelferinnen. Manche ältere Frau versuchte sich den Aufgaben zu entziehen, und doch gab es nicht wenige, gerade Jüngere wie

Wolfhilde, für die ihr Dienst gleichermaßen Abenteuer, Bewährungsprobe und Chance war, sich aktiv am Dritten Reich zu beteiligen.

Je größer die Zahl der Evakuierten und je länger sie in südlichen und östlichen Regionen blieben, desto größer wurden die sozialen Konflikte. Die Hoteliers in Berchtesgaden, die sich anfangs noch darüber gefreut hatten, in der touristenfreien Zeit Umquartierte gegen Bezahlung aufzunehmen, begannen immer lauter zu murren, als sie merkten, dass die «Gäste» länger blieben als erwartet. Immer wieder gingen bei den Behörden Klagen über den «verwahrlosten» Lebensstil der Städter und die «Faulheit» der evakuierten Mütter ein, die nicht richtig auf ihre Kinder aufpassten, nicht arbeiteten und es sich den ganzen Tag gut gehen lassen wollten – bis hinauf zur Parteispitze. Immer wieder ging es ums Essen und die Beteiligung an der häuslichen und landwirtschaftlichen Arbeit. Während die heimische Bevölkerung die hohen Erwartungen der Evakuierten beklagte, mussten Eltern befürchten, dass ihre Kinder, beispielsweise wie in einem KLV-Lager im Schwarzwald, nach einigen Wochen erheblich an Körpergewicht verloren hatten – so sehr, dass sich eine Ärztin an das zuständige Ernährungsamt in Freudenstadt wandte und darum bat, dass dringend auf die Versorgung mit Grundnahrungsmitteln wie Kartoffeln oder Teigwaren geachtet werden müsse.[15]

Seit 1943 änderten sich angesichts der wachsenden Zerstörungen die Prioritäten der Evakuiertenpolitik. Immer weiter wuchs die Gruppe derer, die vor den Bomben flüchteten, immer häufiger war die Verwaltung überfordert, und immer härter war der Kampf um Ressourcen, denn schließlich konkurrierten die Evakuierten zunehmend mit den logistischen Ansprüchen der zurückgedrängten Wehrmacht. Vor den Bomben zu flüchten – das geschah auf behördlichen Druck, aus Sorge vor drohenden Angriffen oder als Reaktion auf erfolgte alliierte Bombardierungen. Wer sich, wie Goebbels das formulierte, auf die «größte Völkerwanderung aller Zeiten» aufmachte, tat dies mithilfe der NSDAP und der NSV, die für Formulare, Fahrschein und Quartier aufkam.

Vor allem auf Frauen, deren Wohnungen zerstört und die nicht erwerbstätig waren, übten die Behörden massiven Druck aus, ihre Heimat zu verlassen. Anders als die Propaganda es verhieß, standen aber nicht auf einmal alle NSDAP-Funktionäre zum Empfang am Ankunftsbahnhof bereit, um den Evakuierten die Koffer zu tragen und sie im Namen der Volksgemeinschaft willkommen zu heißen. Schließlich fanden die reichsweiten Lenkungsversuche im September 1944 ein jähes Ende. Insgesamt dürften bis Anfang Januar 1945 rund 6,2 Millionen Deutsche aufgrund des Luftkrieges ihren Wohnort verlassen haben. 1,8 Millionen von ihnen hatten sich auf eigene Faust auf den Weg gemacht und waren bei Freunden und Familie untergekommen, und eine große Gruppe, 850 000 Personen, zumeist Männer, waren mit ihren rüstungswirtschaftlichen Betrieben aus dem Ruhrgebiet oder Norddeutschland Richtung Bayern, Brandenburg oder Sachsen verlagert worden. Allein 800 000 Berliner hatten ihre Stadt bis September 1943 verlassen, weitere 400 000 Evakuierte folgten bis März 1944, und in anderen Großstädten wie Hamburg, Essen oder München sah es nicht anders aus. Das Deutsche Reich war damit eine Gesellschaft in permanenter Bewegung, eine zwangsmobilisierte Kriegsgesellschaft, deren Bewohner aus den Ruinen der Städte aufs Land flüchteten.

Tod und Trauer

Bestattungen und Verluste, Tod und Trauer prägten die zweite Kriegshälfte. Möglichst geräuschlos sollten Bestattungsämter und Verkehrsbetriebe den Transport der Leichen organisieren. Seelenlose Massengräber galten den Lokalpolitikern als Albtraum, und so sorgten sie auf den Friedhofsflächen für zusätzlichen Platz, oft in der Nähe der «Ehrenhaine» des Ersten Weltkrieges. Anfangs hatte man noch geglaubt, mit den herkömmlichen Grabflächen auszukommen. Doch die Ausweitung des Luftkrieges machte schnell deutlich, dass die ursprünglichen Planungen, den Massentod zu bewältigen, nicht mehr griffen. Särge wurden knapp; die Kommunen kamen, trotz des massiven Einsatzes von Zwangsarbeitern und KZ-Häftlingen, nicht damit hinterher, alle Toten rasch zu bergen. Das Berliner Amt für Kriegsschäden beispielsweise beklagte im April 1944, tagelang hätten nach dem Luftangriff die verstümmelten Leichen unverhüllt herumgelegen. Für die Angehörigen sei dies «abstoßend und verletzend»[16] und hygienisch äußerst gefährlich. Der tote Körper gehörte der Volksgemeinschaft, nicht der Familie – und für den NS-Staat war die Bergung der Leichen damit auch eine zentrale Vertrauensfrage, weil das anonyme Massengrab kein glaubwürdiger Ort für die nationalsozialistische Totenliturgie war.

Die Nationalsozialisten sprachen von «stolzer Trauer» und «ehrendem Gedenken» und kleideten die Trauerfeiern in ein enges Korsett quasi-religiöser Rituale:[17] Hohepriester der Partei gaben den Takt vor, Standartenträger der Partei trugen die Zeichen der Bewegung. Die Wehrmacht hielt «Totenwache», die SA trommelte das Totengeläut. Die Särge wurden öffentlich zur Schau gestellt und in Hakenkreuzflaggen gehüllt. Trauer sollte ein «stiller» und «stolzer» Akt sein. Die Volksgenossinnen und Volksgenossen sollten «Haltung» bewahren und sich des höheren Sinns ihres Opfers bewusst sein. Hitler war stets Teil des Totengedenkens, obwohl er persönlich nie anwesend war. Der «Führer» hatte einen Kranz gespendet, die Parteiredner erinnerten an seine rettende Kraft und ließen keinen Zweifel daran, dass das deutsche Volk diese «Bewährung» bravourös bestehen werde. Der Tod im Krieg – das bedeutete den völkischen Dreiklang aus «Bewährung» an der Heimatfront, der dem Krieg der Soldaten in nichts nachstand, «Gemeinschaft» in der Schlacht gegen den «jüdisch-bolschewistischen Feind» und «Wiederaufbau» der völkischen Heimat – nur noch größer und schöner und frei von Juden.

Selbst wenn die Beschwörungen angesichts der massenhaften Zerstörung zunehmend hohl klangen, beanspruchte der NS-Staat auch weiterhin die Herrschaft über den Tod und versuchte, individuelles und religiöses Gedenken zu beschneiden. Das führte wie in Hamburg so weit, dass die Stadt private Trauerzeichen, Kerzen oder Blumen, die Angehörige in Ohlsdorf niedergelegt hatten, beseitigen und stattdessen eine gemeinsame, überdimensionale Holztafel als Klagestätte errichten ließ. Nicht die Toten, sondern die Lebenden waren die Adressaten der Trauerrituale, die sich gleichsam – jenseits von Stand und Klasse – in völkischer Innerlichkeit zusammenfanden und sich getragen fühlen sollten durch die NSDAP. Die Toten sollten im Gedächtnis der Volksgemeinschaft weiterleben und dienten dabei als Appell für die Überlebenden, in ihrem Durchhaltewillen nicht nachzulassen.[18] Aber ganz ohne Widerspruch blieb dieser hegemoniale Anspruch nicht. In München beschwerten sich im Juli 1944 Angehörige von Luftkriegstoten darüber, dass ihre Lieben für die Bestattungsfeierlichkeiten erst einmal durch die ganze Stadt gekarrt worden waren, bevor sie am anderen Ende der Stadt ihren letzten Frieden finden konnten.[19] Trotz aller nationalsozialistischen Anstrengungen blieb der Wunsch nach einem christlichen Totenbegräbnis ohne den Pomp der Partei bis in die letzten Kriegstage allgegenwärtig, und manches spricht dafür, dass die Suche nach individueller Trauer mit der wachsenden Einsicht in die Ausweglosigkeit des Krieges wieder anstieg.

Der massenhafte Tod im Luftkrieg war zunächst eine Erfahrung der Städte, aber nicht die einzige Begegnung mit der Gewalt des Krieges. Der Postbote sollte die Nachricht über einen Todesfall im Felde eigentlich nicht alleine überbringen, sondern immer einen Funktionär der NSDAP dabeihaben. Aber je länger der Krieg dauerte, desto alltäglicher wurden die Briefumschläge, die den Stempel der Wehrmacht trugen. Dann lasen die Angehörigen, Eltern, Ehefrauen und Verlobten: «Nach Mitteilung der Dienststelle Feldpostnummer 16 266 vom 11. Sept. 44 ist Ihr Bruder, der Oberleutnant der Res. Eberhard Gebensleben, am 9. Sept. 1944 gegen 19 Uhr gefallen.»[20] Eberhard Gebensleben war als Offizier der Heeresgruppe Süd in Russland gewesen, an die Westfront versetzt worden, um den Vormarsch der Alliierten nach deren Landung zu verhindern, und war dann in Belgien durch einen Kopfschuss ums Leben gekommen. Seine Kameraden hatten ihren Offizier an einer Hauptstraße zwischen Brügge und Assebroek beerdigt; bitter, dass auch der Funker verschollen war, der dem Toten noch die Erkennungsmarke, die Brieftasche und das Soldbuch abgenommen hatte. Mit der offiziellen Nachricht erhielt Herta, seine Verlobte, auch den Brief eines Offiziers, der mit Eberhard gekämpft hatte und der in seinem sehr persönlichen Schreiben nicht nur die genauen Umstände des Todes, sondern auch seinen eigenen persönlichen Verlust und den besonderen Charakter seines Kameraden würdigte.[21]

Es war nicht der erste Tote in der Familie Gebensleben, und doch saß der Schrecken tief. Herta schrieb an Eberhards Schwester: «Mir ist, als ob mir alle Worte erstorben sind. Immer wieder denke ich an Dich, liebe gute Immo. Wenn wir jetzt still beieinander sein könnten! Glaubst Du nicht, daß für ihn dieses Ende doch die Krönung eines Lebens war, das immer als die höchste Verpflichtung im Dasein eines Mannes das Vaterland empfand? Wollen wir, Du und ich, daran denken, daß ihm dieser Tod als der schönste Tod eines Mannes erschien?»[22]

Der Tod als nationale Erfüllung, als patriotische Pflicht – die nationalsozialistische Propaganda hatte gemeinsamen mit der Vorstellung vom deutschen «Abwehrkampf» gegen den Bolschewismus erhebliche Wirkungskraft entfaltet. Mit dem Angriff auf die Sowjetunion war die Zahl der toten Soldaten rasch angestiegen, seit Mitte 1944 lag sie bei etwa 200 000 im Monat, zwischen Dezember 1944 bis Mai 1945 bei insgesamt 1,5 Millionen.[23] Der Männertod war ein Massenphänomen des Krieges – und die Versorgung der Hinterbliebenen ein zentrales Anliegen des NS-Staates, um die Legitimität des Krieges weiter aufrechtzuerhalten. Das Wehrmachtsfürsorgegesetz sah vor, dass auch Eltern der gefallenen Soldaten Anspruch auf eine Rente besaßen, und es waren vor allem die Frauen und Witwen, um die sich der völkische Wohlfahrtsstaat kümmern wollte.[24]

Die kämpfenden Soldaten sollten sich im Falle ihres Todes keine Sorgen um ihre Hinterbliebenen machen – und die Angehörigen wissen, dass ihnen der nationalsozialistische Staat helfen werde. Witwen, Waisen, Eltern: Für sie entstand seit 1938 ein umfangreiches Regelwerk, das in den Händen der Wehrmacht lag und Front und Heimat schon miteinander verschmolz, ehe der Krieg richtig losgegangen war. Neben rentenrechtlichen Versorgungsansprüchen gewährte der NS-Staat den Familienangehörigen großzügig zusätzliche Ansprüche, Mietkostenzuschüsse, Kohle und Kartoffeln, und das vielfach ohne größeren bürokratischen Aufwand. Eine «Ehrenpflicht» sei es, dass sich die kämpfende Volksgemeinschaft um die Angehörigen kümmerte. Im Wort der «Ehrenpflicht» schwang aber ein wesentliches Merkmal der nationalsozialistischen Moral mit, die Fürsorge als Teil der Bindung an «Führer» und «Volk» verstand, nicht aber als Rechtsgut. Materielle und ideelle Versorgung hatten sich kämpfende Soldaten und ihre Angehörigen durch ihre Bereitschaft erworben, alles für die Zukunft des Dritten Reiches zu opfern. Leistungen gab es im Krieg nicht voraussetzungslos, und so war die Fürsorge für die Hunderttausenden eingebunden in ein umfassendes Netz: aus Wehrmachtsfürsorge, staatlichen Instanzen und nationalsozialistischer Kriegsopferfürsorge, die sich vor Ort um Witwen und Waisen sorgen sollten und zusätzliche Leistungen wie Radiogeräte oder Lebensmittel an die weiblichen Hinterbliebenen verteilten. Wie in kaum einem anderen Bereich zeigte der «neue Staat» im Dritten Reich hier sein wahres Gesicht, in dem sich Militär, Ministerien und Partei gemeinsam als neue völkische Dienstleister empfahlen. Das geschah nicht reibungsfrei und doch mit dem gemeinsamen Ziel, die Legitimität und den umfassenden Versorgungs- und Führungsanspruch des Dritten Reiches unter Beweis zu stellen. Je länger der Krieg dauerte und insbesondere nach Stalingrad, desto häufiger musste der NS-Staat seine Leistungen Schritt für Schritt zurückfahren, ähnlich wie er bereits bei der Bewältigung der Kriegsschäden die Ansprüche seiner Bürger auf den Sankt-Nimmerleins-Tag des «Endsieges» vertagt hatte. Die Klagen über fehlende und rationierte Güter wurden lauter und auch der Zorn auf die Reichen und Parteizeichenträger, die sich auf krummen Wegen die meisten Eier und das saftigste Fleisch gesichert hatten.

Die Mütter und Ehefrauen, die auf den Ämtern die Formulare ausfüllten, ließ das nicht unberührt. Denn die Volksgenossinnen fühlten sich keineswegs als bloße Bittsteller, sondern sahen sich angesichts ihres familiären «Blutzolls» berechtigt, selbstbewusst den Behörden entgegenzutreten. Der «Heldentod» des Mannes oder Sohnes war das Argument dafür, den «Ehrendank» auch materiell einzufordern. Und auch unverheiratete Frauen meldeten sich kurz nach Kriegsbeginn zu Wort: Wer sollte nun für die formell unehelichen Kinder aufkommen? Waren sie denn selbst nicht durch die Bestellung des Aufgebotes Eheleute, deren junges Glück durch den unerwarteten soldatischen Tod jäh zerbrochen worden sei? Härtefallregelungen ließen hier schon frühzeitig Ausnahmen zu, die Wehrmachtsfürsorgestellen änderten im Kriegsverlauf ihre Formulare, und die SS-Fürsorgeoffiziere sprachen seit 1942 ganz offiziell von «Witwen-, Waisen- und Bräuteversorgung».[25] Gleichzeitig ermöglichte der «Führererlass» vom 6. November 1941 eine Eheschließung auch nach dem Tod des Bräutigams. Möglich war dies, wenn die Heiratsabsicht nachprüfbar war, ein Brief oder ein Schriftstück genügte, und bis Februar 1944 registrierte das Reichsinnenministerium 40 000 solcher «Leichentrauungen».[26]

Gleichwohl spielte noch im Tod das Kriterium volksgemeinschaftlicher Zugehörigkeit eine zentrale Rolle. Ein solcher Antrag wäre im Falle Herta Eulings und ihres verstorbenen Verlobten Eberhard Gebensleben abschlägig beschieden worden. Herta war als «Mischling II. Grades» nach den «Nürnberger Rassegesetzen» eingestuft. Eine Heirat hätte einer parteiamtlichen Zustimmung bedurft. Eberhard hatte sich darum bemüht, doch dieser Bitte, teilte der Chef der Reichskanzlei Ende Februar 1944 mit, könne «keinesfalls entsprochen werden». Stattdessen müsse geprüft werden, ob er überhaupt weiterhin Mitglied der NSDAP sein könne, der er 1937 beigetreten war.[27] Versorgung und «Ehrenpflicht» galten eben nicht für alle gleich, sondern basierten auf der rassistischen Zuteilung von Lebenschancen. Dass dies auch innerhalb der Familie keineswegs auf vollständige Ablehnung stieß, deutet ein Brief an, den Ursula Meier, eine nahe Verwandte Eberhards, an dessen Schwester Irmgard schrieb. Irmgard lebte seit geraumer Zeit in den Niederlanden und konnte deshalb nicht an der Trauerfeier für ihren Bruder teilnehmen. Ursula war von der protestantischen Trauerfeier «etwas enttäuscht», zuerst ein langer Gottesdienst, dann das Gedenken an zehn Tote. «Wen die Götter lieben [...], den holen sie vielleicht früh, auf der Höhe der Kraft und ersparen ihm damit manches. Gerade in seinem Lebensweg hätte es gewiß noch schwere Kämpfe gegeben, wie er's sich ja nie leicht gemacht hat.» Und wenn man an die Familie denke, dann bedauere man doch «so sehr, daß er [Eberhard] nicht ein blutsmäßig zu ihm passendes Mädel geheiratet hat und daß nun keine Nachkommen da sind. Aber es ist wohl vom Schicksal so gewollt.» Immerhin: Trotz aller Zerstörungen glaube sie noch immer – im Dezember 1944 – «an einen guten Ausgang des Krieges».[28]

Rassistische Kategorien bestimmten die Vorstellungswelt weiter Teile der deutschen Gesellschaft noch bis in die letzten Kriegsmonate, mochten sie im Einzelnen auch durchaus auf Distanz zum Nationalsozialismus gehen. Nationalistisches Pflichtgefühl und die immer wieder beschworene «jüdisch-bolschewistische Bedrohung» ließen es jedenfalls kaum vorstellbar erscheinen, der Volksgemeinschaft in den Rücken zu fallen. Viel war in den Predigten, die Ursula Meier gehört hatte, von «Buße», «Sühne» und «Prüfung» die Rede und von der alttestamentarischen «Strafe Gottes». Gerade das Bild des göttlichen Zornes war ambivalent und konnte Unterschiedliches meinen: der Krieg als göttliche Antwort auf den Glaubensabfall der Menschen oder auch als Hinweis auf die «Gottlosigkeit» des Regimes. Mochte manches Trauerritual angesichts seiner Häufigkeit zur hohlen Routine verkommen sein, so galt doch für die Mehrheit der katholischen und evangelischen Christen die Überzeugung, dass dieser Krieg ein Verteidigungskrieg sei. Die Kirchen stünden in der Pflicht, wie 1914/18 die innere und religiöse Ordnung aufrechtzuerhalten und sich im Kampf gegen den «Bolschewismus» nicht noch ein zweites Mal einen «ungerechten Frieden» aufzwingen zu lassen. Der Bombenkrieg der Alliierten galt als christliche Bewährung und «Heimsuchung», als Weckruf und Aufforderung sittlich-moralischer Umkehr; ein Teil der Kirchen wahrte Distanz zur scharfen nationalsozialistischen Vergeltungsrhetorik und blieb mit dem Begriff der «Schuld» offen für Kriegsdeutungen, die ein Versagen auch in den eigenen Reihen erkannten. Nicht von «Vergeltung» war deshalb die Rede. Stattdessen glaubten führende katholische Bischöfe daran, dass die Soldaten aus Liebe zum Vaterland Krieg zur Verteidigung des christlichen Abendlandes führten. Immer häufiger war am Ende des Krieges in Predigten von apokalyptischen Endzeitvisionen die Rede, von «letzten Prüfungen» und vom Kampf Gut gegen Böse. Wie weit die Kirchen ihre Gläubigen damit erreichten, ist nicht leicht zu sagen. Selbst die «sonst so verschlossenen Hamburger Arbeiter» hätten, berichtete eine evangelische Gemeindeschwester, nach den Angriffen «das Bedürfnis» verspürt, über ihren Verlust und ihre Erlebnisse zu sprechen.[29] Ein katholischer Pfarrer berichtete, wie die Pfarrkinder angesichts der Bomben wieder beteten. Aber ganz wussten auch die Geistlichen nicht, ob ihre tröstenden Worte bei den Menschen ankamen und sie wirklich noch eine überzeugende Antwort auf die Frage hatten, wie Gott all das Leid zulassen könne. Denn es gab durchaus auch andere Stimmen und Erfahrungen, solche wie die von Ursula Meier, die die Massenveranstaltung des Trauergottesdienstes unglücklich zurückgelassen hatte.

Über ein Gespräch katholischer Geistlicher im Erzbistum Köln im Sommer 1943 berichtete ein Gestapo-Informant: «Im Klerus ist allgemein die Ansicht, daß mit der Bombardierung ein Wiederaufleben des religiösen Gedankens nicht zusammengeht. Die Menschen – in ihrem letzten bedroht – werden animalisch, kehren zu den Urinstinkten zurück.»[30] Das passte zu manchen neuen Wundergeschichten, die in Kirchenkreisen kursierten. Auch manches neue Gebet und eine neuerliche Konjunktur des Marienkultes deuteten darauf hin, dass das existentielle Vakuum, das der Massentod hinterlassen hatte, weder von der NSDAP noch von den Kirchen ohne Weiteres gefüllt werden konnte. Vielen Seelsorgern ging es wie dem Pfarrer einer Münchner Innenstadtpfarrei, der sehr ernüchtert über sein Gemeindeleben festhielt: Vielfach seien die Männer im Krieg, und die Jugendlichen müssten ihren Dienst in der HJ leisten. Die spirituelle Überzeugungskraft blieb auf den harten Kern des Milieus beschränkt, während die anderen, so deutete es jedenfalls ein Teil des Klerus, in «alter Gleichgültigkeit und Abgestumpftheit gegen alles Religiöse»[31] verblieben. Religiöse Kriegserfahrungen waren also äußerst heterogen und geprägt von der Übernahme kirchlich-säkularer Versuche, dem Krieg einen Sinn zu geben. Doch so schwer manche Glaubenskrisen auch wiegen mochten, an der grundsätzlichen Haltung frommer Katholiken und Protestanten änderte das nichts: Sie wollten in der Stunde der Gefahr als Trostspender der geschundenen volksgemeinschaftlichen Seele, als Diener eines blutenden Volkes wirken – und taten ihr Bestes, die Seelsorge trotz angespannter Kriegslage nicht völlig zusammenbrechen zu lassen.

Das war nicht leicht, denn das Regime hatte seit Kriegsbeginn die seelsorgerische Begleitung immer weiter eingeschränkt. Streit gab es nicht nur um die richtige Rangfolge der Totenehrung, sondern auch um die kriegsbedingte Nutzung kirchlicher Einrichtungen, die als Lazarette oder Ausbildungsstätten für die Wehrmacht genutzt werden sollten. Für das NS-Regime bot der Krieg die Chance, unter dem Vorwand der Mobilisierung die Verfolgung der Kirchen auszudehnen. Gleichzeitig jedoch prägten Formen der Kooperation insbesondere in der karitativen Kriegshilfe das Verhältnis zwischen Kirchen und Drittem Reich. Was die Kirchen insbesondere antrieb, war die Sorge, wie trotz der Flucht vor den Bomben die Seelsorge weiterhin aufrechterhalten werden könne. Eine Antwort darauf war die «Wandernde Kirche», die mit ihren Pfarrern auch dorthin mitzog, wohin die Gläubigen beispielsweise zwangsverschickt oder mit ihren Rüstungsbetrieben verlagert worden waren. Eine eigene Evakuiertenseelsorge sollte das Milieu zusammenhalten, gerade dort, wo es, wie in der Diaspora, besonders schwierig war, den Sonntagsgottesdienst zu besuchen, beichten zu gehen oder Kommunionunterricht zu erhalten. Rheinische Katholiken in Thüringen, norddeutsche Protestanten in Bayern – daraus ergaben sich vielfach zusätzliche Fremdheitserfahrungen, die zur weiteren Verunsicherung beitrugen und für erheblichen Konfliktstoff sorgten. Denn wie sollte dort der sonntägliche Gottesdienst gehalten, wie gebeichtet oder Kommunionunterricht erteilt werden? Bisweilen gab es erste Formen der ökumenischen Begegnung, als Katholiken und Protestanten im Angesicht des nächsten Luftangriffes gemeinsam das «Vaterunser» anstimmten. Doch weiterreichende kirchenpolitische Folgen hatten solche religiösen Notgemeinschaften nicht, blieben sie doch Teil des Krieges, den Hitler und die Deutschen zusammen kämpften.

Hitler und seine Volksgenossen

Doch wo war Hitler? Öffentlich und als Redner trat er seit 1943/44 nur noch selten in Erscheinung. Vielfach mussten vage Andeutungen genügen, der «Führer» werde bald wieder mit neuen Waffen zum Angriff übergehen. Die Kraft dieser Waffen blieb bewusst unklar, damit das «Kriegsgenie» Hitler nicht am Erfolg seiner Prophezeiungen gemessen werden konnte. Hitlers Macht verdankte sich nicht zuletzt der öffentlichen Rede, der Dramaturgie des inszenierten Kultes. Doch der Krieg, die Rückzugsgefechte im Osten und der Vormarsch der Alliierten im Westen boten Hitler immer seltener Gelegenheit, sich als Genie des Schlachtfeldes feiern lassen zu können. Seine öffentlichen Auftritte blieben auf den kleinen Kreis der Partei- und Militärelite beschränkt, die er auf seinen «totalen Krieg» einschwor; einen radikalen Krieg gegen die Juden, an dessen Ende nur Sieg oder Untergang des «deutschen Volkes» stehen konnte. Bei einem Treffen mit den Gauleitern unmittelbar nach der Niederlage von Stalingrad Anfang Februar 1943 ließ Hitler in seiner zweistündigen Ansprache keinen Zweifel, dass es nun um alles oder nichts gehe: «Würde das deutsche Volk einmal schwach werden, so verdiente es nichts anderes, als von einem stärkeren Volke ausgelöscht zu werden; dann könnte man mit ihm auch kein Mitleid haben.»[32]

Hitlers Verschwinden aus der Öffentlichkeit schuf Raum für wilde Spekulationen und auch für den einen oder anderen Witz. So hieß es, der «Führer» habe sich zurückgezogen, um ein Buch «Mein Irrtum» zu schreiben.[33] Sehen konnten die Deutschen ihren «Führer» ab und an im Kino und auf den Propagandaplakaten, doch seine Stimme war nur noch selten präsent in den deutschen Wohnzimmern. Die Reaktionen auf seine wenigen Reden im September und November 1943 waren, glaubt man den SD-Berichten, keineswegs eindeutig: Skepsis gegenüber den Versprechen naher Vergeltungsschläge, Unverständnis, warum ausgerechnet der «Führer» so häufig von Gott und der «Vorsehung» spreche, Zweifel, ob die von Hitler behaupteten taktischen Truppenverlagerungen nicht eher auf die militärische Stärke des Gegners als auf sein eigenes Feldherrngeschick zurückzuführen seien. Und doch berichtete ein Handwerker aus dem unterfränkischen Kitzingen Mitte November 1943: «Es ist eigenartig, was für eine Macht der Führer hat. Die gleichen Leute, die am Dienstag früh noch sagten, daß Deutschland verloren sei, wollten am Dienstag abend nichts mehr davon wissen.»[34]

Ganz aufgebraucht war Hitlers Charisma also noch nicht, wenngleich es keinen Zweifel geben konnte, wie sehr insbesondere die Bombardierungen und die zunehmende Schutzlosigkeit des Reiches den Glauben an die Erlösungskraft des «Führers» aufgezehrt hatten. Hitler war nun auch körperlich gezeichnet, seine Glieder zittrig, sein Blutdruck hoch – Indizien für eine Parkinson-Erkrankung, die sein Leibarzt mit einem ordentlichen Aufputschcocktail zu lindern versuchte. Wie angeschlagen Hitler wirklich war, erlebten seine treuesten Weggefährten, die seit der Kampfzeit zu ihm hielten, die Gauleiter, im August 1944 in der «Wolfsschanze». Hitler hatte das Attentat vom 20. Juli knapp überlebt, er dürstete nach Rache und schwor seine Getreuen auf den «Endkampf» ein. Doch es war nicht der Unantastbare, der hier vor sein Publikum trat. Hitler sprach eher leise und, ungewöhnlich genug, im Sitzen. Er verzichtete auf jedes rhetorische Feuerwerk und machte aus seinem körperlichen Verfall keinen Hehl. Im Gegenteil: Seine Gebrechen schienen sein letztes Kapital, das half, seine Mannen noch einmal zur unbedingten Treue zu mahnen, ein letzter Akt der unbedingten Gefolgschaft im Zeichen der Götterdämmerung.[35] Das Genie war verblasst, die Nachrichten gaben wenig Anlass zur Hoffnung; was blieb, waren die Spuren des Attentats und die historische Mission, auf der sich die NS-Bewegung mit Hitler an der Spitze wähnte. Der Appell an die Treue war mehr als ein billiges Propagandamittel, um den engen Kreis der NS-Elite um sich zu scharen. Treue zu «Volk und Führer» war der ultimative moralische Imperativ, seit Beginn in der NS-Bewegung eingeübt und auch dann gültig, als sich das Schlachtenglück drehte. Gerade die besonders durch das Regime Gebundenen, die Hunderttausenden kleineren und größeren Funktionsträger, auch die Jungen, die im Dritten Reich und in den NS-Organisationen groß geworden waren und in HJ oder BDM ihren Dienst taten, ließen keineswegs von der Überzeugung ab, dass ihr persönliches Schicksal untrennbar mit Adolf Hitler verknüpft blieb. Das ließ bisweilen Raum für Kritik im Einzelnen, aber doch nicht so viel Platz, dass eine Alternative zu Hitler vorstellbar schien. Wolfhilde von König, das BDM-Mädel, notierte am 8. November 1944, an ihrem 19. Geburtstag, in ihr Tagebuch: «Reich war das letzte Lebensjahr an Erlebnissen. Im Februar das Abitur, die KLV-Zeit in Berchtesgaden und Reichenhall, dann der Besuch der Feldscherführerschule, Salzburg, den Königsee durfte ich sehen und kennenlernen. Mein Ausgleichdienst begann und führte mich in den Beratungsdienst. Bombenangriffe verwüsteten unsere Stadt, wir zogen mit der Dienststelle 2 mal um. Dann ging es in den Hopfen, vorher noch einmal nach Berchtesgaden für drei kurze Ferientage. Ein Jahr voll Arbeit, aber auch voll Erlebnisse und Eindrücke liegt hinter mir. Was wird das neue bringen. Ich sehe den Dingen ruhig entgegen und will weiter meine Pflicht tun für Führer und Volk.»[36] Das war die Sprache der nationalsozialistischen Moral, die zumindest bei einem großen Teil junger Deutscher ihren Widerhall fand, die ihre Entscheidung über «richtig» und «falsch», ihre Verhaltensnormen, an den Leitbegriffen «Volk» und «Führer» orientierten und den permanenten Ausnahmezustand der Diktatur als Alltag empfanden.

Der SD fing auch andere Stimmen ein, Stimmen, die getragen waren von Enttäuschung über die Unfähigkeit des Regimes, von Angst und Panik, auch von Zorn über die «Bonzen» der Partei. Kein Zweifel: Als Projektionsfläche nationaler Größe eignete sich Hitler mit jedem Tag neuerlicher Rückzugsgefechte immer weniger. Seine ursprüngliche Kraft hatte der Führer-Mythos nicht mehr. Und doch machten die Reaktionen auf das gescheiterte Attentat der Offiziere um Claus Schenk Graf von Stauffenberg auf Hitler am 20. Juli 1944 deutlich, wie wirkungsmächtig die Vorstellung in den Köpfen vieler Deutscher noch war, mit Hitler stehe der Mann der Vorsehung an der Spitze des Deutschen Reiches. «Mordanschlag auf den Führer», notierte Wolfhilde von König, «er selbst blieb unverletzt. Die Vorsehung hat hier gewaltet. Seine Begleiter haben alle mehr oder minder schwere Verletzungen davon getragen. Ich bin so glücklich, daß der Führer lebt. Was wäre geworden ohne ihn. Er muß uns noch recht lange erhalten bleiben. Der Führer lebt, Gott sei es gedankt.»[37]

Selbst in Kreisen, die dem Nationalsozialismus mit Distanz gegenüberstanden, fürchteten einige, dass Hitlers Tod Bürgerkrieg bedeuten würde. Die Deutschen ohne Hitler – das schien doch nach den Jahren nationaler Euphorie, wirtschaftlichen Aufschwungs und nationalistischer Jubelstürme undenkbar und gleichbedeutend mit dem Ende aller Hoffnungen. Für sie wie für die große Mehrheit der Soldaten und Offiziere bedeutete die Nachricht über das gescheiterte Attentat vor allem eines: ein Gefühl der Erleichterung.

Zum ambivalenten Bild gehörten indes auch andere Stimmen, die der SD oder die lokalen Behörden auffingen, die keineswegs überall pure Glückseligkeit über Hitlers Überleben erkannten. Denn denjenigen, die die Nachrichten über den Kriegsverlauf zu deuten wussten, war klar: Ein lebender Hitler bedeutete einen noch längeren Krieg. Die Sehnsucht nach Frieden war ebenfalls zu spüren. Manche machten deshalb am Stammtisch einen weiten Bogen um das Thema und schwiegen beredt, als es um das Attentat ging.[38] Eine eindeutige Antwort auf die Frage, wie weit der Führer-Mythos noch wirkte, wird es angesichts der begrenzten Quellen nicht geben. Aber gerade für diejenigen, die nicht nur den militärischen Eid auf Hitler geschworen, sondern auch ihren Platz in den großen Massenorganisationen des Dritten Reiches, in Wehrmacht, HJ und BDM, in NSV und Reichluftschutzbund, in

SS und im jugendlichen «Volkssturm», gefunden hatten, blieb die Bindung, mindestens aber das Gefühl erhalten, dass trotz aller Widrigkeiten und Fehler es nur Hitler noch schaffen könne, den Schlachtenverlauf zu wenden.

Auch die wenigen verbliebenen ausländischen Diplomaten im Reich suchten wieder und wieder nach der «Stimmung» der Bevölkerung. Wer waren diese Deutschen nur, die diesen Krieg so erbittert führten? Mancher, wie der Däne Vincens Steensen-Leth, hatte im Oktober 1942 festgestellt, dass die Identifikation der Bevölkerung mit dem Nationalsozialismus immer weiter voranschreite und die Propaganda nach wie vor Früchte trage. Viele, auch diejenigen mit Distanz zum Regime, hätten mehr und mehr das Gefühl, sich dem Sog nicht entziehen zu können. Mitmachen schien alternativlos.[39] Vier Monate vor dem Attentat, im März 1944, erläuterte der Schweizer Generalkonsul Hans Zurlinden seinem Außenministerium in Bern die Sicht der Deutschen. Der Krieg, daran gab es kaum einen Zweifel, werde für Deutschland verloren gehen. Doch es bleibe diese «rätselhafte Mentalität des deutschen Volkes». Wenn man nach einiger Zeit in der Schweiz wieder nach Deutschland zurückkehre, glaube man fast, man sei nicht etwa in ein anderes Land, sondern «in eine andere Welt gekommen». Demokratie, Rede- und Glaubensfreiheit, alles hätten die Deutschen über Bord geworfen. Nicht alle seien Nazis, und eine Minderheit habe es geschafft, «dass einzig und allein ihr Dogmensystem in einer grossen Millionenvolksgemeinschaft öffentlich gelehrt und gelesen und gehört werden darf». Mit Hitler alleine jedenfalls, da war sich der Schweizer sicher, ließ sich dieses Phänomen nicht verstehen. Zurlinden sah die Gründe in einem historisch weiter zurückliegenden Militarismus der Deutschen – eine Degeneration des «kulturellen Niveaus», das die ganze deutsche Gesellschaft erfasst habe, nicht nur die Parteigenossen, Hitlerjungen und BDM-Mädels. Inzwischen, so seine Diagnose, seien auch Beamte und Lehrer, Unternehmer, Generäle und Professoren von einer «primitive[n], brutale[n] und überhebliche[n] Mentalität» geprägt. Zurlinden beobachtete die Anziehungskraft völkischen Denkens, für die es eben nicht unbedingt einer Parteimitgliedschaft bedurfte und schon gar keiner immerwährenden Sympathie für den Blockleiter von nebenan. Die Kategorie «Nationalsozialist» war in den Kriegsjahren womöglich unklarer denn je und Loyalität zum Regime keineswegs alleine abhängig vom Parteibuch. Man konnte sich also durchaus distanziert gegenüber dem Nationalsozialismus fühlen und trotzdem durch sein Verhalten das Regime stabilisieren.

Angesichts des Kriegsverlaufs beobachtete Zurlinden einen gewissen Rückgang der «Grössenwahnideen», und auch die Minderheit der Nationalsozialisten werde kleiner. Doch das stimmte ihn keineswegs optimistisch: «Es dürfte aber ein Irrtum sein zu glauben, dass die Abkehr vom Regime im Sinne einer Ernüchterung, einer vernünftigen Besinnung erfolge. Die [...] Entwicklung deutschen Geisteslebens, das sich seit Jahrzehnten im Rahmen militärischer und imperialistischer Anschuungen [sic] bewegt und dem in erschreckendem Masse moralische und kulturelle Werte abhanden gekommen sind, lässt zunächst nichts Gutes ahnen. Statt einer heilsamen Wandlung setzt sich zunächst vermutlich in den primitiven, brutalen und überheblichen Köpfen eher ein neuer Wahn, derjenige der Verzweiflung durch, der Schlimmstes befürchten lässt.»[40] Wie recht er behalten sollte!

Während Hitler in der Wolfsschanze seinen devoten Generälen einen blindwütigen «Haltebefehl» nach dem anderen entgegenschleuderte, waren es andere, die auf dem Feld der Innenpolitik die Regie übernahmen. Hitler hielt sich hier zurück, mit Ausnahme der Judenpolitik, die er weiter mit glühendem Hass forcierte. An der «Heimatfront» trommelte vor allem sein Propagandaminister, Joseph Goebbels – der seinen Einflussbereich beständig auszudehnen vermochte –, als Einpeitscher für den «totalen Krieg» und die «totale Mobilisierung» und als Superminister für die «Heimatfront», der sich im Auftrag Hitlers um die Gefahrenabwehr im Luftkrieg kümmerte. Neben Goebbels bauten vor allem Martin Bormann, seit April 1943 mit dem Titel «Sekretär des Führers» ausgezeichnet, Albert Speer für alle Rüstungsfragen, Hans Heinrich Lammers als Chef der Reichskanzlei und Heinrich Himmler ihre Machtpositionen aus. Himmler übernahm zusätzlich zu seinen Funktionen als Reichsführer SS, Chef der Deutschen Polizei und Reichskommissar für die Festigung deutschen Volkstums seit August 1943 das Reichsinnenministerium und seit dem Attentat auf Hitler die Oberaufsicht über das Ersatzheer – alle Terrorinstrumente waren damit in seiner Hand vereint. Totale Mobilisierung – das galt seit 1943/44 in allen Bereichen: Rund acht Millionen NSDAP-Mitglieder taten an verschiedenen Stellen ihren Dienst, die Partei hatte im Juli 1944 insgesamt 37 192 Männer und etwa 140 000 Frauen als hauptamtliche Funktionsträgerinnen, 60 000 alleine bei der NSV. Dazu kamen noch drei Millionen Deutsche, die unbezahlte Arbeit leisteten. Als «Reichsbevollmächtigter für den totalen Kriegseinsatz» erhielt Goebbels von Hitler am 25. Juli 1944, unmittelbar nach dem gescheiterten Attentat, die Aufgabe, angesichts des alliierten Vormarsches im Westen die letzten Kräfte der Reichsverteidigung zu mobilisieren. Bis zum 1. September 1944 hatte Goebbels mithilfe der mächtigen Gauleiter Betriebe nach Arbeitskräften durchforstet, kriegsunwichtige Betriebe schließen lassen, neue Soldaten für die Wehrmacht und neue Arbeiter für die Rüstungsbetriebe rekrutiert. Die Kriegsbürokratie lief auf Hochtouren, der Beamtenapparat funktionierte weiterhin, die Behörden versuchten vor allem die Ernährung zu sichern. Ende 1943/44 aber waren die Engpässe immer größer geworden. Bis dahin hatte das Reich einen wesentlichen Teil seiner Versorgung über die ernährungswirtschaftliche Ausbeutung der besetzten Ostgebiete gewährleistet. Das galt unter anderem für 63 350 Tonnen Fleisch, für Getreide, Zucker oder 180 Millionen Eier, die allein zwischen Juli 1941 und Ende 1943 in das Deutsche Reich geflossen waren.[41] Das war der Grund dafür, dass erst zum Schluss des Krieges mit jedem Gebietsverlust die täglich zugewiesenen Kalorien erheblich eingeschränkt wurden. In den Trümmern der Städte ging es somit nicht mehr nur um die Suche nach Wohnungen, sondern auch darum, etwas zu essen aufzutreiben. Lebensmittel waren die neue, harte Währung. Und so betonte der Hamburger Landgerichtspräsident in seinem Lagebericht für das Jahr 1944, dass immer mehr Menschen «etwas zu ‹organisieren›» versuchten. «Der Handel ‹unter dem Ladentisch›, der Tausch und das Hamstern, insbesondere von Obst, Gemüse und Kartoffeln, hat erheblichen Umfang angenommen. Bevölkerungsteile, die nicht zur Arbeit eingesetzt sind, also insbesondere Frauen mit Kindern, nutzen die Zeit zum Abschleppen großer Mengen von Nahrungsmitteln der genannten Art. Die Bevölkerungsteile, die zu derartigem Vorgehen keine Zeit haben, sind sehr aufgebracht darüber, daß gegen dieses in großem Maßstabe stattfindende Hamstern nichts unternommen wird.»[42]

Dass der Krieg trotzdem weiterlaufen konnte, lag auch daran, dass sich die administrative Struktur des Reiches den Bedürfnissen des völkisch-räuberischen Kriegssozialismus angepasst hatte. Das öffentliche Leben stand nun mehr im Zeichen des Krieges, als Post- und Reichsbahnbeamte für die Wehrmacht arbeiteten, die Schalter schlossen und die Züge nicht mehr regelmäßig fuhren. Anfänglich hatte Hitler Zweifel, ob es für die «Stimmung» gut sei, auch Theater und Varietés zu schließen. Davon ließ sich der «Führer» dann noch überzeugen, nicht aber davon, weniger Bier oder Bonbons zu produzieren. Das sei nötig für die Soldaten, und insbesondere in Bayern werde weniger Bier zu «Volksmurren» führen, erklärte der Diktator.[43] Auf solche Stimmungsschwankungen reagierte Hitler nach wie vor; er ließ aber keinen Zweifel daran, dass es für den «Endsieg» rücksichtsloser Entscheidungen bedurfte. Nachdem Reichsjugendführer Artur Axmann bereits im August 1944 alle Jungen des Jahrgangs 1928 aufgefordert hatte, sich freiwillig zu melden, und sich innerhalb von sechs Wochen 70 Prozent für den Dienst an der Waffe entschieden, schuf Hitler zusätzlich am 25. September den «Deutschen Volkssturm» – eine Erinnerung an die «Befreiungskriege» gegen Napoleon, die alle Jungen und Männer von 16 bis 60 Jahren zu den Waffen rief; Waffen, die das Regime genauso wenig hatte wie passende Uniformen, die jetzt aus den Altkleiderkammern des Reiches herausgekramt wurden. Die Gauleiter als Reichsverteidigungskommissare sorgten für rigorose Mobilisierung; sich dem Zwangsdienst zu entziehen war lebensgefährlich, zumal neue nationalsozialistische Politoffiziere die ideologische Überwachung des kümmerlichen Ersatzheeres übernommen hatten. Der «Endkampf» stand kurz bevor.

Endkämpfe

Eigentlich war er nur auf dem Weg zum Brotholen. Doch der Zufall führte den 16-jährigen Hitlerjungen P. Mitte April 1945 zum Bürgermeisteramt von Quenstedt, nicht weit von Halle.[44] Der Junge geriet in eine Menschenmenge, in der sich auch KZ-Häftlinge befanden. Der Bürgermeister befahl ihm und einem weiteren Jungen, H., die Häftlinge zusammen mit SS-Wachmännern in einen Nachbarort zu eskortieren. «Wer von den Häftlingen nicht weiter kann, wird erschossen», hatte man ihnen mit auf den Weg gegeben. Sechs Schuss Munition hatten sie mit dabei und ein italienisches Gewehr. Sie sollten es gebrauchen: Bereits kurz nachdem sie aufgebrochen waren, forderten die SS-Männer H. dazu auf, einen Häftling zu erschießen. Er war am Ende seiner Kräfte und zusammengebrochen. Selbst Hand anlegen wollten die Männer nicht, und der Junge gehorchte. Dann, nachdem sie bereits den Rest der Gruppe abgeliefert hatten, verfolgten sie einen Geflohenen, den sie auf dem Rückweg aufgestöbert hatten. Der wollte über einen Zaun abhauen, doch H. feuerte ein weiteres Mal und tötete ihn. Dieses Mal brauchte es keine Aufforderung. Als sie dann schließlich von den Dorfbewohnern darüber informiert worden waren, dass sich offenkundig noch weitere geflohene Häftlinge versteckten, griffen sie noch einmal zum Gewehr und machten sich zusammen mit anderen auf die Suche. Unter einem Wagen mit Stroh fanden sie schließlich einen. Erst schlugen sie ihn, bis er «auf dem Rücken liegend sich nicht mehr rühren konnte». Dann erschoss ihn P. mit zwei Kugeln mitten ins Gesicht.

Das Kriegsende kannte viele solcher Geschichten der Gewalt: Hitlerjungen, die entflohene Häftlinge und Zwangsarbeiter verfolgten, SS-Männer, die mit «alten Gegnern» und «Defätisten» abrechneten, Gestapo-Trupps, die Jagd auf Ausländer machten, NSDAP-Aktivisten, die abgeschossene alliierte Flieger lynchten, Soldaten, die als «Fahnenflüchtige» erschossen wurden. Während im Osten und Westen die Front zusammenbrach und die Wehrmacht Niederlage um Niederlage einstecken musste, trieb das Regime den Kampf gegen die inneren Feinde der Volksgemeinschaft immer weiter auf die Spitze. In Berlin arbeitete der bürokratische Apparat des «totalen Krieges» bis in die letzten Stunden des Dritten Reiches. Ohne Unterlass kamen neue «Haltebefehle» und die NSDAP schwor ihre Gau- und Kreisleiter auf den «Endkampf» ein. Die lokalen Herrscher aus Partei und Staat rissen die Gewalt an sich und fühlten sich angesichts der äußeren Bedrohung dazu ermächtigt, ohne viel Aufhebens abzurechnen und für «Ruhe und Ordnung» zu sorgen. Das hieß vielerorts nichts anderes als blanker Terror.

Die Radikalisierung der Radikalen trieb die Gewalt weiter an. Im Einzelfall ist es schwer zu sagen, was denn eigentlich die Gründe dafür waren, dass 16-Jährige zum Gewehr griffen. Erfüllten sie nur einen Auftrag? Waren sie ideologisch «Verführte»? Machte es ihnen am Ende einfach Spaß, «Minderwertige» zu misshandeln? Hatten sie sich an die Gewalt des Krieges gewöhnt – und taten sie es einfach deshalb, weil sie es konnten? Weil sie sich bewähren und ihren Anteil daran haben wollten, das Kriegsgeschick der Deutschen zu wenden? Vor allzu schnellen Antworten sollte man sich hüten – auch deshalb, weil trotz vieler Belege für die Ausweitung der Kampfzone ins Innere des Reiches die Täter nur selten direkt Auskunft über ihre Motive gaben.

Eine naheliegende und plausible Antwort liegt im hohen Grad völkisch-rassistischer Überzeugung der nationalsozialistischen Funktionseliten. Im «Endkampf» fielen die letzten Skrupel. Die Partei als «Menschenführerin» verstand sich als stärkste Kraft, all die übrig gebliebenen «schädlichen Elemente», «Schwächlinge» und «Saboteure» zu vernichten. Der «heilige Volkskrieg», zu dem die NS-Führung aufgerufen hatte, sollte jegliche Rücksichten hinter sich lassen und ohne bürokratische Hemmungen schnell und eigenmächtig richten. Die Volksgemeinschaft zog ihre Grenzen immer enger und richtete sich gegen die schwächsten und «unproduktivsten» Volksgenossinnen und Volksgenossen, die Alten und Kranken. Die Gau- und Kreisleiter, die Gestapo- und SS-Männer waren keineswegs völlig blind gegenüber der Allgegenwart alliierter Überlegenheit. Und doch schien im nationalen «Opfergang» bereits der Keim für das Überleben nach der Niederlage zu stecken. Die «Selbstaufopferung», von der die NS-Propaganda nach der Niederlage von Stalingrad nicht müde wurde zu schwärmen, machte aus dem Krieg ein mythisches Erlebnis. Dessen völkische «Würde» bestand darin, bis zur letzten Patrone das «Vaterland» zu verteidigen und damit den Nachgeborenen einen Beleg für die eigene Überlegenheit zu sichern. Hitler selbst war von dieser Idee des Opferganges geradezu besessen.

Innerhalb der Truppen waren die Auflösungserscheinungen unübersehbar. 9,5 Millionen Männer waren 1944 im Dienst der Wehrmacht, und mit dem alliierten Vormarsch verflüssigten sich die Grenzen zwischen Front und Heimat zusehends. Die Volksgemeinschaft war schon vor 1939 eine militaristische Vision neuer deutscher Ordnung. Im Untergang kam sie gleichsam zu sich selbst. Durchhaltebefehl reihte sich an Durchhaltebefehl, und die deutsche Bevölkerung galt manchem Soldaten in feldgrauer Uniform nur noch als Ballast. Immer wieder kam es zu Plünderungen und Übergriffen, und die Gewöhnung an die Gewalt des Vernichtungskrieges kam in Gestalt von Wehrmacht und SS als Reimport aus dem Vernichtungskrieg im Osten wieder zurück. Die Illusion des «Endsieges» ließ alternative Deutungen nicht zu; die Krise schien sich alleine durch ein Mehr an Radikalität und Brutalität bewältigen zu lassen – und das alles, um ein neues «1918» zu verhindern. Aber eine Niederlage kam in dieser Weltsicht ebenso wenig vor wie die Suche nach Frieden. Die Gewalt gegen die «Volksfeinde» diente als Abschreckung, als Beleg für die Handlungsfähigkeit des Regimes, auch in schwierigsten Zeiten weiterhin die Reihen fest geschlossen zu halten. Dafür brauchte es zwar ein Zentrum – Hitler, dessen Sogwirkung bei den Spitzen des Regimes noch bis in die letzten Stunden des Untergangs anhielt –, aber die Entscheidung für die Misshandlung von Häftlingen oder die Rache an «Saboteuren» fiel doch oft im vorauseilenden Gehorsam. Wehrmacht, Polizei und SS machten sich auf die Suche, um desertierte Wehrmachtssoldaten aufzugreifen und sie dann noch vor Ort wegen «Meuterei», Feigheit, Sabotage oder «Verstößen gegen die Manneszucht» zu verurteilen. Das ganze Strafmaß war möglich: die Todes- ebenso wie die Gefängnisstrafe, aber auch «Frontbewährung» oder der Verlust von Dienstgraden. Fliegende Standgerichte machten – im wörtlichen Sinne – kurzen Prozess, richteten ihren Terror nicht nur gegen Soldaten, sondern auch gegen Mitglieder des «Volkssturms» und manche Zivilisten, die im Eilverfahren zum Tode verurteilt und am nächsten Baum aufgeknüpft wurden. Das Standgericht der Heeresgruppe Süd mit Standort im oberösterreichischen Leoben arbeitete auch nach Hitlers Tod in den ersten Maitagen 1945 noch weiter und verhängte Todesstrafen.[45] Abgeschossene alliierte Piloten über Deutschland und Österreich mussten ebenfalls mit dem Schlimmsten rechnen. Goebbels heizte dafür die Stimmung an. Der Begriff der «Fliegerlynchjustiz», den die Nationalsozialisten dafür gebrauchten und der sich auch nach 1945 im Gedächtnis hielt, überdeckt indes mehr, als er erklärt. Denn es war vielfach nicht der aufgestachelte Volkszorn, sondern lokale und regionale NSDAP- und SS-Funktionäre zeichneten für die Morde verantwortlich. Der SS-Untersturmführer Fritz Thaler beispielsweise hatte am 23. August 1944 im steirischen Frein an der Mürz zwei US-Soldaten erschossen; angeblich beim Fluchtversuch, ganz offenkundig aber aus nächster Nähe. In seinem Tagebuch hatte er kurz und knapp seine Reaktion nach dem Absturz kommentiert: «Amerikanerjagd».[46] Die Morde an alliierten Piloten geschahen zumeist auf dem Land, und sie dienten nicht zuletzt dazu, von den umherstehenden Männern und Frauen ein Bekenntnis zu verlangen – ein Bekenntnis zur Gewalt der Volksgemeinschaft. Das Bild vom aufgewiegelten Mob jedenfalls, den es nach Rache dürstete, ist trügerisch.

Die angehende Lehrerin Lore Walb deutete den Luftkrieg in den letzten Kriegsmonaten ganz in der Sprache nationalsozialistischer Propaganda und notierte in ihrem Tagebuch, wie fassungslos sie die alliierte «Barbarei» zurückließ. Am 4. März, drei Wochen nach der Bombardierung Dresdens, hielt sie fest: «Und zu all dem die wahnsinnigen Luftangriffe auf unsere Städte. Sie sind so furchtbar, daß alles andere davor verblaßt. Sie übertreffen alles, was der Feind uns bisher schon angetan hat. Millionen Menschen sind so schon untergegangen, verbrannt, zerfetzt, erschlagen. Man darf nicht denken, so grauenvoll ist es. In ganz schnellen Schlägen ist so Dresden, die Barock-Stadt, (in 36 Stunden 5 Terrorangriffe!!) vernichtet worden. Mainz ist vor wenigen Tagen durch Phosphor-Brände geradezu ausradiert worden. Es gibt keine Stadt mehr in der weitesten Umgebung, die nicht zum großen oder größten Teil zerstört ist, Heidelberg ausgenommen.»[47] Etwa 25 000 Menschen waren bei dem Angriff der Alliierten am 13./14. Februar 1945 in Dresden ums Leben gekommen. Die nationalsozialistische Propaganda hatte nichts unversucht gelassen, die Bombardierung als Akt kultureller Schande der «unschuldigen» Elbmetropole zu inszenieren – eine Propaganda, die erhebliche Wirkung über das Jahr 1945 hinaus haben sollte. Die Tagebuchnotiz enthielt aber auch einen leichten Hauch von Zweifel, ob dieser Krieg wirklich noch gut ausgehen könnte: «Und dabei spricht die Regierung noch von Sieg.»[48] Angesichts der umfassenden Zerstörungen, der vorrückenden Truppen, der immer schlechter werdenden Meldungen über den Kriegsverlauf schien Lore Walbs Vertrauen in den «Endsieg» inzwischen empfindlich gestört. Selbst bei denen, die sich dem Regime innerlich verbunden fühlten, schwand nun von Tag zu Tag die Zuversicht. Zu groß waren die Zerstörungen, zu offensichtlich die propagandistischen Lügen und die alliierte Überlegenheit. Beides konnte also durchaus zusammengehen: Vertrauensverlust in das Regime einerseits, die nachhallende Überzeugungskraft volksgemeinschaftlicher Erlösungsutopien andererseits.

So gab es eben nicht ein, sondern sehr unterschiedliche Kriegsenden und Erfahrungen. Ina Ballhaus zum Beispiel, 1914 in Berlin-Charlottenburg geboren, hatte nach dem Abitur in Dortmund als Stenotypistin und dann für die Wehrersatz-Inspektion gearbeitet.[49] Sie war seit dem Wintersemester 1934/35 Mitglied im Nationalsozialistischen Deutschen Studentenbund, eine junge Frau, für die der Nationalsozialismus beruflichen Aufstieg und Sicherheit bot – so lange zumindest, bis die Bomben Anfang Oktober 1944 auch ihr Haus in Dortmund getroffen hatten und sie bei Verwandten in der näheren Umgebung Unterschlupf fand. Ina Ballhaus hielt – wie viele Millionen andere Deutsche – engen Kontakt zu ihrer Familie, sie schrieb ihrem Bruder im Osten sowie ihren Verwandten und hielt so trotz der wachsenden Ungewissheit des Krieges die Fäden der Familie zusammen. Zufall oder Geschick: Ein englischer Sprachführer half ihr dabei, beim Einmarsch der Amerikaner schnell die Sprache der Besatzer zu lernen und wieder in der Verwaltung Fuß zu fassen, nun als Übersetzerin bei der Post, dort, wo auch schon ihr Vater gearbeitet hatte. Sie blieb weiter bei ihrer Mutter wohnen, die sie bis zu deren Tod 1972 pflegte. Geheiratet hat sie – wie so viele andere Frauen nach dem Krieg – nie. Für Ina Ballhaus gab es trotz aller Unwägbarkeiten und Verluste so etwas wie familiäre und berufliche Kontinuität. Das Dritte Reich ging unter – und damit auch der Bezugspunkt ihrer politischen Orientierung. Was aber blieb, waren die Bindungen der Familie, die zusätzlich halfen, Kriegsende und Besatzung als keinen unüberwindbaren Bruch zu empfinden, sondern sich wie so viele den neuen Zeiten anzupassen. Das war indes für andere Frauen mit anderen biografischen Erfahrungen keineswegs so leicht. Die 1929 in Düsseldorf geborene, aus einer Arbeiterfamilie stammende Maria Lensing gehörte zu einer Jugendclique, den Edelweißpiraten. Den Nationalsozialisten waren diese informellen Zusammenschlüsse junger Leute suspekt, galten sie doch als Gefährdung der öffentlichen Ordnung, als sittlich verwahrlost und kriminell. Um zu überleben, hatten sich ihre Mutter und sie an kleinen Diebstählen in der Mangelgesellschaft der Kriegsendphase beteiligt. Sie landeten vor einem Sondergericht, das sie kurz vor Weihnachten 1944 verurteilte: Ihre Mutter musste «wegen Verbrechens gegen die Volksschädlingsverordnung» zwei Jahre und sechs Monate hinter Gitter, das 15-jährige Mädchen wurde wegen «gewohnheitsmäßiger Hehlerei» und ihrer Unterstützung der Edelweißpiraten in ein Erziehungsheim gesteckt. Doch bei der Überprüfung durch die Alliierten fiel Maria durch das enge Raster, obwohl eine ihrer Freundinnen viel dafür getan hatte, dass ihr Fall überhaupt Beachtung erhielt. Sie galt den staatlichen Behörden wegen ihrer frühen Kontakte zu Jungs und der kleinen Diebstähle weniger als eine Oppositionelle denn als ein «verwahrlostes» junges Mädchen. Maria blieb deshalb in der staatlichen Fürsorge. Einen Bruch bedeutete das Jahr 1945 für sie also nicht; «unangepasstes Verhalten», gerade junger Mädchen, gefährdete die «Sittlichkeit» – in der NS-Zeit ebenso wie in der unmittelbaren Nachkriegszeit und in der jungen Bundesrepublik.

Eine Zäsur indes bedeutete das Kriegsende für solche junge Frauen wie Dörthe Winter, die Ende 1944 als 23-Jährige im Hamburger Polizeigefängnis Fuhlsbüttel einsaß. Als Tochter eines Sozialdemokraten stammte sie aus einer der wenigen Familien, die den Nationalsozialismus offen ablehnten. Die Gestapo warf ihr Kontakte zum Umfeld der «Weißen Rose» vor. Doch noch während der Volksgerichtshof am 25. April 1945 wegen «Vorbereitung zum Hochverrat» Anklage gegen sie erhob, brach die Front zusammen. Das Kriegsende hieß für sie wie für die vielen KZ-Häftlinge vor allem: ein Ende des nationalsozialistischen Schreckens. In Dachau, wo sich seit Langem Hunger, Elend und Krankheit ausgebreitet hatten, erlebten 32 000 Geschundene Ende April 1945 die Befreiung durch die Amerikaner.

Schluss

Gewalt und Verbrechen, Hoffen und Verzweiflung, Erschöpfung und Enttäuschung, langsame Distanzierung und blinder Führer-Gehorsam: All dies lag eng beisammen, als die alliierten Truppen 1944/45 Deutschland unter hohem Blutzoll besetzten und das Dritte Reich schließlich am 8. Mai 1945 unter der Übermacht britischer, amerikanischer, französischer und sowjetischer Truppen kapitulierte.[50] Dass ein erheblicher Teil der nationalsozialistischen und militärischen Elite – und nicht nur Hitler am 30. April 1945 – seinem Leben selbst ein Ende setzte, passte zum Bild der Selbstzerstörung, das sich den Besatzern bot. Sieben von 47 höheren SS- und Polizeiführern brachten sich um und acht von 41 regionalen Parteiführern; hinzu kamen elf von 53 Admirälen und 53 von 554 Heeresgenerälen.[51] Am Ende ging es den vielen anderen Deutschen nur ums Überleben. Der Tod war allgegenwärtig; kein Jahr des Krieges war verlustreicher gewesen als die Phase seit Mitte 1944. Kollektive Bindungen hatte der Nationalsozialismus erheblich erschüttert. Die alten Solidarstrukturen der Arbeiterbewegungen gab es nicht mehr. Die kirchlichen Milieus waren zusammengeschmolzen, wenngleich die Suche nach Gott im Ausnahmezustand des Untergangs doch drängend blieb. Mochten ihre Motive auch unterschiedlich gewesen sein: Beide Kirchen trugen auf ihre sehr eigene Weise dazu bei, der Volksgemeinschaft den Rücken zu stärken. Widerstand jedenfalls war nur für die wenigsten eine denkbare Kategorie, die Angst vor dem «Bolschewismus» erwies sich als größer denn die Hoffnung auf das Ende der nationalsozialistischen Tyrannei. Ein wenig Halt boten zudem die Routinen des Arbeitsplatzes, zumal es die Betriebe waren, die vielfach halfen, in den letzten Monaten Nahrungsmittel zu organisieren. Die Energie der rassistischen Arbeitsgesellschaft war auch am Kriegsende noch nicht völlig aufgebraucht; womöglich war dies überhaupt die Antriebskraft, die das Weitermachen erst möglich machte.

Woran konnte man überhaupt noch glauben angesichts all der leeren Versprechen, all der kriegerischen Zerstörung? Die deutsche Gesellschaft am Kriegsende war hochgradig durcheinandergewirbelt. Die Zerstörungen, Wehrmacht und NSDAP, die Furcht vor den Bomben, Betriebsverlagerungen und die Angst vor der vorrückenden Roten Armee: All dies zwang Männer und Frauen, Alte und Junge, Katholiken und Protestanten, so manches aufzugeben. Viele hatten die Aufstiegsjahre des Dritten Reiches und die Revision der Grenzen als Erfüllung langersehnter Träume empfunden. Erst die Entbehrungen des Krieges ließen Zweifel wachsen. Das Wort der «Verführung» täuscht über die materiellen Interessen, über die Vielzahl an Gemeinsamkeiten hinweg, die innerhalb des rechten, bürgerlich-konservativen und radikal-nationalsozialistischen Lagers bestanden. Denn gerade in seiner Offenheit, die Welt durch die expansionistische Begriffswelt von Rasse, Raum und Volk zu deuten, gab es für viele Anknüpfungspunkte. Breit geteilt wurde die Sehnsucht, die «Schande von 1918» zu tilgen, das verhasste liberal-demokratische Erbe Weimars zu zerschlagen und den «jüdischen Bolschewismus» auszurotten. Das war das Angebot des Nationalsozialismus. Trotz mancher neuer Wohltaten: Vieles blieb leeres Versprechen, und Gefälligkeiten des Regimes waren, sofern man die rassistischen Kriterien erfüllte und nicht davon ausgeschlossen war, immer gekoppelt an soziale Kontrolle und völkische Pflichterfüllung. Insofern bedeutete das Jahr 1933 tatsächlich eine Revolution, denn individuelle Rechte waren nun an völkische Treue und Verhaltensnormierung gekoppelt. Das markierte einen zentralen Unterschied zu den demokratisch verfassten europäischen Gesellschaften der Zwischenkriegszeit, die ebenfalls von der Weltwirtschaftskrise gebeutelt worden waren, aber ihre institutionelle Ordnung trotz mancher Widrigkeiten nicht über Bord geworfen hatten. Für die deutschen Juden waren die Folgen radikal. Sie verloren alles: Eigentum, sozialen Status, Freunde, Familien, Heimat, ihr Leben. Die Besitz- und Klassenverhältnisse der Mehrheitsgesellschaft hatte der Nationalsozialismus dagegen kaum angetastet. Sie hatte sich hemmungslos an der jüdischen Verfolgung bereichert und auf Kosten der ausgebeuteten Gebiete in West- und Osteuropa gelebt. Der Anspruch, die Gesellschaft durch Gewalt und Arbeit neu zu ordnen, war ein wesentlicher Charakterzug des NS-Regimes. Das bedeutete nicht nur bloße Zerstörung, sondern hatte die totale Erfassung und Neugestaltung der Gesellschaft zum Ziel. Deshalb ließ der NS-Staat Raum für individuelle Leistungsoptimierung und Aufstiegshoffnungen, zu deren Verwirklichung der Einzelne durch seine beständige Mitarbeit für die Volksgemeinschaft angehalten wurde – und sich anhalten ließ. Der Nationalsozialismus und auch die Wehrmacht ermöglichten einem erheblichen Teil ihrer Kader den sozialen und beruflichen Aufstieg – eine Erfahrung als «kleiner Führer», die sich nach 1945 ebenso auszahlen konnte wie die erzwungene Improvisationskunst, die man zum Überleben in den Trümmerbergen der Städte benötigte. Manche der bundesrepublikanischen Intellektuellen, Journalisten und Politiker hatten das «Führen» und Aufbäumen gegen das bürgerliche Establishment in den Schulen der HJ und des BDM gelernt.

Geändert hatten sich in den zwölf Jahren des Dritten Reiches das Denkbare, der Erwartungshorizont, die Hoffnung auf eine völkische Konsum- und Arbeitsgesellschaft, nicht aber die soziale Ungleichheit, der Zugang zu Bildung und Gütern. Der Nationalsozialismus zerschlug nicht nur die bekannten Formen pluraler Öffentlichkeit, er griff auch in die Lebensführung jedes Einzelnen, jeder Familie ein. Aber dieses private Leben war nicht einfach fremdgesteuert durch die NS-Führer, denn viele Volksgenossinnen und Volksgenossen konnten individuelles Glück durchaus mit den veränderten politischen Bedingungen in Übereinstimmung bringen. Sie trugen mit dazu bei, dass der Nationalsozialismus in beinahe alle Ritzen der Gesellschaft eindringen konnte, ja sie verkörperten häufig genug selbst die totalitären Ansprüche des Regimes. Die Kriegserfahrungen bestimmten mit über den Neustart nach dem 8. Mai: Erlebte man das Kriegsende im Gewaltstrudel der sich auflösenden Ostfront? War die Familie noch am Leben? Stand das eigene Haus noch? Und: Gab es etwas, was sich auf dem Schwarzmarkt versetzen ließ? Gerade solche Erfahrungen und Ressourcen sollten ausschlaggebend werden für den Wiederbeginn nach der Niederlage.

Krieg und Gewalt machten aus Frauen Witwen und aus vielen Kriegsheimkehrern Gebrochene, die über die erlittenen oder von ihnen ausgeübten Schrecken nur selten sprechen konnten. Die Zwangsarbeiter hielten die Rüstungsmaschine am Laufen. Für sie bedeuteten die Jahre in Deutschland ein allzu lange verdrängtes bitteres Schicksal. Viele ihrer deutschen Kollegen schauten auf sie herab, und gerade für die jüngeren, besser qualifizierten Arbeiter, die im Zeichen wirtschaftlichen Aufschwungs aufgewachsen waren, bedeutete das Dritte Reich auch eine Anerkennung ihrer Leistungskraft und ihres Aufstiegswillens. Der Appell an die rassistisch-meritokratischen Tugenden der Volksgemeinschaft gehört wohl zu den eindringlichen Prägungen, die weit über das Kriegsende hinausreichten und deutlich machen, dass mit dem 8. Mai 1945 zwar der Krieg endete, aber die deutsche Gesellschaft noch lange nicht aus dem Schatten des Dritten Reiches herausgetreten war. Gewalt, Ordnungswahn und die Selektion des sozial und ökonomisch «Nützlichen» bleiben mögliche Antworten moderner, bürgerlicher Gesellschaften auf die Herausforderungen ihrer Zeit. Das macht die Geschichte des Nationalsozialismus unverändert bedrohlich und aktuell.

Dank

Das Projekt hat vom Rat zahlreicher Kolleginnen und Kollegen, Freundinnen und Freude sehr profitiert. Dafür sei allen herzlich gedankt. Mein Dank gilt insbesondere auch dem Augsburger Team am Lehrstuhl für Neuere und Neueste Geschichte, ohne dessen Unterstützung die Arbeit wohl erst am St. Nimmerleinstag beendet worden wäre. Die VolkswagenStiftung hat das Projekt im Rahmen eines Dilthey-Fellowships über viele Jahre großzügig unterstützt – auch dafür bin ich sehr dankbar.

Anmerkungen

Einleitung

1 Sebastian Haffner: Germany: Jekyll and Hyde. 1939 – Deutschland von innen betrachtet, Berlin 1996, S. 68.

2 Ebd., S. 86; folgendes Zitat nach ebd. Zentral dazu die Überlegungen bei: Janosch Steuwer/Hanne Leßau: «Wer ist ein Nazi? Woran erkennt man ihn?» Zur Unterscheidung von Nationalsozialisten und anderen Deutschen, in: Mittelweg 36 (2014) 1, S. 30–51, bes. S. 30 ff.

3 Haffner, Germany, S. 69.

4 Zur besseren Lesbarkeit wird auf die Verwendung von Anführungszeichen verzichtet. Zum Begriff vgl. Michael Wildt: «Volksgemeinschaft», Version: 1.0, in: Docupedia-Zeitgeschichte, 03.06.2014.

5 Martin Broszat: Zur Struktur der NS-Massenbewegung, in: VfZ 31 (1983), S. 52–76, hier S. 66.

6 Robert Ley: Unser Volk soll jung bleiben, in: ders.: Soldaten der Arbeit, München 1939, S. 121–128, hier S. 125. Janosch Steuwer sei herzlich für diesen Hinweis gedankt.

7 Max Weber: Wirtschaft und Gesellschaft. Grundriss der verstehenden Soziologie, Frankfurt am Main 2005, S. 182–188.

8 Ludolf Herbst: Hitlers Charisma. Die Erfindung eines deutschen Messias, Frankfurt am Main 2010, bes. S. 44–57.

I. Terror und Begeisterung (1933/34)

1 Luise Solmitz: Tagebuch, in: Frank Bajohr/Beate Meyer/Joachim Szodrzynski (Hrsg.): Bedrohung, Hoffnung, Skepsis. Vier Tagebücher des Jahres 1933, Göttingen 2013, S. 143–270, hier S. 156 (Eintrag vom 6.2.1933); dazu Beate Meyer: «Ich schlüpfe unbeachtet wie eine graue Motte mit durch.» Die Wandlungen der Luise Solmitz zwischen 1933 und 1945 im Spiegel ihrer Tagebücher, in: Frank Bajohr/Sybille Steinbacher (Hrsg.): «... Zeugnis ablegen bis zum letzten». Tagebücher und persönliche Zeugnisse aus der Zeit des Nationalsozialismus und des Holocaust, Göttingen 2015, S. 61–80.

2 Solmitz, Tagebuch, S. 163 f. (Eintrag vom 28.2.1933).
3 Ebd., S. 168 (Eintrag vom 5.3.1933).
4 Ebd., S. 164 (Eintrag vom 1.3.1933).
5 Ebd., S. 165 f. (Eintrag vom 3.3.1933).
6 Ebd., S. 177 f. (Eintrag vom 18.3.1933).
7 Ebd., S. 171 (Eintrag vom 8.3.1933).
8 Dazu Steuwer/Leßau: «Wer ist ein Nazi? Woran erkennt man ihn?»; grundlegend auch Peter Fritzsche: Life and Death in the Third Reich, Cambridge/Mass. 2008; und ders.: Wie aus Deutschen Nazis wurden, Zürich/München 1999.
9 Verhandlungen des Deutschen Reichstages, 5. Wahlperiode, 57. Sitzung, 23.2.1932, S. 2254.
10 Solmitz, Tagebuch, S. 186 (Eintrag vom 2.4.1933).
11 Ebd., S. 185 f. (Eintrag vom 1.4.1933).
12 Ebd., S. 198 (Eintrag vom 28.4.1933).
13 Ebd., S. 174 (Eintrag vom 12.3.1933).
14 Ebd., S. 207 (Eintrag vom 20.5.1933).
15 Ebd., S. 270 (Eintrag vom 31.12.1933).
16 Joseph Goebbels: Die Tagebücher, Teil I: Aufzeichnungen 1923–1941, Bd. 2/III: Oktober 1932–März 1934, hrsg. von Elke Fröhlich im Auftrag des Instituts für Zeitgeschichte, München 2006, S. 120 (Eintrag vom 31.1.1933).
17 Norbert Frei: «Machtergreifung». Anmerkungen zu einem historischen Begriff, in: VfZ 31 (1983), S. 136–145.
18 Riccardo Bavaj: Der Nationalsozialismus. Entstehung, Aufstieg und Herrschaft, Berlin 2016, S. 16 ff.
19 Jürgen Falter: Hitlers Wähler, München 1991, S. 370.
20 Verordnung des Reichspräsidenten zum Schutz von Volk und Staat, 28.2.1933, RGBl I, Nr. 17, 1933, S. 83.
21 Vorläufiges Gesetz zur Gleichschaltung der Länder mit dem Reich, 31.3.1933, RGBl I, Nr. 29, 1933, S. 153 f.
22 Willy Cohn: Kein Recht, nirgends. Tagebuch vom Untergang des Breslauer Judentums 1933–1941, Bd. 1, hrsg. von Norbert Conrads, Köln/Wien/Weimar 2006, S. 10 (Eintrag vom 12.2.1933).
23 Ebd., S. 7 (Eintrag vom 1.2.1933).
24 Ebd., S. 6 (Eintrag vom 30.1.1933).
25 Ebd., S. 8 (Eintrag vom 6.2.1933).
26 Ebd.
27 Ebd., S. 13 (Eintrag vom 24.2.1933).
28 Ebd., S. 13 (Eintrag vom 26.2.1933).
29 Victor Klemperer: Ich will Zeugnis ablegen bis zum letzten. Tagebücher 1933–1941, Bd. 1, hrsg. von Walter Nowojski, Berlin [10]1998, S. 9 (Eintrag vom 10.3.1933).
30 Ebd., S. 11 (Eintrag vom 17.3.1933).
31 Gesetz zur Behebung der Not von Volk und Reich, 24.3.1933, RGBl I, Nr. 25, 1933, S. 141.

32 Klemperer, Zeugnis, S. 14 (Eintrag vom 22.3.1933).

33 Ebd.

34 Ebd.

35 Aufzeichnung von Hans Ritter von Lex über seine Unterredungen mit Hitler, 19. März 1933, in: Wolfgang Dierker: «Ich will keine Nullen, sondern Bullen». Hitlers Koalitionsverhandlungen mit der Bayerischen Volkspartei im März 1933, in: VfZ 50 (2002), S. 111–148, Dok. 2, S. 136–148, hier S. 139; dazu Andreas Wirsching: Die deutsche «Mehrheitsgesellschaft» und die Etablierung des NS-Regimes im Jahr 1933, in: ebd. (Hrsg.): Das Jahr 1933. Die nationalsozialistische Machteroberung und die deutsche Gesellschaft, Göttingen 2009, S. 9–29, hier S. 17.

36 George S. Messersmith, US-Generalkonsul, Some Observations on the General Economic, Financial and Industrial Situation in Germany Berlin, 3. Februar 1933, in: Frank Bajohr/Christoph Strupp (Hrsg.): Fremde Blicke auf das «Dritte Reich». Berichte ausländischer Diplomaten über Herrschaft und Gesellschaft in Deutschland 1933–1945, Göttingen 2011, Dok. 4, S. 356 f.; dazu ausführlich dies.: Beobachtungen in der Diktatur. Amerikanische Konsulatsberichte aus dem «Dritten Reich», in: ebd., Fremde Blicke, S. 70–137.

37 Christoph Strupp: Beobachtungen in der Diktatur. Amerikanische Konsulatsberichte aus dem «Dritten Reich», in: Bajohr/Strupp, Fremde Blicke, S. 70–137, hier S. 82.

38 Henri Jordan, Leiter des Maison académique française, Studie über Hitlers Ideologie, Bericht Nr. 660 an die Direction politique et commerciale Europe, Berlin, 30. Juni 1933, in: Bajohr/Strupp, Fremde Blicke, Dok. 34, S. 379.

39 Zitiert nach: Jesse H. Stiller: George S. Messersmith. Diplomat of Democracy, Chapel Hill/London 1987, S. 46.

40 George S. Messersmith, US-Generalkonsul, Uncertainty as to the Developments in the Economic and Financial Situation in Germany, Berlin 9. Mai 1933, in: Bajohr/Strupp, Fremde Blicke, Dok. 25, S. 372 f.

41 Heinrich Böll: Was soll aus dem Jungen bloß werden? Oder: Irgendwas mit Büchern, Bornheim 1981, S. 13 f.

42 Dazu Daniel Siemens: Gewalt, Gemeinschaft, Inszenierung. Zur Geschichte der Sturmabteilung (SA) der NSDAP, in: Stephanie Becker/Christoph Studt (Hrsg.): «Und sie werden nicht mehr frei sein ihr ganzes Leben». Funktion und Stellenwert der NSDAP, ihrer Gliederungen und angeschlossenen Verbände im «Dritten Reich», Berlin 2013, S. 49–68.

43 Zitiert nach: Peter Longerich: Die braunen Bataillone. Geschichte der SA, München 1989, S. 177; folgende Beispiele nach: ebd., S. 172–176.

44 Angaben nach: ebd., S. 184–186.

45 Rede des Vizekanzlers Franz von Papen vor dem Universitätsbund, Marburg 1934, S. 15; zugänglich auch über: Marburger Rede des Vizekanzlers von Papen, 17. Juni 1934, in: Zeitgeschichte in Hessen, Datensatz 737 (http://www.lagis-hessen.de/de/subjects/idrec/sn/edb/id/737, 1.12.2016).

46 Ministerbesprechung vom 3. Juli 1934, 10 Uhr, in: Konrad Repgen (Hrsg.): Akten

der Reichskanzlei. Die Regierung Hitler 1933–1938, Bd. 2/I, Nr. 375, S. 1354–1358, hier S. 1357.

47 Gesetz über Maßnahmen der Staatsnotwehr, 3.7.1934, RGBl I, Nr. 71, 1934, S. 529.

48 Ministerbesprechung vom 3. Juli 1934, in: Repgen, Akten, Bd. 2/I, S. 1358.

49 Verhandlungen des Deutschen Reichstages, IX. Wahlperiode, 3. Sitzung, 13. Juli 1934, Reichskanzler Adolf Hitler, S. 21–32, hier S. 30.

50 Norbert Frei: Der Führerstaat, München [6]2001, S. 9–13.

51 Grundlegend dazu Michael Wildt: Gewalt als Partizipation. Der Nationalsozialismus als Ermächtigungsregime, in: Alf Lüdtke/Michael Wildt (Hrsg.): Staats-Gewalt: Ausnahmezustand und Sicherheitsregimes. Historische Perspektiven, Göttingen 2008, S. 215–240.

52 Carl Schmitt: «Der Führer schützt das Recht.» Zum 30.6.1934, in: Wolfgang Michalka (Hrsg.): Das Dritte Reich. Dokumente zur Innen- und Außenpolitik, Bd. 1: «Volksgemeinschaft» und Großmachtpolitik, München 1985, S. 54 f, hier S. 54.

53 Martin Broszat: Der Staat Hitlers. Grundlegung und Entwicklung seiner inneren Verfassung, München [10]1983, S. 272.

54 Ernst Forsthoff über «nationalsozialistische Revolution» und «Führerstaat», 1933, in: Michalka, Das Dritte Reich, Bd. 1, S. 45–47, hier S. 46.

55 Dazu ausführlich Armin Nolzen: Moderne Gesellschaft und Organisation. Transformationen der NSDAP nach 1933, in: Manfred Grieger/Christian Jansen/Irmtrud Wojak (Hrsg.): Interessen, Strukturen und Entscheidungsprozesse. Für eine politische Kontextualisierung des Nationalsozialismus, Essen 2010, S. 91–112.

56 Reichsorganisationsleiter der NSDAP (Hrsg.): Parteistatistik 1935, S. 53.

57 Ebd., S. 155.

58 Torsten Kuper: Generation und Radikalisierung. Die Mitglieder der NSDAP im Kreis Bernburg 1921–1945, Berlin 2006, S. 211–226.

59 Ebd., S. 75; folgendes Zitat nach: ebd.

60 «Der Ansturm der Gesinnungstüchtigen. Wer mitmarschieren darf – Gegen die nationalen Schwätzer und Kastenbürger», in: *Völkischer Beobachter*, 30.4.1933, zitiert nach: Björn Weigel: «Märzgefallene» und Aufnahmestopp im Frühjahr 1933. Eine Studie über den Opportunismus, in: Wolfgang Benz (Hrsg.): Wie wurde man Parteigenosse? Die NSDAP und ihre Mitglieder, Frankfurt am Main 2009, S. 91–109, hier S. 94.

61 Armin Nolzen: Inklusion und Exklusion im «Dritten Reich». Das Beispiel der NSDAP, in: Frank Bajohr/Michael Wildt (Hrsg.): Volksgemeinschaft. Neue Forschungen zur Gesellschaft des Nationalsozialismus, Frankfurt am Main 2009, S. 60–77, hier S. 62.

62 Dazu Detlef Schmiechen-Ackermann: Der «Blockwart». Die unteren Parteifunktionäre im nationalsozialistischen Terror- und Überwachungsapparat, in: VfZ 48 (2000), S. 575–602.

63 Der Reichsorganisationsleiter der NSDAP (Hrsg.): Organisationsbuch der NSDAP, München [3]1937, S. 100 f.

64 Carl-Wilhelm Reibel: Das Fundament der Diktatur: Die NSDAP-Ortsgruppen 1932–1945, Paderborn/München/Wien/Zürich 2002, S. 49–55.

65 Jürgen W. Falter: Die «Märzgefallenen» von 1933. Neue Forschungsergebnisse zum sozialen Wandel innerhalb der NSDAP-Mitgliedschaft während der Machtergreifungsphase, in: *Historical Social Research, Supplement 25* (2013), S. 280–302.

66 Vgl. dazu u. a. Jürgen Finger: Eigensinn im Einheitsstaat. NS-Schulpolitik in Württemberg, Baden und im Elsass 1933–1945, Baden-Baden 2016.

67 Zur Deutschen Arbeitsfront vgl. u. a. Rüdiger Hachtmann: Das Wirtschaftsimperium der Deutschen Arbeitsfront 1933–1945, Göttingen 2012, S. 23–29.

68 Dazu ausführlich Othmar Plöckinger: Geschichte eines Buches. Adolf Hitlers «Mein Kampf» 1922–1945, München [2]2011.

69 Folgendes nach Thomas Mergel: Führer, Volksgemeinschaft und Maschine. Politische Erwartungsstrukturen in der Weimarer Republik und im Nationalsozialismus 1918–1936, in: Wolfgang Hardtwig (Hrsg.): Politische Kulturgeschichte der Zwischenkriegszeit 1918–1939, Göttingen 2005, S. 91–127.

70 George S. Messersmith, US-Generalkonsul, The So-Called «Hitler-Gruss» or «Hitler Salute» Made Official, Berlin, 8. August 1933, in: Bajohr/Strupp, Fremde Blicke, Dok. 41, S. 386 f.

71 Folgendes nach Tilman Allert: Der deutsche Gruß. Geschichte einer unheilvollen Geste, Stuttgart 2010.

72 Reichsminister des Inneren an die Obersten Reichsbehörden, die Reichsstatthalter und Landesregierungen, vom 13. Juli 1933, in: Akten der Deutschen Reichskanzler, Regierung Hitler, Teil I: 1933/34, Bd. 1. Bearbeitet von Karl-Heinz Minutz. Boppard am Rhein 1983, Dok. Nr. 192, S. 658.

73 «Der deutsche Gruß», in: *Völkischer Beobachter* (Norddeutsche Ausgabe), 21.3. 1935, S. 2.

74 Helmut Goerlich (Hrsg.): Hitlergruß und Kirche. Aus dem Leben des gewissenhaften württembergischen Landpfarrers Wilhelm Sandberger und der fränkischen Pfarrgemeinde Gründelhardt im totalen Staat, Berlin 2012.

75 Folgende Zitate nach: ebd., S. 10.

76 Gesetz zur Abwehr heimtückischer Angriffe gegen die Regierung der nationalen Erhebung, 21.3.1933, RGBl I, Nr. 24, 1933, S. 135.

77 Übersendung einer Beschwerde der Ortsgruppe Ilfeld (Südharz) (Regest 10 720), in: Nationalsozialismus, Holocaust, Widerstand und Exil 1933–1945. Online-Datenbank (20.11.2015).

78 Politische Beurteilungen von Beamten (Buchstabe Gö–Gu), Gauleitung München-Oberbayern, Anfrage vom 2.2.1938, Ortsgruppe Laim-Ost, in: ebd. (23.11. 2015).

79 Lagebericht der Staatspolizeistelle Halle für August 1934, Nr. 12, in: Hermann-J. Rupieper/Alexander Sperk (Hrsg.): Die Lageberichte der Geheimen Staatspolizei zur Provinz Sachsen 1933–1936, Bd. 2: Regierungsbezirk Merseburg, Halle 2004, S. 137.

80 Lagebericht der Staatspolizeistelle Erfurt für März 1935, Nr. 18, in: Rupieper/Sperk, Lageberichte, Bd. 3, S. 172.

81 Aus dem Monatsbericht des Bezirksamts vom 30.1.1937, in: Martin Broszat/Falk Wiesmann (Hrsg.): Bayern in der NS-Zeit, Bd. 1: Soziale Lage und politisches Verhalten im Spiegel vertraulicher Berichte, München 1977, S. 100.

82 Zitiert nach Allert, Gruß, S. 72.

83 Zitiert nach ebd., S. 71.

II. Führer und Gefolgschaft (1933/34–1938)

1 André Postert: Hitlerjunge Schall. Die Tagebücher eines jungen Nationalsozialisten, München 2016, S. 261 f. (Eintrag vom 20.4.1933).

2 Ebd., S. 327 f.

3 Rüdiger Ahrens: Bündische Jugend. Eine neue Geschichte, Göttingen 2015, S. 333–348.

4 Michael H. Kater: Hitler-Jugend, Darmstadt 2005, S. 7–16.

5 Postert, Hitlerjunge, S. 284 f. (Eintrag vom 1.12.1933).

6 Jakob Benecke: Die Hitler-Jugend 1933–1945. Programmatik, Alltag, Erinnerung. Eine Dokumentation, Weinheim/Basel 2013, S. 119.

7 Kathrin Kollmeier: Ordnung und Ausgrenzung. Die Disziplinarpolitik der Hitler-Jugend, Göttingen 2007, S. 39.

8 Nach: Allesio Ponzio: Die Führerschaftsausbildung in der Hitlerjugend und in den Italienischen Jugendorganisationen, in: Quellen und Forschungen aus italienischen Archiven und Bibliotheken 1 (2009), S. 489–511, hier S. 503 f., S. 509.

9 Deutschland-Berichte der Sozialdemokratischen Partei Deutschlands (Sopade), Frankfurt am Main 1980, Bd. 3: 1936, Februar 1936, S. 170.

10 Ebd., S. 171.

11 Zitiert nach: Benecke, Hitler-Jugend, S. 159.

12 Dr. Bubenzer, Bericht über das Verhalten der H. J. und Vorschläge zur Beseitigung der sich zeigenden Missstände, 24.6.1933, Stadtarchiv Essen, 652/17.

13 Martin Rüther: «Immergrüner Lebensbaum, dessen Sinn so alt ist wie unser Blut» – Feiern, in: Jugend! Deutschland 1918–1945 (http://www.jugend1933-45.de/portal/Jugend/thema.aspx?root=26 635&id=5406, 1.12.2016).

14 Klemperer, Zeugnis, S. 54 f. (Eintrag vom 19.10.1935).

15 Lageberichte der Regierungspräsidenten von Schleswig, Münster, Sigmaringen, Aachen und Koblenz zur Situation in der Hitler-Jugend, Juli 1934, zitiert nach: Benecke, Hitler-Jugend, S. 154.

16 Kollmeier, Ordnung, S. 193.

17 Folgendes nach: Kollmeier, Ordnung, S. 72–75.

18 Ebd., S. 95–142.

19 Aktennotiz der Gestapo Köln, 4.9.1937, in: Martin Rüther: HJ-Streifendienst, in: Jugend! Deutschland 1918–1945 (http://www.jugend1933–45.de/portal/Jugend/thema.aspx?root=26 635&id=1640, 1.12.2016).

20 Zitiert nach Martin Rüther: «Die Schule ordnet sich ein in die völkische Staats-

form» – NS-Erziehungsideale, in: Jugend! Deutschland 1918–1945 (http://www.jugend1933-45.de/portal/Jugend/thema.aspx?root=26 636&id=5095, 1.12.2016).

21 Zitiert nach Kathrin Stern: Vom Volksschullehrer zum Volkserzieher – Ostfriesische Lehrkräfte im Einsatz für die nationalsozialistische «Volksgemeinschaft»?, in: Dietmar von Reeken/Malte Thießen (Hrsg.): «Volksgemeinschaft» als soziale Praxis. Neue Forschungen zur NS-Gesellschaft vor Ort, Paderborn u.a. 2013, S. 225–239, hier S. 230.

22 Margot Littauer beschreibt ihren Schulalltag in Breslau Mitte 1934, in: Götz Aly/Wolf Gruner/Susanne Heim (Hrsg.): Die Verfolgung und Ermordung der europäischen Juden durch das nationalsozialistische Deutschland 1933–1945, Bd. 1: Deutsches Reich 1933–1937, München 2008, Dok. 128, S. 360–362; das Zitat ist angepasst.

23 Helen Roche: Sport, Leibeserziehung und vormilitärische Ausbildung in den Nationalpolitischen Erziehungsanstalten: Eine «radikale» Revolution der körperlichen Bildung im Rahmen der NS-«Gesamterziehung»?, in: Frank Becker/Ralf Schäfer (Hrsg.): Beiträge zur Geschichte des Nationalsozialismus 32, Göttingen 2016, S. 173–96.

24 Michael Löffelsender: Kölner Rechtsanwälte im Nationalsozialismus. Eine Berufsgruppe zwischen «Gleichschaltung» und Kriegseinsatz, Tübingen 2015, S. 12–16.

25 «Das Leistungsprinzip in der Justiz», in: *Völkischer Beobachter* (Norddeutsche Ausgabe), 30.4.1935, S. 11.

26 Hans Frank: Einführung. Nationalsozialismus und Verwaltungsrecht, in: ders. (Hrsg.): Deutsches Verwaltungsrecht, München 1937, S. XI–XXIII, hier S. XII.

27 Lothar Gruchmann: Justiz im Dritten 1933–1940. Anpassung und Unterwerfung in der Ära Gürtner, München [3]2001.

28 Bernward Dörner: «Heimtücke». Das Gesetz als Waffe. Kontrolle, Abschreckung und Verfolgung in Deutschland 1933–1945, Paderborn u.a. 1998, S. 9 f.

29 Nach ebd., S. 326 f.

30 Vgl. dazu die Beiträge in: Nikolaus Wachsmann/Sybille Steinbacher (Hrsg.): Die Linke im Visier. Zur Errichtung der Konzentrationslager 1933, Göttingen 2014.

31 Dirk Blasius: Scheidung und Scheidungsrecht in historischer Perspektive, Göttingen 1987, S. 189–208, bes. S. 194 ff.

32 Regina A. Puerschel: Trügerische Normalität. Die Rechtsprechung in Ehe- und Familiensachen der Landgerichte Hamburg und Altona 1933–1939, in: Justizbehörde Hamburg (Hrsg.): «Für Führer, Volk und Vaterland ...» Hamburger Justiz im Nationalsozialismus, Hamburg 1992, S. 382–431, hier S. 410.

33 Urteil abgedruckt in: ebd., S. 424 f.

34 Martin Becker: «Arbeit» und «Gemeinschaft» im NS-Recht und im Recht der frühen Bundesrepublik, in: Fritz-Bauer-Institut (Hrsg.): Jahrbuch zur Geschichte und Wirkung des Holocaust 2014, S. 35–62, hier S. 45.

35 Rüdiger Hachtmann: Arbeitsverfassung, in: Hans Günther Hockerts (Hrsg.): Drei

Wege deutscher Sozialstaatlichkeit. NS-Diktatur, Bundesrepublik und DDR im Vergleich, München 1998, S. 27–54, bes. 27 ff.

36 Zitiert nach: Wolfgang Zollitsch: Arbeiter zwischen Weltwirtschaftskrise und Nationalsozialismus. Ein Beitrag zur Sozialgeschichte der Jahre 1928–1936, Göttingen 1990, S. 169.

37 Matthias Frese: Betriebspolitik im «Dritten Reich». Deutsche Arbeitsfront, Unternehmer und Staatsbürokratie in der westdeutschen Großindustrie 1933–1939, Paderborn 1991, S. 98.

38 Gesetz zur Ordnung der nationalen Arbeit, 23.1.1934, RGBl I, Nr. 7, 1934, S. 45–56, hier S. 50.

39 Zitiert nach Theo Mayer-Maly: Arbeitsgerichtsbarkeit im Nationalsozialismus. Judikatur als Instrument von «Säuberung» und Disziplinierung, in: AfS 31 (1991), S. 137–156, hier S. 150.

40 Rede Adolf Hitlers auf NSDAP-Versammlung in Wismar, 8.10.1925, in: Adolf Hitler: Reden, Schriften, Anordnungen. Februar 1925 bis Januar 1933, Bd. 1: Die Wiedergründung der NSDAP. Februar 1925–1926, hrsg. und kommentiert von Clemens Vollnhals, München 1992, Dok. 72, S. 171–174.

41 Rede Adolf Hitlers auf dem Tempelhofer Feld, 1.5.1933, in: Domarus, Hitler, Bd. 1, S. 259–265.

42 Kiran Klaus Patel: «Soldaten der Arbeit». Arbeitsdienste in Deutschland und den USA 1933–1945, Göttingen 2003.

43 Zentral dazu: Marc Buggeln/Michael Wildt (Hrsg.): Arbeit im Nationalsozialismus, München 2014.

44 Felix Aster: Arbeit, Teilhabe und Ausschluss. Zum Verhältnis zwischen kolonialem Rassismus und nationalsozialistischem Antisemitismus, in: Birthe Kundrus/Sybille Steinbacher (Hrsg.): Kontinuitäten und Diskontinuitäten. Der Nationalsozialismus im 20. Jahrhundert, Göttingen 2014, S. 121–133.

45 Verordnung über die Fürsorgepflicht, 13.2.1924, RGBl I, Nr. 12, 1924, S. 100–107, hier S. 104; dazu Julia Hörath: «Arbeitsscheue Volksgenossen». Leistungsbereitschaft als Kriterium der Inklusion und Exklusion, in: Buggeln/Wildt, Arbeit, S. 309–328.

46 Ebd., S. 317 ff.

47 Ausführlich zur Frühgeschichte der Lager: Nikolaus Wachsmann, KL – Die Geschichte der nationalsozialistischen Konzentrationslager, München 2016, S. 33–98.

48 Michael Schneider: Unterm Hakenkreuz. Arbeiter und Arbeiterbewegung 1933–1939, Bonn 1999, S. 703–717.

49 Ebd., S. 519–547.

50 Ebd., S. 534 ff.

51 Götz Aly: Hitlers Volksstaat. Raub, Rassenkrieg und nationaler Sozialismus, Frankfurt am Main 2005, S. 66.

52 Hachtmann, Industriearbeit, S. 50 f.

53 Angaben nach Rüdiger Hachtmann: Rezension von: Götz Aly: Hitlers Volks-

staat. Raub, Rassenkrieg und nationaler Sozialismus, Frankfurt am Main 2005, in: sehepunkte 5 (2005) (http://www.sehepunkte.de/2005/07/8191.html, 1.12. 2016).

54 Jahreslagebericht 1938 des Sicherheitshauptamtes Band 3, in: Heinz Boberach (Hrsg.): Meldungen aus dem Reich 1938–1945. Die geheimen Lageberichte des Sicherheitsdienstes der SS, Bd. 2: Jahreslagebericht 1938 des Sicherheitshauptamtes. 1. Vierteljahresbericht 1939 des Sicherheitshauptamtes. Berichte zur innenpolitischen Lage Nr. 1 vom 9. Oktober 1939 – Nr. 14 vom 10. November 1939, Herrsching 1984, S. 157–214, hier S. 158.

55 Dietmar Süß/Winfried Süß: «Volksgemeinschaft» und Vernichtungskrieg. Gesellschaft im nationalsozialistischen Deutschland, in: dies. (Hrsg.): Das Dritte Reich. Eine Einführung, München 2008, S. 79–102; das Kapitel stützt sich auf die Ergebnisse des Beitrages.

56 Sopade-Berichte, September 1937, S. 1294.

57 Zitiert nach ebd.

58 Sopade-Berichte, November 1935, S. 1376.

59 Rundfunkansprache Adolf Hitlers, 30.1.1944, in: Domarus, Hitler, Bd. 2, S. 2085.

60 Frank Bajohr: Parvenüs und Profiteure. Korruption in der NS-Zeit, Frankfurt am Main 2001, S. 151.

61 Michael Grüttner: Studenten im Dritten Reich, Paderborn u. a. 1995, S. 487–494 (dort alle Zahlenangaben).

62 Stephan Malinowski: Vom König zum Führer. Sozialer Niedergang und politische Radikalisierung im deutschen Adel zwischen Kaiserreich und NS-Staat, 2003, S. 578 ff.; Hubertus Büschel: Hitlers adliger Diplomat. Der Herzog von Coburg und das Dritte Reich, Frankfurt am Main 2016.

63 Johanna Haarer: Die deutsche Mutter und ihr erstes Kind, München 1934, S. 148; folgendes nach: Gudrun Brockhaus: «Dann bist Du verloren, liebe Mutter». Angst und Rassismus in NS-Elternratgebern, in: Paula Diehl (Hrsg.): Körper im Nationalsozialismus, Bilder und Praxen, München 2006, S. 33–49.

64 Folgendes nach ebd., S. 26.

65 Gesetz zur Verhütung erbkranken Nachwuchses vom 14. Juli 1933, 25.7.1933, RGBl I, Nr. 86, 1933, S. 529.

66 Zu dem Fall Georg Lilienthal: Anna V. (http://www.gedenkstaette-hadamar.de/webcom/show_article.php/_c-692/_nr-1/_lkm-608/i.html, 1.12.2016).

67 Zitate nach: Petra Fuchs: «Ich rechne für jeden Fall 20 Minuten.» Zur Tätigkeit des Potsdamer Erbgesundheitsgerichts in der Zeit von 1934–1945, in: Stefanie Westermann (Hrsg.): Medizin im Dienst der Erbgesundheit. Beiträge zur Geschichte der Eugenik und «Rassenhygiene», Berlin 2009, S. 23–38; Angaben nach ebd.

68 Proklamation Adolf Hitlers, 7.9.1937, in: Max Domarus (Hrsg.): Hitler. Reden und Proklamationen 1932–1945. Kommentiert von einem deutschen Zeitgenossen, Bd. 1: Triumph (1932–1938), Würzburg 1962, S. 715–717, hier S. 717.

69 Johannes H. Schultz: Geschlecht. Liebe. Ehe. Die Grundtatsachen des Liebes- und

Geschlechtslebens in ihrer Bedeutung für Einzel- und Volksdasein, München 1940, S. 139 ff.

70 Jürgen Brunner/Florian Steger: Johannes Heinrich Schultz (1884–1970), Begründer des Autogenen Trainings. Ein biographischer Rekonstruktionsversuch im Spannungsfeld von Wissenschaft und Politik, in: BIOS 19 (2006), S. 16–25, hier S. 22–24.

71 Zitiert nach: Dagmar Herzog: Die Politisierung der Lust. Sexualität in der deutschen Geschichte des zwanzigsten Jahrhunderts, München 2005, S. 51 ff.

72 Susanne zur Nieden: Aufstieg und Fall des virilen Männerhelden. Der Skandal um Ernst Röhm und seine Ermordung, in: dies. (Hrsg.): Homosexualität und Staatsräson. Männlichkeit, Homophobie und Politik in Deutschland 1900–1945, Frankfurt am Main 2005, S. 147–192.

73 Zitiert nach: Stefan Maiwald/Gerd Mischler: Sexualität unter dem Hakenkreuz. Manipulation und Vernichtung der Intimsphäre im NS-Staat, München 2002, S. 171.

74 Folgendes nach Sybille Steinbacher: Einleitung, in: dies. (Hrsg.): «Volksgenossinnen». Frauen in der NS-Volksgemeinschaft, Göttingen 2007, S. 9–26.

75 Zitiert nach Anette Michel: «Führerinnen» im Dritten Reich. Die Gaufrauenschaftsleiterinnen der NSDAP, in: Steinbacher, Volksgenossinnen, S. 115–137, hier S. 125.

76 Zitiert nach Gerhard Besier: Die Kirchen und das Dritte Reich, Bd. 3: Spaltungen und Abwehrkämpfe 1934–1937, Berlin 2001, S. 745; Folgendes nach: ebd., S. 743–749.

77 Zitiert nach Rudolf Morsey: Ermächtigungsgesetz und Reichskonkordat 1933, in: Christoph Kösters/Mark Edward Ruff (Hrsg.): Die katholische Kirche im Dritten Reich. Eine Einführung, Freiburg im Breisgau 2011, S. 35–49, hier S. 44.

78 Thomas Brechenmacher: Das Reichskonkordat 1933. Forschungsstand, Kontroversen, Dokumente, Paderborn u. a. 2007.

79 Wolfgang Dierker: Himmlers Glaubenskrieger. Der Sicherheitsdienst der SS und seine Religionspolitik 1933–1941, Paderborn u. a. 2003.

80 Manfred Gailus/Armin Nolzen: Einleitung. Viele konkurrierende Gläubigkeiten – aber eine «Volksgemeinschaft»?, in: dies. (Hrsg.): Zerstrittene «Volksgemeinschaft». Glaube, Konfession und Religion im Nationalsozialismus, Göttingen 2011, S. 7–33, hier S. 18 ff.

81 Adolf Hitler bei der Einweihung der Ordensburg in Sonthofen, 23.11.1937, in: Domarus, Hitler, Bd. 1, S. 761–763, hier S. 761.

82 Ebd., S. 762; Gailus/Nolzen, Einleitung, S. 20 f.

83 Hans Günter Hockerts: Die Sittlichkeitsprozesse gegen katholische Ordensangehörige und Priester 1936–1937. Eine Studie zur nationalsozialistischen Herrschaftstechnik und zum Kirchenkampf, Mainz 1971.

84 Alle Angaben nach Manfred Gailus: Protestantismus und Nationalsozialismus. Studien zur nationalsozialistischen Durchdringung des protestantischen Milieus in Berlin, Köln/Weimar/Wien 2001, S. 141–178.

85 Zitiert nach: ebd., S. 147 f.

86 Alle Angaben nach: ebd., S. 171.

87 Nach Manfred Gailus: «Hier werden täglich drei, vier Fälle einer nichtarischen Abstammung aufgedeckt». Pfarrer Karl Themel und die Kirchenbuchstelle Alt-Berlin, in: ders. (Hrsg.): Kirchliche Amtshilfe. Die Kirche und die Judenverfolgung im «Dritten Reich», Göttingen 2008, S. 82–100, hier S. 88.

88 Verdient die kath. Kirche den Namen «Judenkirche»?, in: St. Heinrichsblatt (1937), S. 624 f.

89 Manfred Gailus (Hrsg.): Elisabeth Schmitz und ihre Denkschrift gegen die Judenverfolgung. Konturen einer vergessenen Biografie (1883–1977), Berlin 2008.

90 Alle Angaben nach Christoph Kösters: Katholische Verbände und moderne Gesellschaft. Organisationsgeschichte und Vereinskultur im Bistum Münster 1918 bis 1945, Paderborn u. a. 1995, bes. S. 436–450.

91 Angaben nach Maria Anna Zumholz: Volksfrömmigkeit und Katholisches Milieu. Marienerscheinungen in Heede 1937–1940, Cloppenburg 2004, S. 346.

92 Christoph Kösters: «Fest soll mein Taufbund immer stehn ...» – Demonstrationskatholizismus in Münster 1933 bis 1945, in: Rudolf Schlögl/Hans-Ulrich Thamer (Hrsg.): Zwischen Loyalität und Resistenz. Soziale Konflikte und politische Repression während der NS-Herrschaft in Westfalen, Münster 1996, S. 158–184, hier S. 169.

93 Charlotte Beradt: Das Dritte Reich des Traums, München 1966, S. 14 ff.

94 Ebd., S. 9 ff.

95 Klaus Mann: Tagebücher 1931–1933, hrsg. von Joachim Heimannsberg/Peter Laemmle/Wilfried F. Schoeller, München 1989, S. 176 (Eintrag vom 21.10.1933); dazu auch Nadja Lux: «Alptraum: Deutschland». Traumversionen und Traumvisionen vom «Dritten Reich», Freiburg im Breisgau u. a. 2008, S. 106.

96 Zitiert nach: Beradt, Das Dritte Reich des Traums, S. 116 ff.

97 Ebd., S. 84.

98 Ebd., S. 141 ff.

99 Birgit Potthoff-Edler/Thorsten Schneider: «Schützen im neuen Staat». Die Schützenfeste in Blomberg, Lemgo und Bielefeld 1933, in: Werner Freitag (Hrsg.): Das Dritte Reich im Fest. Führermythos, Feierlaune und Verweigerung in Westfalen 1933–1945, Bielefeld 1997, S. 99–104, hier S. 103.

100 Zitiert nach: ebd., S. 102.

101 Werner Freitag: Der Führermythos im Fest. Feste, Feuerwerk, NS-Liturgie und «100% KdF-Stimmung», in: ebd., S. 11–69, hier S. 16 f.

102 Dieter Zoremba: «Freut Euch des Lebens». Festkultur in Blomberg in der Mitte der 30er Jahre, in: Freitag, Das Dritte Reich im Fest, S. 143–149, hier S. 148.

103 Zitiert nach: Werner Freitag: Der Führermythos im Fest. Festfeuerwerk, NS-Liturgie, Dissens und «100% KdF-Stimmung», in: ders. (Hrsg.), Das Dritte Reich im Fest, S. 11–69, hier S. 38 f.

104 Zitiert nach: Carl Dietmar/Marcus Leifeld: Alaaf und Heil Hitler. Karneval im Dritten Reich, München 2010, S. 122.

105 Ebd., S. 123 f.
106 Ebd., S. 127.
107 Zitiert nach ebd. S. 96 f.
108 Rudolf Oswald: «Siebzigtausend wie ein Volk»? Möglichkeiten und Grenzen der Gemeinschaftserziehung im Fußball des «Dritten Reiches», in: Detlef Schmiechen-Ackermann (Hrsg.): «Volksgemeinschaft». Mythos, wirkungsmächtige soziale Verheißung oder soziale Realität im «Dritten Reich»?, Paderborn u. a. 2012, S. 159–175, hier S. 168.
109 Victor Klemperer: LTI. Notizbuch eines Philologen, Stuttgart [22]2007, S. 44 f.
110 Zitiert nach Markus Urban: Die inszenierte Utopie. Zur Konstruktion von Gemeinschaft auf den Reichsparteitagen der NSDAP, in: Schmiechen-Ackermann, «Volksgemeinschaft», S. 135–158, hier S. 145.
111 Ebd., S. 141.
112 Sopade-Berichte, September 1937, S. 1226.
113 Sopade-Berichte, Januar 1938, S. 25 f.
114 Hasso Spode/Albrecht Steinecke: Die NS-Gemeinschaft «Kraft durch Freude» – ein Volk auf Reisen?, in: Hasso Spode (Hrsg.): Zur Sonne, zur Freiheit! Beiträge zur Tourismusgeschichte, Berlin 1991, S. 79–94.
115 Sopade-Berichte, April 1939, S. 469 f.
116 Sopade-Berichte, Februar 1938, S. 172.
117 Sopade-Berichte, Juli 1936, S. 884.
118 Sopade-Berichte, Juli 1936, S. 882.
119 Sopade-Berichte, April 1939, S. 478.
120 Rüdiger Hachtmann: Tourismus-Geschichte, Göttingen 2007, S. 127.
121 Frank Bajohr: Unser Hotel ist judenfrei. Bäder-Antisemitismus im 19. und 20. Jahrhundert, Frankfurt am Main 2003.
122 Philipp Gassert: Amerika im Dritten Reich. Ideologie, Propaganda und Volksmeinung 1933–1945, Stuttgart 1997, bes. S. 148–163.
123 Eintrag vom 7.2.1942, Dok. Nr. 23, in: Henry Picker: Hitlers Tischgespräche im Führerhauptquartier, Stuttgart 1963, S. 175.

III. Kriegerische Volksgemeinschaft (1938–1943)

1 Zitiert nach: Gerhard Botz: Nationalsozialismus in Wien. Machtübernahme und Herrschaftssicherung 1938/39, Buchloe [3]1988, S. 76.
2 Evan Burr Bukey: Meldungen aus Linz und dem Gau Oberdonau 1938–1945. Eine Analyse der politischen Situation im Reichsgau Oberdonau auf Grund geheimer und vertraulicher Berichte von Gestapo, Sicherheitsdienst der SS, staatlicher Verwaltung (Gendarmerie) und Gerichtsbarkeit, in: Fritz Mayrhofer/Walter Schuster (Hrsg.): Nationalsozialismus in Linz, Bd. 1, Linz 2001, S. 597–648, hier S. 621.
3 Zitiert nach: Agnes Meisinger: «... mit voller Kraft den nationalsozialistischen Sportideen dienen ...». Der Wiener Eislauf-Verein in der NS-Zeit, in: Frank Becker/Ralf Schäfer (Hrsg.): Sport und Nationalsozialismus, Göttingen 2016, S. 149–170, hier S. 149.

4 Zitiert und alle Angaben nach Nadja Danglmaier/Werner Koroschitz: Nationalsozialismus in Kärnten. Opfer, Täter, Gegner, Innsbruck u. a. 2015, S. 87; zu den Ereignissen auch ebd. S. 65–73, folgendes nach ebd.

5 Gerda Kappes berichtet ihrer Schwiegermutter [Clara Kappes] von den Pogromen in Bebra am 7. und 9. November 1938, in: Aly/Gruner/Heim (Hrsg.), Verfolgung, Bd. 2, Dok. 123, S. 359–362.

6 Bericht des Polizeipräsidenten in Wien vom 12.11.1938 (http://www.doew.at/cms/download/a1c2/22684_bericht_12_11_1938.pdf, 1.12.2016).

7 Zitiert nach Raphael Gross: November 1938. Die Katastrophe vor der Katastrophe, München 2013, S. 47.

8 Sopade-Berichte, November 1938, S. 1181.

9 Michael Wildt: Volksgemeinschaft als Selbstermächtigung. Gewalt gegen Juden in der deutschen Provinz 1919 bis 1939, Hamburg 2007, S. 330.

10 Zitiert nach Gross, November 1938, S. 62 f.

11 Zahlenangaben nach ebd., S. 44 f.

12 Sopade-Berichte, November 1938, S. 1206 und S. 1211.

13 Zitate nach Alan Steinweis: Kristallnacht 1938. Ein deutscher Pogrom, Stuttgart 2011, S. 124–126.

14 Gross, November 1938, S. 80.

15 Folgendes nach Christiane Kuller: Finanzverwaltung und Judenverfolgung. Die Entziehung jüdischen Vermögens in Bayern während der NS-Zeit, München 2008, S. 105.

16 Nach Frank Bajohr: Verfolgung aus gesellschaftsgeschichtlicher Perspektive. Die wirtschaftliche Existenzvernichtung der Juden und die deutsche Gesellschaft, in: Geschichte und Gesellschaft 26 (2000), S. 629–652, hier S. 652; folgendes nach: ebd.

17 Dazu Wolf Gruner: Öffentliche Wohlfahrt und Judenverfolgung. Wechselwirkungen lokaler und zentraler Politik im NS-Staat (1933–1942), München 2002, S. 317 f.

18 Hans Witek: «Arisierung» in Wien. Aspekte nationalsozialistischer Enteignungspolitik 1938–1940, in: Emmerich Talos/Ernst Hanisch/Wolfgang Neugebauer (Hrsg.): NS-Herrschaft in Österreich 1938–1945, Wien 1988, S. 199–216, hier S. 208.

19 Zitate nach Bajohr, Verfolgung, S. 647.

20 Zitiert nach Frank Bajohr: «Arisierung» in Hamburg. Die Verdrängung der jüdischen Unternehmer 1933–1945, Hamburg 1997, S. 237.

21 Tagebuch von Walter Tausk, Eintrag vom 1. September 1939, in: Aly/Gruner/Heim, Verfolgung, Bd. 3, München 2012, Dok. 1, S. 85–86, hier S. 85.

22 Rede Adolf Hitlers vom 23. Mai vor den Spitzen der Wehrmacht, Protokoll seines Wehrmachtsadjutanten Oberstleutnant Schmundt, in: Domarus, Hitler, Bd. 2, S. 1196–1201, hier S. 1197.

23 Rundschreiben v. Galens, Münster, 14. September 1939, in: Peter Löffler (Hrsg.): Bischof Clemens August Graf von Galen. Akten, Briefe und Predigten 1933–1946, Bd. 2: 1939–1946, Mainz 1988, S. 747–750, hier S. 747.

24 Sopade-Berichte, August–Oktober 1939, S. 978.
25 Herluf Zahle, dänischer Gesandter, Depesche, Berlin, 1. September 1939, Dok. 194, in: Bajohr/Strupp, Fremde Blicke, Dok. 194, S. 536 f.
26 William L. Shirer: Berlin Diary. The Journal of a Foreign Correspondent 1934–1941, New York 1941, S. 153.
27 Sopade-Berichte, August–Oktober 1939, S. 967.
28 Michael Schneider: In der Kriegsgesellschaft. Arbeiter und Arbeiterbewegung 1939 bis 1945, Bonn 2014, S. 773–778; folgendes nach: ebd.
29 Ebd., S. 1338.
30 Klemperer, Zeugnis, S. 483 (Eintrag vom 3.9.1939).
31 Sopade-Berichte, Mai 1939, S. 561.
32 Sopade-Berichte, März 1939, S. 275.
33 Jörg Baten/Andrea Wagner: Autarchy, Market Disintegration, and Health. The Mortality and Nutritional Crisis in Nazi Germany 1933–1937, in: Economics and Human Biology 1 (2002), S. 1–28.
34 Tim Schantzky: «Kanonen statt Butter». Wirtschaft und Konsum im Dritten Reich, München 2015, S. 101–114.
35 Dorothee Hochstetter: Motorisierung und «Volksgemeinschaft». Das Nationalsozialistische Kraftfahrkorps (NSKK) 1931–1945, München 2005, S. 185.
36 Richard Bauer: Fliegeralarm. Luftangriffe auf München 1940–1945, München 1987, S. 9–15.
37 Präsidium des Reichsluftschutzbundes (Hrsg.): 5 Jahre Reichsluftschutzbund, Berlin 1938, S. 19.
38 Friedrich Kellner: «Vernebelt, verdunkelt sind alle Hirne». Tagebücher 1939–1945, Bd. 1, hrsg. von Sascha Feuchert u. a., Göttingen 2011, S. 575 (Eintrag vom 12.12.1943).
39 Folgendes nach Armin Nolzen: Die NSDAP, der Krieg und die deutsche Gesellschaft, in: Jörg Echternkamp/Ralf Blank (Hrsg.): Die deutsche Kriegsgesellschaft 1939 bis 1945, Bd. 1: Politisierung, Vernichtung, Überleben, Stuttgart 2004, S. 99–193, hier S. 122 ff.
40 Sopade-Berichte, April 1939, S. 442.
41 Armin Fuhrer: «Führergeburtstag». Die perfide Propaganda des NS-Regimes mit dem 20. April, Berlin 2014, S. 129.
42 Angaben nach Bernhard Kroener: Die personellen Ressourcen des Dritten Reiches im Spannungsfeld zwischen Wehrmacht, Bürokratie und Kriegswirtschaft 1939–1942, in: ders./Rolf-Dieter Müller/Hans Umbreit: Organisation und Mobilisierung des deutschen Machtbereichs, Bd. 1: Kriegsverwaltung, Wirtschaft und personelle Ressourcen 1939–1941, Stuttgart 1999, S. 693–1001, hier S. 708.
43 Joachim Hendel: Den Krieg ernähren. Kriegsgerichtete Agrar- und Ernährungspolitik in sechs NS-Gauen des «Innerreiches» 1933 bis 1945, Hamburg 2015, S. 154.
44 Zitiert nach ebd. S. 159.
45 Meldungen aus dem Reich, 14.11.1940, S. 1763.
46 Richard Evans: Das Dritte Reich. Krieg, München 2008, S. 104.

47 Nach Hans-Walter Schmuhl, «Euthanasie» und Krankenmord, in: Robert Jütte/ Wolfgang U. Eckart, Hans-Walter Schmuhl/Winfried Süß (Hrsg.): Medizin und Nationalsozialismus. Bilanz und Perspektiven der Forschung, S. 220 ff.

48 Winfried Süß: Der «Volkskörper» im Krieg. Gesundheitspolitik, Gesundheitsverhältnisse und Krankenmord im nationalsozialistischen Deutschland 1939–1945, München 2003, S. 81 f.

49 Zitiert nach Michalka, Das Dritte Reich, Dok. 119, S. 232.

50 Zitiert nach Peter Chroust (Hrsg.): Friedrich Mennecke. Innenansichten eines medizinischen Täters im Nationalsozialismus. Eine Edition seiner Briefe 1935–1947, Bd. 1, Hamburg 1988, Dok. 87, S. 241–245, hier S. 243 f.

51 Folgendes nach Hans-Walter Schmuhl: «Euthanasie» und Krankenmord, in: Jütte/Eckart/Schmuhl/Süß: Medizin, S. 214–255, hier S. 225 f.

52 Zitiert nach Götz Aly: Der Mord an behinderten Hamburger Kindern zwischen 1939 und 1945, in: Angelika Ebbinghaus/Heidrun Kaupen-Haas/Karl Heinz Roth (Hrsg.): Heilen und Vernichten im Mustergau Hamburg. Bevölkerungs- und Gesundheitspolitik im Dritten Reich, Hamburg 1984, S. 147–155, hier S. 151.

53 Schmuhl, «Euthanasie», S. 229.

54 Zitiert nach Ludwig Schlaich: Lebensunwert? Kirche und Innere Mission Württembergs im Kampfe gegen die «Vernichtung lebensunwerten Lebens», Stuttgart 1947, S. 72.

55 Auszug aus Predigt v. Galens, Münster, 3. August 1941, in: Löffler, Bischof, Bd. 2, S. 874–883, hier S. 876.

56 Süß, «Volkskörper», S. 308.

57 Zitiert nach Götz Aly: Die Belasteten. «Euthanasie» 1939–1945. Eine Gesellschaftsgeschichte, Frankfurt am Main 2013, S. 247 f.

58 Ebd., S. 255.

59 Zitiert nach ebd., S. 266 f.

60 Süß, «Volkskörper», S. 319 f.

61 Lothar Gruchmann: Ein unbequemer Amtsrichter im Dritten Reich. Aus den Personalakten des Dr. Lothar Kreyßig, in: VfZ 32 (1984), S. 463–488, hier Dok. 6, S. 484.

62 Geleitwort Gürtners für die Anwendung der zur VVO, Rede auf der Tagung der Sondergerichtsvorsitzenden und Sachbearbeiter für sondergerichtliche Strafsachen, 24.10.1939, in: Roland Freisler/Fritz Gau/Karl Krug/Otto Rietsch: Deutsches Strafrecht, Bd. 1: Erläuterungen zu den seit dem 1.9.1939 ergangenen strafrechtlichen und strafverfahrensrechtlichen Vorschriften, Berlin 1941, S. 1.

63 Verordnung gegen Volksschädlinge, 5.9.1939, RGBl I, Nr. 168, 1939, S. 1679.

64 Roland Freisler: Gedanken zur Verordnung gegen Volksschädlinge, in: Franz Gürtner (Hrsg.): Deutsche Justiz. Rechtspflege und Rechtspolitik, Berlin 1939, Bd. 2 (101), S. 1450–1452, hier S. 1450 f.

65 Michael Hensle: «Rundfunkverbrechen» vor nationalsozialistischen Sondergerichten. Eine vergleichende Untersuchung der Urteilspraxis in der Reichshauptstadt Berlin und der südbadischen Provinz, Berlin 2005, S. 26–37.

66 Dazu Wolf-Dieter Mechler: Kriegsalltag an der «Heimatfront». Das Sondergericht Hannover 1939–1945, Hannover 1997, S. 158 f.

67 Richterbriefe, Mitteilung des Reichsministers der Justiz, Nr. 1 vom 1.10.1942, S. 9.

68 Folgendes nach Michael Löffelsender: Ein ausgesprochenes Kriegsdelikt. Zur strafrechtlichen Verfolgung der Vergehen gegen die Arbeitsdisziplin an der nationalsozialistischen «Heimatfront» am Beispiel der Verfahren gegen arbeitsvertragsbrüchige Frauen und Jugendliche, in: Hans-Peter Haferkamp/Margit Szöllösi-Janze/Hans-Peter Ullmann (Hrsg.): Justiz im Krieg. Der Oberlandesgerichtsbezirk Köln 1939–1945, Berlin 2012, S. 29–67, hier S. 29.

69 Kriegssachschädenverordnung, 30.11.1940, RGBl I, Nr. 204, 1940, S. 1547–1556.

70 Zitiert nach Ela Hornung: Denunziation als soziale Praxis. Fälle aus der NS-Militärjustiz, Wien/Köln/Weimar 2010, S. 67.

71 Zitiert nach Alexandra Przyrembel: «Rassenschande». Reinheitsmythos und Vernichtungslegitimation im Nationalsozialismus, Göttingen 2003, S. 218.

72 Zitiert nach Herbert Dohmen/Nina Scholz: Denunziert. Jeder tut mit. Jeder denkt nach. Jeder meldet, Wien 2003, S. 180.

73 Schreiben des Finanzamts Neumarkt an das Oberfinanzpräsidium Nürnberg vom 4.7.1942 über die Räumung von jüdischen Wohnungen im Rahmen der «Aktion 3», abgedruckt in: Kuller, Finanzverwaltung, S. 226 f.

74 Walter Schuster: Aspekte nationalsozialistischer Kommunalpolitik, in: ders./Mayrhofer, Nationalsozialismus in Linz, Bd. 1, S. 197–325, hier S. 283.

75 Folgendes nach Christiane Kuller: Bürokratie im NS-Staat, in: Süß/Süß, Das Dritte Reich, S. 227–245, hier S. 231 ff.

76 Ulrich von Hassell: Die Hassell-Tagebücher 1938–1944. Aufzeichnungen vom Andern Deutschland, Berlin 1988, S. 138 (Eintrag vom November 1939).

77 Rüdiger Hachtmann: «Neue Staatlichkeit» – Überlegungen zu einer systematischen Theorie des NS-Herrschaftssystems und ihrer Anwendung auf die mittlere Ebene der Gaue, in: Jürgen John/Horst Möller/Thomas Schaarschmidt (Hrsg.): Die NS-Gaue. Regionale Mittelinstanzen im zentralistischen «Führerstaat», München 2007, S. 56–79.

78 Dieter Rebentisch: Führerstaat und Verwaltung im Zweiten Weltkrieg. Verfassungsentwicklung und Verwaltungspolitik 1939–1945, Stuttgart 1989, S. 441–463.

79 Frank Bajohr: Gauleiter in Hamburg. Zur Person und Tätigkeit Karl Kaufmanns, in: VfZ 43 (1995), S. 267–295, hier S. 281.

80 Armin Nolzen, Die NSDAP, der Krieg und die deutsche Gesellschaft, in: Das Deutsche Reich und der Zweite Weltkrieg, Bd. 9 (in 2 Teilbde.): Die deutsche Kriegsgesellschaft 1939 bis 1945, hg. v. Jörg Echternkamp, Teilbd. 1, München 2004, S. 99–193, hier S. 159.

81 Rebentisch, Führerstaat und Verwaltung, S. 533.

82 Ausführlich Sven Reichardt/Wolfgang Seibel (Hrsg): Der Prekäre Staat. Herrschen und Verwalten im Nationalsozialismus. Frankfurt am Main/New York 2011.

83 Zitiert nach Elizabeth Harvey: «Die deutsche Frau im Osten». «Rasse», Geschlecht und öffentlicher Raum im besetzten Polen 1940–1944, in: AfS 38 (1998), S. 191–214, hier S. 211.

84 Zitiert nach dies: «Der Osten braucht dich!» Frauen und nationalsozialistische Germanisierungspolitik, Hamburg 2010, S. 279.

85 Alle Zitate und Hinweise nach Angeworben zur Zwangsarbeit, 1942, in: Mit Stempel und Unterschrift. Dokumente zur Zwangsarbeit im Nationalsozialismus. Eine digitale Werkstatt für Quelleninterpretation (http://www.mit-stempel-und-unterschrift.de/Lehrmaterial/01_Angeworben_zur_Zwangsarbeit_1942.pdf, 1.12.2016), bes. S. 1 f., S. 8 f. und S. 15 f.

86 Folgendes nach Dietmar Süß: «Herrenmenschen» und «Arbeitsvölker» – Zwangsarbeit und deutsche Gesellschaft, in: Zwangsarbeit in Europa. Ausstellungskatalog, Weimar 2010, S. 213–230.

87 Elsbeth Bösl/Nicole Kramer/Stephanie Linsinger: Die vielen Gesichter der Zwangsarbeit. «Ausländereinsatz» im Landkreis München 1939–1945, München 2005.

88 Theresia Bauer: Nationalsozialistische Agrarpolitik und bäuerliches Verhalten im Zweiten Weltkrieg. Eine Regionalstudie zur ländlichen Gesellschaft in Bayern, Frankfurt am Main u. a. 1996, S. 157–163.

89 Dazu ausführlich Ela Hornung/Ernst Langthaler/Sabine Schweitzer: Zwangsarbeit in der Landwirtschaft, in: Echternkamp, Kriegsgesellschaft, Bd. 2, S. 577–666, bes. S. 661–666.

90 Zitiert nach: Ulrich Herbert: Geschichte der Ausländerpolitik in Deutschland. Saisonarbeiter, Zwangsarbeiter, Gastarbeiter, Flüchtlinge, München 2001, S. 137.

91 Allgemeine Bestimmungen über Anwerbung und Einsatz von Arbeitskräften aus dem Osten. Erlass des Reichsführers SS und Chefs der deutschen Polizei vom 20.2.1942 (https://www.bundesarchiv.de/zwangsarbeit/dokumente/texte/00357/index.html 1.12.2016).

92 Herbert, Ausländerpolitik, S. 155.

93 Zitiert nach Karola Fings: Sklaven für die «Heimatfront». Kriegsgesellschaft und Konzentrationslager, in: Echternkamp, Kriegsgesellschaft, Bd. 1, S. 195–271, hier S. 246.

94 Marc Buggeln: Arbeit und Gewalt. Das Außenlagersystem des KZ Neuengamme, Göttingen 2009, S. 340–385, bes. S. 344 ff.

95 Gunnar Richter: Das Arbeitserziehungslager Breitenau (1940–1945). Ein Beitrag zum nationalsozialistischen Lagersystem, Kassel 2004, S. 325; alle Angaben nach ebd.

96 Erlass des Reichsführers-SS und Chef der Deutschen Polizei vom 12.12.1941 betr.: «Errichtung von Arbeitserziehungslagern», Einleitungstext. Zitiert nach: ebd., S. 73.

97 Michael Löffelsender, Kriegsdelikt, S. 42.

98 Schneider, Kriegsgesellschaft, S. 592.

99 Folgendes nach Richter, Arbeitserziehungslager, S. 119 und S. 147.

100 Folgende Beispiele nach Schneider, Kriegsgesellschaft, S. 587–589.

101 Angaben nach ebd. S. 587f.

102 Karl-Heinz Roth: Intelligenz und Sozialpolitik im «Dritten Reich». Eine methodisch-historische Studie am Beispiel des Arbeitswissenschaftlichen Instituts der Deutschen Arbeitsfront, Berlin 1993, bes. S. 145f.; Marie-Luise Recker: Nationalsozialistische Sozialpolitik im Zweiten Weltkrieg, München 1985, S. 82–154.

103 Zahlenangaben nach Rüdiger Hachtmann: Industriearbeit im «Dritten Reich». Untersuchungen zu den Lohn- und Arbeitsbedingungen in Deutschland 1933–1945, Göttingen 1989, S. 134ff.

104 Michael Prinz, Vom neuen Mittelstand zum Volksgenossen. Die Entwicklung des sozialen Status der Angestellten von der Weimarer Republik bis zum Ende der NS-Zeit, München 1986, S. 239.

105 Zitiert nach Stefan Bajohr: Die Hälfte der Fabrik. Geschichte der Frauenarbeit in Deutschland 1914 bis 1945, Marburg 1979, S. 254.

106 Meldungen aus dem Reich, 4.2.1943, S. 4751f.

107 Ernst Langthaler: Schlachtfelder. Alltägliches Wirtschaften in der nationalsozialistischen Agrargesellschaft 1938–1945, Wien/Köln/Weimar 2016, S. 578f.; folgende Zahlenangaben nach ebd., bes. S. 272.

108 Ebd., S. 299.

109 Ebd., S. 224ff.

110 Zitiert nach Fings, Sklaven, S. 197.

111 Diese und folgende Beispiele nach Jens Schley: Nachbar Buchenwald. Die Stadt Weimar und ihr Konzentrationslager 1937–1945, Köln/Wien 1999, S. 79ff., S. 97 und S. 104.

112 Nikolaus Wachsmann: Gefangen unter Hitler. Justizterror und Strafvollzug im NS-Staat, München 2006.

113 Kiran Klaus Patel: «Auslese» und «Ausmerze». Das Janusgesicht der nationalsozialistischen Lager, in: ZfG 54 (2006), S. 339–365.

114 Zitiert nach Fings, Sklaven, S. 253.

115 «Schreiben, wie es wirklich war ...». Die Aufzeichnungen Karl Dürkefäldens aus der Zeit des Nationalsozialismus. Bearbeitet und kommentiert von Herbert und Sybille Obenhaus, Hannover 1985, S. 109f.

116 Zitiert nach Konrad Jarausch: «Das stille Sterben». Feldpostbriefe von Konrad Jarausch aus Polen und Russland 1939–1942, Paderborn 2008, S. 339.

117 Nicholas Stargardt: Der deutsche Krieg 1939–1945, Frankfurt am Main 2015, S. 287.

118 Zitiert nach Linde Apel/Frank Bajohr: Die Deportation von Juden sowie Sinti und Roma vom Hannoverschen Bahnhof in Hamburg 1940–1945, in: Forschungsstelle für Zeitgeschichte in Hamburg (Hrsg.): Zeitgeschichte in Hamburg. Nachrichten aus der Forschungsstelle für Zeitgeschichte in Hamburg (FZH) 2004, Hamburg 2005, S. 21–63, hier S. 50.

119 Meyer, Wandlungen, S. 72ff.

120 Folgendes nach Franziska Becker: Die nationalsozialistische Judenverfolgung in Baisingen, in: Der Sülchgau 32 (1988), S. 169–192, hier S. 185.

121 Goebbels, Tagebücher, Teil I, Bd. 9, S. 379 (Eintrag vom 16.6.1941).

122 Zitiert nach Peter Longerich: «Davon haben wir nichts gewusst!» Die Deutschen und die Judenverfolgung 1933–1945, München 2007, S. 305.

IV. Glauben, sterben, überleben (1943–1945)

1 Arvid Fredborg: Hinter dem Stahlwall, in: Oliver Lubrich (Hrsg.): Berichte aus der Abwurfzone. Ausländer erleben den Bombenkrieg in Deutschland 1939 bis 1945, Frankfurt am Main 2007, S. 167–182, hier S. 180.

2 Brief vom 19.6.1940, in: Martin Rüther: Köln im Zweiten Weltkrieg. Alltag und Erfahrungen zwischen 1939 und 1945, Köln 2005, S. 571.

3 Brief von Irmgard W. vom 26.3.1945 (Bremen), in: Jörg Echternkamp: Kriegsschauplatz Deutschland 1945. Leben in der Angst, Hoffnung auf den Frieden: Feldpost aus der Heimat und von der Front, Paderborn 2006, Dok. 84, S. 192.

4 Zitiert nach Thomas Albrich/Arno Gisinger: Im Bombenkrieg. Tirol und Vorarlberg 1943–1945, Innsbruck 1992, S. 219.

5 Wolfram Selig: Richard Seligmann. Ein jüdisches Schicksal. Zur Geschichte der Judenverfolgung in München während des Dritten Reiches, München 1983, S. 63.

6 Ursula von Kardorff: Berliner Aufzeichnungen 1942–1945, München 1992, S. 153 (Eintrag vom 25.1.1944).

7 24. Bericht des Wehrmacht-Propaganda-Offiziers des Wehrkreiskommandos III, Berlin, Oberstleutnant Wasserfall, über den «Sondereinsatz Berlin» für die Zeit vom 23. bis 29.3.1945, in: Wolfgang Wette/Ricarda Bremer/Detlev Vogel (Hrsg.): Das letzte halbe Jahr. Stimmungsberichte der Wehrmachtpropaganda 1944/45, Essen 2001, Dok. 81, S. 309–333, hier S. 320.

8 Frank-Roland Klaube (Hrsg.): Überlebensberichte. Der 22. Oktober 1943 in Protokollen der Vermisstensuchstelle des Oberbürgermeisters der Stadt Kassel, Marburg 1994, Nr. 3: Frau Maria V, S. 15–17, hier S. 17.

9 Meldungen aus dem Reich, 5.8.1943, S. 5575.

10 Ebd., S. 5578 f. (Hervorhebungen im Original).

11 Zitiert nach Stargardt, Krieg, S. 446.

12 Ebd., S. 474.

13 Sven Keller (Hrsg.): Kriegstagebuch einer jungen Nationalsozialistin. Die Aufzeichnungen Wolfhilde von Königs 1939–1946, Berlin 2015, S. 120 f (Eintrag vom 3.8.1942).

14 Ebd., Eintrag vom 5.8.1942, S. 121.

15 Katja Klee: Im «Luftschutzkeller des Reiches». Evakuierte in Bayern 1939–1953: Politik, soziale Lage, Erfahrungen, München 1999, S. 57 f.

16 Amt für Kriegsschäden: Hilfs- und Fürsorgemaßnahmen, in: *Dienstblatt* (6.4.1944), Landesarchiv Berlin 005–07/519, S. 7.

17 Folgendes nach Dietmar Süß: Tod aus der Luft. Kriegsgesellschaft und Luftkrieg in Deutschland und England, München 2011, S. 451–481.

18 Jörg Arnold, The Allied Air War and Urban Memory: the Legacy of Strategic Bombing in Germany, Cambridge 2011, S. 71–89.

19 Direktor des städtischen Bestattungsamtes München vom 25.7.1944, Betreff: Leichenbehandlung, Stadtarchiv München, Bestattungsamt, S. 392.

Wehrmachtsfürsorgeoffizier an Irmgard Brester-Gebensleben vom 12.10.1944, in: Hedda Kalshoven: Ich denk so viel an Euch. Ein deutsch-holländischer Briefwechsel 1920–1949, München 1995, S. 426.

20 Ein Offizier an Herta Euling (undatiert), in: ebd., S. 427 f.

21 Herta Euling an Irmgard Brester-Gebensleben vom 10.10.1944, in: ebd., S. 426 f., hier S. 426.

22 Zahlen bei Rüdiger Overmans: Deutsche militärische Verluste im Zweiten Weltkrieg, München 1999, S. 237–249.

23 Folgendes nach Nicole Kramer: Volksgenossinnen an der Heimatfront. Mobilisierung, Verhalten, Erinnerung, München 2011, S. 181–197.

24 Ebd., S. 206–226, hier S. 240.

25 Ebd., S. 242.

26 Chef der Kanzlei des Führers der NSDAP vom 25.2.1942, in: Kalshoven: Briefwechsel, S. 421.

27 Ursula Meier an ihre Cousine Irmgard Brester-Gebensleben vom 7.12.1944, in: ebd., S. 430–433, hier S. 432.

28 Zitiert nach Malte Thießen: Eingebrannt ins Gedächtnis. Hamburgs Gedenken an Luftkrieg und Kriegsende 1943 bis 2005, München/Hamburg 2007, S. 85.

29 Zitiert nach: Stargardt, Krieg, S. 461.

30 St. Ludwig, Seelsorgsbericht für das Jahr 1943, vom 8.2.1944, Archiv des Erzbistums München-Freising, Seelsorgsbericht, Dekanat München-Nord, 23.

31 Zitiert nach Peter Longerich: Hitler. Biographie, München 2015, S. 899.

32 Ian Kershaw: Der Hitler-Mythos. Führerkult und Volksmeinung, Stuttgart 1999, S. 258.

33 Zitiert nach ebd., S. 259.

34 Wolfram Pyta: Hitler. Der Künstler als Politiker und Feldherr. Eine Herrschaftsanalyse, München 2015, S. 590 f.

35 Keller, Kriegstagebuch, S. 193 (Eintrag vom 8.11.1944).

36 Ebd., S. 184 (Eintrag vom 20.7.1944).

37 Kershaw, Hitler-Mythos, S. 265.

38 Vincens Steensen-Leth, dänischer Legationsrat, Depesche, Berlin, 14. Oktober 1942, in: Bajohr/Strupp, Fremde Blicke, Dok. 233, S. 569 f.

39 Hans Zurlinden, Schweizer Generalkonsul in München, an Minister Pierre Bonna, Chef der Abteilung Auswärtiges, Bern [Mentalität der Deutschen], Rottach-Egern (Tegernsee), 24. März 1944, in: ebd., Dok. 240, S. 578–580, hier S. 579.

40 Hans Umbreit: Die deutsche Besatzung in den besetzten Gebieten 1942–1945, in: Kroener/Müller/Umbreit, Organisation und Mobilisierung, Bd. 2, S. 3–273, hier S. 201.

41 Zitiert nach Frank Bajohr: Hamburg – Der Zerfall der «Volksgemeinschaft», in: Ulrich Herbert/Axel Schildt (Hrsg.): Kriegsende in Europa. Vom Beginn des deut-

schen Machtzerfalls bis zur Stabilisierung der Nachkriegsordnung 1944–1948, Essen 1998, S. 318–336, hier S. 319.

42 Ian Kershaw: Das Ende. Kampf bis in den Untergang. NS-Deutschland 1944/45, München 2011, S. 119.

43 Sven Keller: Volksgemeinschaft am Ende. Gesellschaft und Gewalt 1944/45, München 2013, S. 160 ff.

44 Ebd., S. 342.

45 Zitiert nach Georg Hoffmann: Fliegerlynchjustiz. Gewalt gegen abgeschossene alliierte Flugzeugbesatzungen 1943–1945, Paderborn 2015, S. 361.

46 Lore Walb: Ich, die Alte – ich, die Junge. Konfrontation mit meinen Tagebüchern 1933–1945, Berlin 1997, Eintrag vom 4.3.1945, S. 301.

47 Ebd.

48 Alle Beispiele nach: Alfons Kenkmann: Kontakthalten in der Katastrophe. Familiale Bindungen und geschlechterspezifische Wahrnehmungen, in: Bernd A. Rusinek (Hrsg.): Kriegsende 1945. Verbrechen, Katastrophen, Befreiungen in nationaler und internationaler Perspektive, Göttingen 2004, S. 67–87.

49 Ulrich Herbert: Geschichte Deutschlands im 20. Jahrhundert, München 2014, S. 516–546; Klaus-Dietmar Henke: Die amerikanische Besetzung Deutschlands, München 1995.

50 Christian Goeschel: Selbstmord im Dritten Reich, Berlin 2011, S. 235.

Bildnachweis

S. 14 © Forschungsstelle für Zeitgeschichte, Hamburg; mit freundlicher Genehmigung von Stephan Enno

S. 58 entnommen aus: André Postert: Hitlerjunge Schall. Die Tagebücher eines jungen Nationalsozialisten. © 2016 dtv Verlagsgesellschaft München

S. 148 © bpk

S. 230 © BArch, Bild 146-1978-085-28, Fotograf: ohne Angabe

Auswahlbibliografie

Allert, Tilman: Der deutsche Gruß. Geschichte einer unheilvollen Geste, Stuttgart 2010.

Aly, Götz: Hitlers Volksstaat. Raub, Rassenkrieg und nationaler Sozialismus, Frankfurt am Main 2005.

Aly, Götz: Die Belasteten. «Euthanasie» 1939–1945. Eine Gesellschaftsgeschichte, Frankfurt am Main 2013.

Arnold, Jörg: The Allied air war and urban memory: the legacy of strategic bombing in Germany, Cambridge 2011.

Bajohr, Frank: «Arisierung» in Hamburg. Die Verdrängung der jüdischen Unternehmer 1933–1945, Hamburg 1997.

Bajohr, Frank: Parvenüs und Profiteure. Korruption in der NS-Zeit, Frankfurt am Main 2001.

Bajohr, Frank/Strupp, Christoph (Hrsg.): Fremde Blicke auf das «Dritte Reich». Berichte ausländischer Diplomaten über Herrschaft und Gesellschaft in Deutschland 1933–1945, Göttingen 2011.

Bajohr, Frank/Meyer, Beate/Szodrzynski, Joachim (Hrsg.): Bedrohung, Hoffnung, Skepsis. Vier Tagebücher des Jahres 1933, Göttingen 2013.

Bauer, Theresia: Nationalsozialistische Agrarpolitik und bäuerliches Verhalten im Zweiten Weltkrieg. Eine Regionalstudie zur ländlichen Gesellschaft in Bayern, Frankfurt am Main u. a. 1996.

Becker, Franziska: Die nationalsozialistische Judenverfolgung in Baisingen, in: Der Sülchgau 32 (1988), S. 169–192.

Benecke, Jakob: Die Hitler-Jugend 1933–1945. Programmatik, Alltag, Erinnerung. Eine Dokumentation, Weinheim/Basel 2013.

Benz, Wolfgang (Hrsg.): Wie wurde man Parteigenosse? Die NSDAP und ihre Mitglieder, Frankfurt am Main 2009.

Beradt, Charlotte: Das Dritte Reich des Traums, München 1966.

Besier, Gerhard: Die Kirchen und das Dritte Reich, Bd. 3: Spaltungen und Abwehrkämpfe 1934–1937, Berlin 2001.

Boberach, Heinz (Hrsg.): Meldungen aus dem Reich 1938–1945. Die geheimen Lageberichte des Sicherheitsdienstes der SS, 18 Bde., Herrsching [2]1984/85.

Botz, Gerhard: Nationalsozialismus in Wien. Machtübernahme und Herrschaftssicherung 1938/39, Buchloe [3]1988.

Broszat, Martin: Der Staat Hitlers. Grundlegung und Entwicklung seiner inneren Verfassung, München [10]1983.

Buggeln, Marc/Wildt, Michael (Hrsg.): Arbeit im Nationalsozialismus, München 2014.

Burleigh, Michael /Wippermann, Wolfgang: The Racial State. Germany 1933–1945, Cambridge 1992.

Caplan, Jane (Hrsg.): Nazi Germany, Oxford 2008.

Dierker, Wolfgang: «Ich will keine Nullen, sondern Bullen». Hitlers Koalitionsverhandlungen mit der Bayerischen Volkspartei im März 1933, in: VfZ 50 (2002), S. 111–148.

Dörner, Bernward: «Heimtücke». Das Gesetz als Waffe. Kontrolle, Abschreckung und Verfolgung in Deutschland 1933–1945, Paderborn u. a. 1998.

Evans, Richard J.: Das Dritte Reich, 3 Bde., München 2004–2009

Falter, Jürgen W.: Hitlers Wähler, München 1991.

Finger, Jürgen: Eigensinn im Einheitsstaat. NS-Schulpolitik in Württemberg, Baden und im Elsass 1933–1945, Baden-Baden 2016.

Fings, Karlola: Sklaven für die «Heimatfront». Kriegsgesellschaft und Konzentrationslager, in: Jörg Echternkamp/Ralf Blank (Hrsg.): Die deutsche Kriegsgesellschaft 1939 bis 1945, Bd. 1: Politisierung, Vernichtung, Überleben, Stuttgart 2004, S. 195–271.

Frei, Norbert: Der Führerstaat. Nationalsozialistische Herrschaft 1933 bis 1945, München [6]2001.

Friedländer, Saul: Das Dritte Reich und die Juden, Bd. 2: Die Jahre der Vernichtung, 1939–1945, München 2006.

Fritzsche, Peter: Wie aus Deutschen Nazis wurden, Zürich/München 1999.

Fritzsche, Peter: Life and Death in the Third Reich, Cambridge/Mass. 2008.

Fröhlich, Elke (Hrsg.): Die Tagebücher von Joseph Goebbels. Teil I: Aufzeichnungen 1923–1941, Teil II: Diktate 1941–1945, München 1993–2006.

Fuchs, Petra: «Ich rechne für jeden Fall 20 Minuten.» Zur Tätigkeit des Potsdamer Erbgesundheitsrechts in der Zeit von 1934–1945, in: Stefanie Westermann (Hrsg.): Medizin im Dienst der Erbgesundheit. Beiträge zur Geschichte der Eugenik und «Rassenhygiene», Berlin 2009, S. 23–38.

Gailus, Manfred: Protestantismus und Nationalsozialismus. Studien zur nationalsozialistischen Durchdringung des protestantischen Milieus in Berlin, Köln/Weimar/Wien 2001.

Gailus, Manfred/Nolzen, Armin (Hrsg.): Zerstrittene «Volksgemeinschaft». Glaube, Konfession und Religion im Nationalsozialismus, Göttingen 2011.

Gellately, Robert: Die Gestapo und die deutsche Gesellschaft. Die Durchsetzung der Rassenpolitik 1933–1945, Paderborn u. a. [2]1994.

Gellately, Robert: Hingeschaut und weggesehen. Hitler und sein Volk, Bonn [3]2005.

Gross, Raphael: November 1938. Die Katastrophe vor der Katastrophe, München 2013.

Gruchmann, Lothar: Justiz im Dritten Reich 1933–1940. Anpassung und Unterwerfung in der Ära Gürtner, München [3]2001.

Gruner, Wolf: Öffentliche Wohlfahrt und Judenverfolgung. Wechselwirkungen lokaler und zentraler Politik im NS-Staat (1933–1942), München 2002.

Hachtmann, Rüdiger: Industriearbeit im «Dritten Reich». Untersuchungen zu den Lohn- und Arbeitsbedingungen in Deutschland 1933–1945, Göttingen 1989.

Haffner, Sebastian: Germany. Jekyll and Hyde. 1939 – Deutschland von innen betrachtet, Berlin 1996.

Harvey, Elisabeth: «Der Osten braucht dich!». Frauen und nationalsozialistische Germanisierungspolitik, Hamburg 2010.

Henke, Klaus-Dietmar: Die amerikanische Besetzung Deutschlands, München 1995.

Hensle, Michael: «Rundfunkverbrechen» vor nationalsozialistischen Sondergerichten. Eine vergleichende Untersuchung der Urteilspraxis in der Reichshauptstadt Berlin und der südbadischen Provinz, Berlin 2005.

Herbert, Ulrich: Fremdarbeiter. Politik und Praxis des «Ausländer-Einsatzes» in der Kriegswirtschaft des Dritten Reiches, Bonn [2]1999.

Herbert, Ulrich: Geschichte der Ausländerpolitik in Deutschland. Saisonarbeiter, Zwangsarbeiter, Gastarbeiter, Flüchtlinge, München 2001.

Herbert, Ulrich: Geschichte Deutschlands im 20. Jahrhundert, München 2014.

Herbert, Ulrich: Das Dritte Reich. Geschichte einer Diktatur, München 2016.

Herbst, Ludolf: Das nationalsozialistische Deutschland 1933–1945. Die Entfesselung der Gewalt. Rassismus und Krieg, Frankfurt am Main 1999.

Herbst, Ludolf: Hitlers Charisma. Die Erfindung eines deutschen Messias, Frankfurt am Main 2010.

Herzog, Dagmar: Die Politisierung der Lust. Sexualität in der deutschen Geschichte des zwanzigsten Jahrhunderts, München 2005.

Hoffmann, Georg: Fliegerlynchjustiz. Gewalt gegen abgeschossene alliierte Flugzeugbesatzungen 1943–1945, Paderborn 2015.

Hörath, Julia: «Arbeitsscheue Volksgenossen» – Leistungsbereitschaft als Kriterium der Inklusion und Exklusion, in: Marc Buggeln/Michael Wild (Hrsg.): Arbeit im Nationalsozialismus, Berlin 2014, S. 309–238.

Hornung, Ela: Denunziation als soziale Praxis. Fälle aus der NS-Militärjustiz, Wien/Köln/Weimar 2010.

Kater, Michael H.: Hitler-Jugend, Darmstadt 2005.

Keller, Sven: Volksgemeinschaft am Ende. Gesellschaft und Gewalt 1944/45, München 2013.

Kenkmann, Alfons: Wilde Jugend. Lebenswelt großstädtischer Jugendlicher zwischen Weltwirtschaftskrise, Nationalsozialismus und Währungsreform, Essen 1996.

Kershaw, Ian: Das Ende. Kampf bis in den Untergang. NS-Deutschland 1944/45, München 2011.

Kershaw, Ian: Der Hitler-Mythos. Führerkult und Volksmeinung., München [2]2013

Kershaw, Ian: Hitler, 2 Bde., München 2002.

Klemperer, Victor: Ich will Zeugnis ablegen bis zum letzten. Tagebücher 1933–1945, Berlin 1999 (Taschenbuchausgabe).

Kollmeier, Kathrin: Ordnung und Ausgrenzung. Die Disziplinarpolitik der Hitler-Jugend, Göttingen 2007.

Kösters, Christoph: Katholische Verbände und moderne Gesellschaft. Organisationsgeschichte und Vereinskultur im Bistum Münster 1918 bis 1945, Paderborn u.a. 1995.

Kramer, Nicole: Volksgenossinnen an der Heimatfront. Mobilisierung, Verhalten, Erinnerung, Göttingen 2011.

Kuller, Christiane: Finanzverwaltung und Judenverfolgung. Die Entziehung jüdischen Vermögens in Bayern während der NS-Zeit, München 2008.

Longerich, Peter: Die braunen Bataillone. Geschichte der SA, München 1989.

Longerich, Peter: Geschichte der SA, München 2003.

Longerich, Peter: «Davon haben wir nichts gewusst!» Die Deutschen und die Judenverfolgung 1933–1945, München 2007.

Longerich, Peter: Hitler. Biographie, München 2015.

Mergel, Thomas: Führer, Volksgemeinschaft und Maschine. Politische Erwartungsstrukturen in der Weimarer Republik und im Nationalsozialismus 1918–1936, in: Wolfgang Hardtwig (Hrsg.): Politische Kulturgeschichte der Zwischenkriegszeit 1918–1939, Göttingen 2005, S. 91–127.

Nolzen, Armin: Die NSDAP, der Krieg und die deutsche Gesellschaft, in: Jörg Echternkamp/Ralf Blank (Hrsg.), Die deutsche Kriegsgesellschaft 1939 bis 1945, Bd. 1, München 2004, S. 99–193.

Nolzen, Armin: Moderne Gesellschaft und Organisation. Transformationen der NSDAP nach 1933, in: Manfred Grieger/Christian Jansen/Irmtrud Wojak (Hrsg.): Interessen, Strukturen und Entscheidungsprozesse! Für eine politische Kontextualisierung des Nationalsozialismus, Essen 2010, S. 91–112.

Overmans, Rüdiger: Deutsche militärische Verluste im Zweiten Weltkrieg, München 1999.

Patel, Klaus Kiran: «Soldaten der Arbeit». Arbeitsdienste in Deutschland und den USA 1933–1945, Göttingen 2003.

Paul, Gerhard /Mallmann, Klaus-Michael (Hrsg.), Die Gestapo – Mythos und Realität, Darmstadt [2]2003.

Peukert, Detlef: Volksgenossen und Gemeinschaftsfeinde. Anpassung, Ausmerze und Aufbegehren unter dem Nationalsozialismus, Köln 1982.

Plöckinger, Othmar: Geschichte eines Buches: Adolf Hitlers «Mein Kampf» 1922–1945, München [2]2011.

Pohl, Dieter: Verfolgung und Massenmord in der NS-Zeit, 1933–1945, Darmstadt 2003.

Postert, André: Hitlerjunge Schall. Die Tagebücher eines jungen Nationalsozialisten, München 2016.

Prinz, Michael: Vom neuen Mittelstand zum Volksgenossen. Die Entwicklung des sozialen Status der Angestellten von der Weimarer Republik bis zum Ende der NS-Zeit, München 1986.

Przyrembel, Alexandra: «Rassenschande». Reinheitsmythos und Vernichtungslegitimation im Nationalsozialismus, Göttingen 2003.

Pyta, Wolfram: Hitler. Der Künstler als Politiker und Feldherr. Eine Herrschaftsanalyse, München 2015.

Rebentisch, Dieter: Führerstaat und Verwaltung im Zweiten Weltkrieg. Verfassungsentwicklung und Verwaltungspolitik 1939–1945, Stuttgart 1989.

Recker, Marie-Luise: Nationalsozialistische Sozialpolitik im Zweiten Weltkrieg, München 1985.

Reibel, Carl-Wilhelm: Das Fundament der Diktatur. Die NSDAP-Ortsgruppen 1932–1945, Paderborn/München/Wien/Zürich 2002.

Schanetzky, Tim: «Kanonen statt Butter». Wirtschaft und Konsum im Dritten Reich, München 2015.

Schley, Jens: Nachbar Buchenwald. Die Stadt Weimar und ihr Konzentrationslager 1937–1945, Köln/Wien 1999.

Schmiechen-Ackermann, Detlef: Der «Blockwart». Die unteren Parteifunktionäre im nationalsozialistischen Terror- und Überwachungsapparat, in: VfZ 48 (2000), S. 575–602.

Schmuhl, Hans-Walter: «Euthanasie» und Krankenmord, in: Robert Jütte/Wolfgang U. Eckart/Hans-Walter Schmuhl/Winfried Süß: Medizin und Nationalsozialismus. Bilanz und Perspektiven der Forschung, Göttingen 2011, S. 214–255.

Schneider, Michael: Unterm Hakenkreuz. Arbeiter und Arbeiterbewegung 1933–1939, Bonn 1999.

Schneider, Michael: In der Kriegsgesellschaft. Arbeiter und Arbeiterbewegung 1939 bis 1945, Bonn 2014.

Siemens, Daniel: Gewalt, Gemeinschaft, Inszenierung. Zur Geschichte der Sturmabteilung (SA) der NSDAP, in: Stephanie Becker, Christoph Studt (Hrsg.), «Und sie werden nicht mehr frei ihr ganzes Leben» – Funktion und Stellenwert der NSDAP, ihrer Gliederungen und angeschlossenen Verbände im «Dritten Reich» (Bd. 16 der Schriftenreihe der Forschungsgemeinschaft 20. Juli 1944 e. V.), Münster 2013, S. 49–68.

Stargardt, Nicholas: Der deutsche Krieg 1939–1945, Frankfurt am Main 2015.

Steinbacher, Sybille von: «Volksgenossinnen». Frauen in der NS-Volksgemeinschaft. Göttingen 2007.

Steinbacher, Sybille von/Wachsmann, Nickolaus: Die Linke im Visier. Zur Errichtung der Konzentrationslager 1933, Göttingen 2014.

Steinweis, Alan E.: Kristallnacht 1938. Ein deutscher Pogrom, Stuttgart 2011.

Steuwer, Janosch/Leßau, Hanne: «Wer ist ein Nazi? Woran erkennt man ihn?» Zur Unterscheidung von Nationalsozialisten und anderen Deutschen, in: Mittelweg 36 (2014) 1, S. 30–51.

Stöver, Bernd: Volksgemeinschaft im Dritten Reich. Die Konsensbereitschaft der Deutschen aus der Sicht sozialistischer Exilberichte, Düsseldorf 1993.

Süß, Dietmar/Süß, Winfried (Hrsg.): Das Dritte Reich, München 2008.

Süß, Dietmar: Tod aus der Luft. Kriegsgesellschaft und Luftkrieg in Deutschland und England, München 2011.

Süß, Winfried: Der «Volkskörper» im Krieg. Gesundheitspolitik, Gesundheitsverhältnisse und Krankenmord im nationalsozialistischen Deutschland 1939–1945, München 2003.

Thamer, Hans-Ulrich: Verführung und Gewalt. Deutschland 1933–1945, München [5]2004.

Wachsmann, Nikolaus: Gefangen unter Hitler. Justizterror und Strafvollzug im NS-Staat, München 2006.

Wachsmann, Nikolaus: KL – Die Geschichte der nationalsozialistischen Konzentrationslager, München 2016.

Walb, Lore: Ich, die Alte – ich, die Junge. Konfrontation mit meinen Tagebüchern 1933–1945, Berlin 1997.

Weber, Max: Wirtschaft und Gesellschaft. Grundriss der verstehenden Soziologie. Zwei Teile in einem Band, Frankfurt am Main 2005.

Wehler, Hans-Ulrich: Deutsche Gesellschaftsgeschichte, Bd. 4: Vom Beginn des Ersten Weltkriegs bis zur Gründung der beiden deutschen Staaten 1914–1949, München [2]2003.

Werle, Gerhard: Justiz-Strafrecht und polizeiliche Verbrechensbekämpfung im Dritten Reich, Berlin 1989.

Wildt, Michael: Volksgemeinschaft als Selbstermächtigung. Gewalt gegen Juden in der deutschen Provinz 1919 bis 1939, Hamburg 2007.

Wildt, Michael: Der Nationalsozialismus, Stuttgart 2008.

Wildt, Michael: Gewalt als Partizipation. Der Nationalsozialismus als Ermächtigungsregime, in: Alf Lüdtke/Michael Wildt (Hrsg.): Staats-Gewalt: Ausnahmezustand und Sicherheitsregimes. Historische Perspektiven, Göttingen 2008, S. 215–240.

Personenregister